本书为2019年度江西省高校人文社会科学研究项目《上市公司反收购条款设置与投资行为研究》（项目编号GL19208）的研究成果之一

江西财经大学信毅学术文库

反收购条款影响投资效率研究

徐明亮　著

中国财经出版传媒集团

中国财政经济出版社

图书在版编目（CIP）数据

反收购条款影响投资效率研究 / 徐明亮著. -- 北京：中国财政经济出版社，2019.12

（江西财经大学信毅学术文库）

ISBN 978-7-5095-9162-8

Ⅰ.①反… Ⅱ.①徐… Ⅲ.①企业兼并－影响－投资效率－研究－中国 Ⅳ.①F832.48

中国版本图书馆 CIP 数据核字（2019）第 177950 号

责任编辑：李　磊　　　　责任印制：党　辉
封面设计：王　颖　　　　责任校对：李　丽

中国财政经济出版社 出版

URL：http://www.cfeph.cn

E-mail：cfeph@cfemg.cn

（版权所有　翻印必究）

社址：北京市海淀区阜成路甲 28 号　邮政编码：100142
营销中心电话：010-88191537
北京财经印刷厂印装　各地新华书店经销
710×1000 毫米　16 开　15.5 印张　235 000 字
2019 年 12 月第 1 版　　2019 年 12 月北京第 1 次印刷
定价：62.00 元
ISBN 978-7-5095-9162-8
（图书出现印装问题，本社负责调换）
本社质量投诉电话：010-88190744
打击盗版举报热线：010-88191661　QQ：2242791300

总　　序

书籍是人类进步的阶梯。通过书籍出版，由语言文字所承载的人类智慧得到较为完好的保存，作者思想得到快速传播，这大大地方便了知识传承与人类学习交流活动。当前，国家和社会对知识创新的高度重视和巨大需求促成了中国学术出版事业的新一轮繁荣。学术能力已成为高校综合服务水平的重要体现，是高校价值追求和价值创造的关键衡量指标。

科学合理的学科专业、引领学术前沿的师资队伍、作为知识载体和传播媒介的优秀作品，是高校作为学术创新主体必备的三大要素。江西财经大学较为合理的学科结构和相对优秀的师资队伍，为学校学术发展与繁荣奠定了坚实的基础。近年来，学校教师教材、学术专著编撰和出版活动相当活跃。

为加强我校学术专著出版管理，锤炼教师学术科研能力，提高学术科研质量和教师整体科研水平，将师资、学科、学术等优势转化为人才培养优势，我校决定分批次出版高质量专著系列；并选取学校"信敏廉毅"校训精神的前尾两字，将该专著系列命名为"信毅学术文库"。在此之前，我校已分批出版"江西财经大学学术文库"和"江西财经大学博士论文文库"。为打造学术品牌，突出江财特色，学校在上述两个文库出版经验的基础上，推出"信毅学术文库"。在复旦大学出版社的大力支持下，"信毅学术文库"已成功出版两期，获得了业界的广泛好评。

"信毅学术文库"每年选取 10 部学术专著予以资助出版。这些学术专著囊括经济、管理、法律、社会等方面内容，均为关注社会热点论题或有重要研究参考价值的选题。这些专著不仅对专业研究人员开展研究工作具有参考价值，也贴近人们的实际生活，有一定的学术价值和现实指导意义。专著的作者既有学术领域的资深学者，也有初出茅庐的优秀博士。资深学者因其学术涵养深厚，他们的学术观点代表着专业研究领域的理论前沿，对他们专著的出版能够带来较好的学术影响和社会效益。优秀博士作为青年学者，他们学术思维活跃，容易提出新的甚至是有突破性的学术观点，从而成为学术研究或学术争论的焦点，出版他们学术成果的社会效益也不言自明。一般而言，国家级科研基金资助项目具有较强的创新性，该类研究成果常常在国内甚至国际专业研究领域处于领先水平，基于以上考虑，我们在本次出版的专著中也吸纳了国家级科研课题项目研究成果。

"信毅学术文库"将分期分批出版问世，我们将严格质量管理，努力提升学术专著水平，力争将"信毅学术文库"打造成为业内有影响力的高端品牌。

王 乔

2016 年 11 月

前　言

自证券市场设立以来，控制权争夺事件从未停止过。随着资本市场的开放程度越来越高，以及监管层对并购政策的逐步放松，控制权市场的活跃度较以往有过之而无不及，其中，万宝股权争夺案例更是引起了全民的广泛关注。随着股权争夺事件诉讼迭起，人们对控制权市场的公平、公正性以及并购效率产生诸多质疑。著名经济学家华生曾指出，社会主义市场经济需要推动法治社会建设，不能手持资本就能破坏规则，企业家精神需要得到保护。但由于目前我国上市公司缺乏"毒丸计划"或双重股权结构等防御工具，导致现有法律对稀缺的优秀企业家资源保护不足。在当前制度背景下，如何维护公司控制权的稳定和保护优秀的高管团队，成为广泛热议的话题。

戒备之心，人皆有之。为了能够及时应对控制权市场的发展与变化，防止"野蛮人"恶意侵袭，维护公司控制权的稳定以及保障公司持续健康运营，上市公司未雨绸缪纷纷修改公司章程，自主设立反收购条款，体现了公司章程自治的灵活性和便利性。但是，由于当前我国反收购法律制度建设相对滞后，导致在公司章程中设置防御条款的合法性遭受质疑。证券交易所不断向上市公司发函询问；证监局频繁约谈上市公司，要求上市公司解释相关条款设置的合法性、正当性和必要性；中证中小投资者服务中心更是认为，上市公司反收购条款的设置与现有法律法规存在相悖的情形，一些上市公司利用防御条款实施不合理行为如限制股东权利、增加股东义务、提高股东行权门槛等。在我国当前制度环境下，控制权市场收购防御制度与反收购实践出现冲突，究其原因，主要在于反收购制度需求与供给出现严重不平衡。现行立法虽然名义上赋予了上市公司反收购的权利，但至今立法机构尚未提供可以作为反收购手段的法律"武器"。因此，若要从根本上解决此类冲突，必须从正式制度层面寻求根治方法。

在我国反收购制度供给尚不能满足当前实践需求的情形下，本书认为，监管机构不宜对上市公司自主设置反收购条款行为完全禁止。反收购条款到底有利还是有害，不能一概而论，不能仅从形式上判断，更需要从实质上分析（经济后果）。随着我国上市公司防御意识越发增强，反收购条款的设置日益增多，这为相关实证研究提供了难得的契机。目前，国内学者主要研究了反收购条款对并购概率、并购溢价、投资者利益保护、风险承担、公司绩效以及股东财富等方面的影响。从国内实证文献研究结果来看，设置反收购条款对上市公司是否有利，结论并不一致，其中一种观点认为，反收购条款的设立会增加代理成本，只能保护公司管理层利益，不利于投资者利益的保护，对公司价值有显著的负面影响；另一种观点则认为，反收购条款的设置能够降低控股股东的"掏空"行为，有助于保护中小投资者，提升公司绩效，增加股东财富。然而目前学者对国内上市公司反收购条款经济后果的实证研究相对较少，现有文献成果还不够丰富，仍有进一步研究和拓展的空间，特别是反收购条款的设置是否会影响公司的投资行为？公司内部治理机制和外部环境的异质性是否影响两者之间的关系？现有国内文献鲜有关注。为此，本书就上述问题展开研究，以丰富反收购条款经济后果的相关文献，也为判别反收购条款利弊提供经验证据，并为立法机构合理制定反收购制度提供政策建议。

诚然，本书能够写作完成并且出版，无不是得到大家的帮助、支持与厚爱。在此，要特别感谢中南财经政法大学博士生导师袁天荣教授、江西财经大学博士后合作导师张蕊教授以及九江学院陈小林教授等人的谆谆教诲，使得本人在写作过程中深受启发，受益匪浅。与此同时，本人非常感谢所有参阅文献的作者，是他们的思想智慧给了我很大的启示。此外，我还要感谢江西财经大学对本书出版的全额资助，以及中国财政经济出版社所给予的大力支持。然而由于自身知识有限，书中难免出现偏颇和不当之处，恳请各位读者不吝赐教。

徐明亮

2019年10月8日于江西财经大学蛟桥园

目 录

第一章 导论 ………………………………………………………… 1
    第一节 研究背景 ………………………………………………… 1
    第二节 研究意义 ………………………………………………… 4
    第三节 研究思路及方法 ………………………………………… 6
    第四节 本书结构 ………………………………………………… 7

第二章 理论基础与制度背景 ……………………………………… 9
    第一节 理论基础 ………………………………………………… 9
    第二节 美国反收购制度 ………………………………………… 14
    第三节 我国反收购制度背景 …………………………………… 23
    本章小结 ………………………………………………………… 39

第三章 反收购条款经济后果文献回顾 …………………………… 41
    第一节 反收购条款与并购概率 ………………………………… 41
    第二节 反收购条款与并购溢价 ………………………………… 44
    第三节 反收购条款与短期市场效应 …………………………… 46
    第四节 反收购条款与资本性支出 ……………………………… 49
    第五节 反收购条款与公司价值 ………………………………… 51
    第六节 文献述评 ………………………………………………… 57
    本章小结 ………………………………………………………… 61

第四章 反收购条款与投资效率 ········· 63

第一节 问题引出 ········· 63
第二节 理论分析与假设提出 ········· 65
第三节 研究设计 ········· 74
第四节 回归分析 ········· 80
本章小结 ········· 104

第五章 反收购条款、内部治理与投资效率 ········· 105

第一节 理论分析与假设提出 ········· 106
第二节 研究设计 ········· 116
第三节 回归分析 ········· 120
本章小结 ········· 159

第六章 反收购条款、外部环境与投资效率 ········· 161

第一节 理论分析与假设提出 ········· 162
第二节 研究设计 ········· 167
第三节 回归分析 ········· 171
本章小结 ········· 203

第七章 结语 ········· 205

第一节 研究结论 ········· 205
第二节 政策建议 ········· 208
第三节 研究贡献 ········· 210
第四节 研究局限与后续研究 ········· 211

参考文献 ········· 213

第一章 导 论

第一节 研究背景

自证券市场设立以来控制权争夺事件从未停止过。随着资本市场开放程度越来越高,以及监管层对并购政策的逐步放松,控制权市场的活跃度较以往有过之而无不及。股权之争愈演愈烈,掀起了新一轮的敌意收购浪潮。此次敌意收购浪潮更是引起了全民的广泛关注。控制权争夺事件诉讼迭起,使得人们对控制权市场的公平、公正性以及并购效率产生诸多质疑。著名经济学家华生(2016)指出,社会主义市场经济需要法治,资本不能破坏规则,企业家精神需要得到保护。但由于目前我国上市公司缺乏"毒丸计划"或双重股权结构等有效的防御工具,导致现有法律对稀缺的优秀企业家资源保护不足。目前我国上市公司几乎是大股东说了算,大股东利用自身优势操纵董事会、号令管理层,在监督机制失效的情况下为所欲为,侵害中小股东利益的事情比比皆是。证券市场的存在和发展是为实体经济的发展服务,而不是为了投机和赌博而损害投资者的合法权益。

此轮敌意收购浪潮也唤醒了广大上市公司管理层的反收购意识。为了防止"野蛮人"恶意侵袭,保护公司控制权的稳定及日常经营不受影响,上市公司未雨绸缪,纷纷修改公司章程、设立各类反收购条款,主要包括设置持股期限限制股东权利、提高持股比例要求、增设股东的披露义务、增加公司收购特别决议事项、设置绝对多数条款、限制董事结构调整、赋予大股东特别权利、设置"金色降落伞计划"等等。上市公司与时俱进,自主设置反收购条款，体现了公司章程自治的灵活性和便利性以及抵御外部收购风险的前瞻性，有助于弥补法律制度的原则性与滞后性，使得公司能够及时应对控制权市场的发展与变化（曹清清，2016）。然而在反收购法律制度尚未完善的情形下，反收购条款设置的合法性受到监管当局的广泛关注。交易所不断向上市公司发问询函，证监局也约谈上市公司，要求上市公司解释相关条款设置的合法性、正当性和必要性。中证中小投资者服务中心更是认为，上市公司反收购条款的设置与现有法律法规存在相悖的情形，一些上市公司利用反收购条款限制股东权利或增加股东义务、提高股东行权门槛等不合理行为，会损害股东利益。

现阶段反收购实践与法律制度出现冲突，一定程度上反映了我国上市公司对反收购制度的需求与供给失衡的局面。其根本原因在于：我国《公司法》主要依从大陆法系，强调股东与董事之间的委托代理关系，注重股东会的地位，董事会作为执行机构，其权力有限，体现为股东优先主义；与《公司法》不同，我国《证券法》主要借鉴英美法系，遵从信托理论，董事主要承担信义义务，具有很强的独立性，体现为首席执行官（CEO）/董事中心主义（李维安，2017）。两大法系在法理上出现错位和扭曲，导致二者的交叉领域中很容易出现法律适用和司法实践的混乱。"宝万之争"也源于此，在股东优先主义指导下，宝能系借助杠杆之力打开了CEO/董事中心主义指导下的万科的大门。此类事件的发生也反映出公司对于内部治理法律制度的需求远大于供给，特别是在涉及控制权争夺事件时，我国《公司法》和《证券法》在内部治理方面制度供给严重不足（李维安，2017）。

不仅如此，目前法律体系总体上对上市公司收购与反收购的态度也有明显的倾向性。对收购方来说，国家立法态度较为积极，其宗旨是为了发展市场经济和优化资源配置，因此鼓励上市公司进行并购重组；而对反收购方来说，国家立法较为谨慎，出台的反收购制度相对较少，而限制反收购活动的规定较多，以致于我国反收购法律制度的构建远落后于反收购实践。现行立法虽然在名义上赋予了上市公司反收购的权利，但至今立法机构尚未提供可以作为反收购手段的法律"武器"。收购与反收购本身属于中性的市场买卖行为，是各方主体权衡利弊的结果，也是市场发展到一定阶段的必然产物（李芬芬，2017）。不可否认，收购与兼并的市场行为有利于淘汰落后产能、优化资源配置，但一味鼓励收购而限制反收购则有失公平与公正。收购与反收购本是同一事物的两个方面，任何一方被强力压制，都有可能导致另一方往极端方向发展，不利于证券市场的长期健康发展。因此，如何解决反收购制度供给与需求之间的矛盾，是立法机构和监管当局应该认真考虑和解决的问题。

戒备之心，人皆有之。在我国资本市场公平、公正且有效率的并购秩序尚未完善之前，上市公司面临的收购威胁逐渐增加，通过设置反收购条款抵御敌意并购行为，似乎合情合理。在此情形下，上市公司自主设立的反收购条款本质上是为了公司长远发展还是侵害公司及其股东利益，不能仅从形式上判断，更要从实质（即经济后果）上进行辨别。在制度环境尚未完善的情形下，不宜盲目定性或者全面否定，需要后续实证研究提供经验证据。

西方资本市场经验证据也表明，反收购条款设置的经济后果存在两种对立观点，即价值毁损观和价值收益观。价值毁损观点认为，采用反收购条款会增加管理层或控股股东的防御程度，损害公司及股东利益。虽然反收购条款能够保护管理层职位，但会使管理层与股东之间的代理冲突更为严重、导致股东财富出现毁损（DeAngelo and Rice，1983）。特别是当上市公司股权较为集中时，反收购条款的设置可能不仅仅是为了保护管理层的利益，更可能是为了保护控股股东的控制权收益。由于反收购条款给控股股东带来的收益大于股价下行所造成的损失，因而控股股东会从中受益，但中小股东却会受损（Martín et al.，2009）。而价值收益观点则认为，反收购条款的设置会增加股东财富，有利于公司长远发展。反收购条款能够增强目标公司从竞标者获得准租金的能力，有助于公司获取更高的并购溢价（Mahoney J M and Mahoney J T，1993）。不仅如此，反收购条款隔离敌意收购的威胁以后，管理层会更专注于长期价值投资（Baysinger and Butler，1985）。Knoeber（1986）认为反收购条款会诱导管理者同意长期隐性就业合同，以提供递延补偿，股东财富会因此增加。资产专用性理论也指出，当管理层特定的人力资本和社会资本对公司专用性很强时，管理者应被授予更多的公司控制权，这样对公司及其股东都有利。但是在竞争激烈的市场环境下，倘若管理层得不到有效保护，其大量的付出可能得不到应有的回报，这会导致他们专用资产投入动力出现不足，进而损害公司及股东的利益（Chakraborty and Arnott，2001）。而反收购条款的设置有助于上市公司与其高管团队建立长期契约关系，激励经理投入更多的专属技能，同时还能够避免上市公司因为失去重要的管理团队而遭受损失，有利于公司长期稳定经营。因此，反收购条款作为一种公司内部治理机制，在维护管理者职位和权力稳定的同时，能够激励管理者更好地为公司服务（Chintrakarn et al.，2013）。

随着我国上市公司反收购意识越发增强和反收购条款日益增多，这为反收购条款经济后果的实证研究提供了难得的契机。目前，国内学者主要研究了反收购条款对高管变更（袁天荣等，2018）、代理成本（邵军等，2013）、掏空行为（李善民等，2016；许金花等，2018a，2018b）、并购概率（陈玉罡和石芳，2014）、并购溢价（李善民等，2016）、公司业绩（徐明亮等，2018）以及公司价值（陈玉罡和石芳，2014）等方面的影响。国内文献主要观点分为两种：一种观点认为，反收购条款的设立是对公司管理层的一种保护，不利于投资者利益保护，对公司价值也有显著的负面影响；另一种观点则认为，反收购条款的设置能够降低控股股东的"掏空"行为，起到保护中小投资者的作用，公司绩效也会提升。反收购条款设置是否有利，当前文献结论也不一致。由于目前国内文献经验证据仍然较少，其研究视域还可以进一步拓展。特别是反收购条款的设置是否会影响公司的投资行为？其影响机理如何？国内现有文献都尚未关注。对此，本书通过手工收集样本数据，对反收购条款与投资效率之间的关系进行了研究，以期获取可靠的经验证据，为监管当局制定政策提供经验支持。

第二节　研究意义

一、理论意义

第一，探究了反收购条款影响投资效率的理论基础。控制权市场理论认为，控制权市场并购行为是有效的外部治理机制，而反收购条款的设置会阻碍控制权市场作用的发挥，无法惩戒缺乏效率的管理层。委托代理理论也认为，反收购条款会削弱控制权市场的治理作用，增加管理层与股东之间的代理成本。而利益相关者理论则认为，反收购条款可以维护公司众多利益相关者的权益，上市公司通过设置反收购条款，增强公司防御能力，有利于公司长期稳定发展，为利益相关者持续创造价值。不同理论基础对反收购条款利弊的认知也不相同。为此，本书从控制权市场理论、委托代理理论以及利益相关者理论三个层面，分别探究反收购条款影响投资行为的理论基础。

第二，探究了反收购条款影响投资效率的治理机制。反收购条款作为自治类型的章程条款，其设置动机和作用机理会受到公司治理效率的影响，而不同的治理机制会影响公司治理水平的高低。为此，本书通过内部治理和外部环境两种渠道，进一步探究了反收购条款影响投资效率的作用机理。

第三，充实了投资效率影响因素的理论分析。现有文献主要从公司股权结构、董事会治理、高管激励等内部治理机制和行业竞争、制度环境等外部治理机制探究投资效率的影响因素。面对日益活跃的控制权市场，上市公司设置的反收购条款越来越多，然而对于反收购条款对投资行为的影响，国内尚无相关实证研究。本书从公司章程自治条款层面探究了反收购条款对投资行为的治理效应，在一定程度上充实了投资效率影响因素的理论内容。

二、实践意义

第一，为判别反收购条款利弊提供经验证据。随着我国控制权市场日趋活跃，敌意收购行为屡有发生，上市公司面临的竞争威胁越来越大，因此，上市公司有强烈动机设置反收购条款，来增强公司防御能力。但是由于反收购法律制度供需失衡，反收购条款设置的合法性受到诸多质疑。那么，上市公司自主设置反收购条款是会损害公司利益，还是有利于公司长远发展，在当前环境下，不宜盲目定性，需要实证研究提供经验证据。为此，本书利用国内上市公司反收购条款的样本数据，实证检验了反收购条款与投资效率的关系，并获取了可靠的经验证据，为判别反收购条款利弊提供了经验支持。

第二，为立法机构合理制定反收购制度提供政策建议。资本市场敌意收购浪潮的兴起，唤醒了上市公司管理当局的反收购意识，管理当局纷纷修改公司章程，设立各类反收购条款，然而其合法性广受争议。主要原因在于，我国现行《公司法》依然以股东大会为中心，强调维护股东的利益，而董事会作为执行机构，权力有限，在面对外部敌意收购时，管理层实施反收购活动的法律空间受限。在现行控制权市场环境下，反收购制度供给远不能满足反收购活动需求，制度供需出现严重失衡，导致收购双方矛盾异常突出。因此，建立和完善反收购制度是监管当局亟待解决的问题。为此，本书通过实证研究反收购条款的经济后果，为立法机构制定反收购法律提供借鉴与参考。

第三节 研究思路及方法

本书研究思路如下：首先，在已有研究基础上，结合我国制度背景，提出本书研究的目的和意义；其次，通过文献归纳演绎方法，理论分析反收购条款影响投资效率的机理；再次，通过构建回归模型，实证检验反收购条款与投资效率之间的关系；在此基础上，进一步从内部治理和外部环境视角探究反收购条款影响投资效率的治理机制，进行调节效应的检验；最后，根据上述结果，提出政策和建议。

本书具体采用以下方法进行研究：

第一，采用归纳演绎法梳理相关研究文献，总结出现有文献的主要观点，并进行述评。在此基础上，结合中国制度背景，找出本书研究的问题及重点。

第二，通过构建计量模型，采用描述性统计、相关系数分析、均值差异检验、多元回归、倾向评分匹配（PSM）、双重差分（DID）等多种分析方法，运用统计软件，检验反收购条款与投资效率的关系，并从内部治理与外部环境两个层面分析其对两者关系的调节效应，以此为依据提供政策与建议。

第四节 本书结构

本书章节内容概述如下：

第一章，导论。介绍本书的研究背景、研究意义以及研究思路和方法。

第二章，理论基础与制度背景。首先，从控制权市场理论、委托代理理论和利益相关者理论三个视角阐明反收购条款利弊的立场；其次，简单回顾美国反收购立法背景，详细介绍了反收购条款类型及其作用机理；最后，结合我国制度背景，阐明我国反收购立法现状，分析我国控制权市场股权争夺存在的问题及其原因。

第三章，反收购条款经济后果文献回顾。本章主要梳理了反收购条款与并购概率、并购溢价、短期股东财富、资本性支出以及公司价值的关系的相关文献，然后对上述文献进行述评，并提出本书研究的问题。

第四章，反收购条款与投资效率。首先，理论分析反收购条款与投资行为之间的关系，以此提出反收购条款影响投资效率的理论假设；其次，选取样本数据，构建回归模型，分析回归结果以及进行稳健性检验；最后，进行本章小结。

第五章，反收购条款、内部治理与投资效率。首先，理论分析内部治理与投资效率之间的关系；其次，探讨内部治理机制对反收购条款与投资效率关系的影响，并提出相应假设；再次，在第四章模型的基础上，构建回归模型，验证内部治理机制的调节效应。最后，对调节效应的结果进行分析并进行本章小结。

第六章，反收购条款、外部环境与投资效率。首先，理论分析外部治理与投资效率之间的关系；其次，探讨外部治理机制对反收购条款与投资效率关系的影响，并提出相应假设；再次，在第四章模型基础上，构建回归模型，验证外部治理机制的调节效应。最后，对调节效应的结果进行分析并进行本章小结。

第七章，结语。本部分主要是总结本书的研究结论，提出相应的政策建议，并且在此基础上，分析本书的研究局限以及将来的研究方向。

本书架构如图1-1所示。

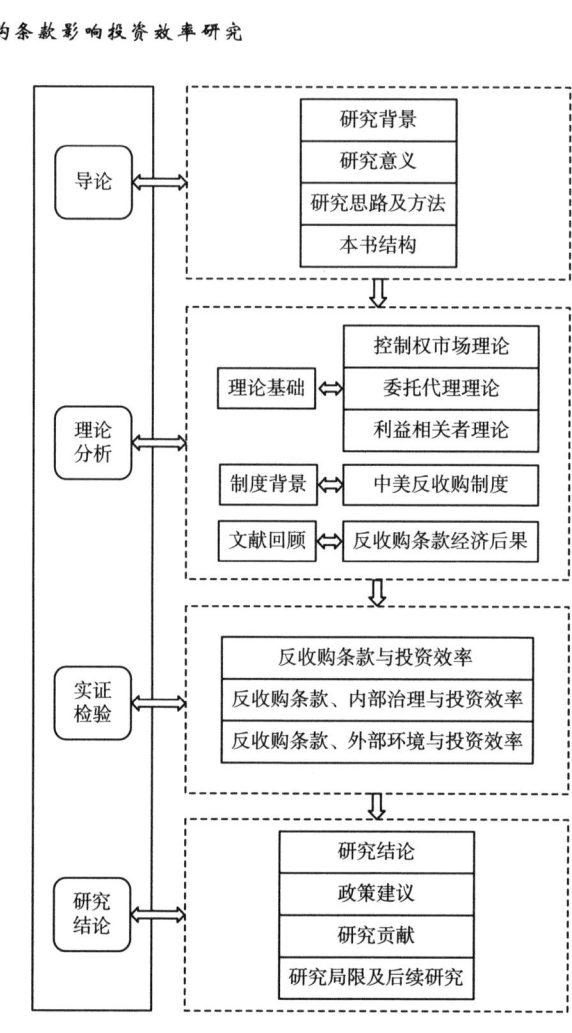

图 1-1 本书研究框架

第二章　理论基础与制度背景

第一节　理 论 基 础

一、控制权市场理论

现代企业制度下，企业所有权与经营权相分离，公司所有者与经营者之间形成委托代理关系（Berle and Means，1932；Jensen and Meckling，1976；Fama and Jensen，1983）。公司股东以股东利益最大化为目标，而作为"理性经济人"，管理者通常以自身利益最大化为目的，两者经营目标的不一致使得公司股东与管理者之间产生代理冲突。因此，现代公司治理面临的主要问题是如何有效解决管理层与股东之间的代理冲突。一般来说，现代公司治理机制包括管理者内部竞争、董事会监督和大股东监督等内部治理机制和代理投票权竞争（Proxy Contest）、外部收购等外部治理机制（Manne，1965）。Jensen（1993）又将公司治理机制细分为政治和法律法规制度、产品市场和生产要素市场竞争、内部控制机制、代理投票权竞争机制和有效的资本市场。Jensen（1993）认为，政治和法律法规制度太迟钝，产品市场和生产要素市场反应太慢，内部控制机制运行过程太难以捉摸，并难以观察（Jensen，1994），而代理投票权竞争机制成本昂贵并具有不确定性，因而最少使用（Manne，1965），只有资本市场作为公司外部治理机制最有效（Jensen，1993）。由于证券价格能够反映市场愿意支付的价格，其会受到信息披露的影响，出现随机和无偏的变化。而有效的资本市场能够甄别信息的真伪，反映所有重要的信息，因此证券市场价格能够体现公司真正的价值。倘若市场不能够立即反映新信息的影响，那么投机者会通过买卖新信息而获取套利机会（Fischel and Easterbrook，1981）。然而在有效的证券市场中，投资者无法通过收集非公开信息而获取额外的收益，因为他们能够获得所有的重要信息。此时，如果公司管理层经营不善，其公司股价会出现下跌，可能低于其有效经营时的价格（Fischel，1978）。而对于潜在的接管者来说，低股价可能就是驱动收购方接管目标公司的一种信号。

公司控制权市场是不同管理团队相互争夺公司资源管理权的市场（Jensen and Ruback，1983）。在控制权市场中，低效率的公司经营者很可能被高效率的经营者所取代，这种潜在的竞争压力迫使他们提高经营效率以降低被收购的风险（Manne，1965）。Jensen（1986）还认为，收购的压力使得这些公司被迫将部分闲置的现金流量派放给股东，因而管理者难以将过多的闲置资金投入到净现值为负的投资项目中，代理成本也会因此而降低。公司控制权市场理论主流学派一直支持强所有者而弱管理者的观点，认为收购才是最有效的治理机制（沈艺峰，2000）。Pound（1991）认为，股东是公司剩余风险的承担者，理应享有公司的控制权，股东把控制权委托给董事会或CEO，董事会和CEO必须承担相应受托责任，需要以股东利益最大化为宗旨。以股东利益最大化为核心，以服务股东为宗旨，其实就是鼓吹公司收购，这也符合自由主义市场经济的思想（沈艺峰，2000）。

公司控制权市场主流理论一向重视公司控制的外部机制，轻视公司控制的内部机制，其主要观点包括：第一，无论是公司内部治理机制还是外部代理投票权竞争机制都不能有效监督管理层行为，只有收购才是最有效的治理机制。第二，外部收购不仅不会损害公司股东的利益，而且会给收购双方股东带来财富效应。Bradley et al.（1983）对此提出协同效应假设和信息效应假设两种解释。协同效应假设认为，收购方取得目标公司的控制权以后，充分利用目标公司的特定资源，重新进行资产配置，改善生产技术，扩大经营规模，提升公司价值，产生协同效应；而信息效应假说认为，由于目标公司股价低估的信息被市场所挖掘，或者收购方迫使目标公司提高管理效率，致使收购方公司股价上升，产生信息效应。在协同效应假设和信息效应假设下，成功的收购行为对目标公司会产生正面的财富效应。第三，任何干预或限制收购的主张都可能会阻碍新技术的采用，或者丧失潜在的收购协同效应，进而降低社会经济福利（Jensen，1984）。

从控制权市场理论可以看出，市场收购行为是一种有效的外部治理机制，有助于惩罚业绩不佳的管理层，具有财富效应；而目标公司反收购条款的设置会隔离控制权市场的竞争压力，进而阻碍控制权市场治理作用的发挥，经营不佳的管理层无法受到有效惩罚。

二、委托代理理论

现代企业是由不同利益关系主体缔结契约的组合。由于不同利益主体的目标函数不一致，在信息不对称和契约不完备的情形下，企业不同利益主体之间会产生利益冲突，即代理问题（Agency Theory）。传统委托代理理论是由 Berle and Means（1932）、Jensen and Meckling（1976）、Fama and Jensen（1983）等提出来的，其建立在经济人假设的基础之上。委托代理理论认为，为了实现自身效用最大化，委托人将资源的经营决策权委托给代理人。然而由于信息不对称性以及天生自利的本性，代理人为了追逐自身利益可能会做出有损委托人利益的行为，从而产生代理问题。为了解决代理问题，委托人需要设计一套有效的契约机制来约束和激励代理人，以减少代理成本（刘有贵和蒋年云，2006）。

在英、美等国家，由于股权高度分散或所有权与经营权高度分离，上市公司面临的最主要问题就是公司股东与经营者之间的利益冲突，即第一类代理问题。在股权高度分散的情形下，公司管理层掌握了公司经营的控制权。由于股权高度分散以及存在"搭便车"问题，股东也没有动力去监督管理者。在此情形下，掌握着公司经营权的管理者很可能会为了私人利益去投资那些净现值为负但对自身有利的项目，他们通过快速扩张公司规模，给自己带来升迁的机会或者其他私有收益。此外，出于声誉与职业安全的考虑，管理者进行投资决策时可能较为保守，出现投资不足（Jensen，1986）。传统委托代理理论的核心就是全体股东（委托人）如何设计一个最优的治理机制，以保证经营者（代理人）按照全体股东的利益行事（冯根福，2004）。

与股权分散的上市公司不同，对于股权相对集中的上市公司而言，控股股东掌握着公司的实际控制权，他们也会利用控制权力做出机会主义行为,侵害中小股东的利益,导致控股股东与中小股东之间出现利益冲突,产生第二类代理问题(冯根福,2004)。控股股东常常利用上市公司资产作为担保而取得外部贷款,通过稀释股权、开展关联交易以及投资那些对自身有利的项目等方式"掏空"上市公司的资源,谋取控制权私利,损害中小股东的利益(Shleifer and Vishny,1997;Johnson et al.,2000)。而且当控股股东控制权与现金流权分离程度较大,或者投资者法律保护程度较低时,这种"掏空"行为会更加严重(La Porta et al.,1997,1999)。

　　MM理论认为,在完备的资本市场中,投资行为独立于融资行为。由于资本市场并不完备,当企业的自由现金流不足以满足投资需求,需要从外部借入资金时,债权人与股东之间形成了基于债务契约的委托代理关系,即第三类代理问题,其利益冲突表现在:贷款人(债权人)期望获得固定的利息收入,到期收回本金和利息,他们会注重贷款的安全性;而借款人(股东)注重借款资金的收益性,期望以最少的资金成本获取最大的投资收益。然而当借款资金进入公司之后,债权人无权参与企业的经营决策,也就无法对资金的使用进行直接控制。此外,对于企业盈利状况和投资信息,债权人也不可能及时掌握。在此情形下,股东可能做出损害债权人利益的行为(伍利娜和陆正飞,2005)。当公司资产负债率较高时,上市公司有强烈动机去投资那些高风险的项目。这些项目一旦成功,上市公司股东会获取高额的回报;如果项目失败,大部分损失则由债权人来承担(Jensen and Meckling,1976)。Myers(1977)还指出,企业发行风险债券会导致企业采取次优的投资策略,在某些状态下会拒绝净现值为正的投资机会,因而负债还会削弱企业对优质项目投资的积极性,降低企业价值。因此,股东与债权人之间的利益冲突可能会对投资决策产生影响,导致资产替代或者投资不足:一方面,股东为了获得超额回报,将资金投入到高风险的项目,而放弃债务契约拟定的低风险项目,出现负债融资的资产替代现象;另一方面,由于债权人会预测到股东可能会出现此类行为,因此,在信贷配给时会提高融资成本或增加限制性条件,然而负债融资成本过高也可能会导致股东放弃净现值为正的投资项目,出现投资不足。

　　从以上分析可知,上市公司存在股东与经理人、大股东与小股东、股东与债权人三种委托代理问题。有效的控制权市场能够发挥监督和约束机制,有助于解决第一类代理问题,惩治缺乏效率的管理层,但反收购条款却可能成为管理层的保护伞,可能增加管理层防御,加剧管理层与股东之间的代理冲突。

三、利益相关者理论

利益相关者理论(Stakeholder Theory)源起20世纪60年代末期,进入80年代以后,其影响逐步扩大,企业管理理念和管理方式也因此有了很大的转变。在20世纪60年代末期至70年代,英、美等国经济遭遇前所未有的困难,普遍面临企业伦理、环境治理以及社会责任等一系列问题,这使人们认识到,除了股东以外,企业周围还存在其他一些利益相关者。到了20世纪80年代,随着美国资本市场管制的放松,敌意收购浪潮大量涌现,导致无数工厂关闭,大规模员工被解雇,社区捐赠也因此而降低,这也在很大程度上损害了供应商、顾客、企业员工和社区等利益相关者的利益(沈艺峰,2000)。在此背景下,学界开始思考并提出了利益相关者理论。

Freeman(1984)认为,利益相关者是能够影响一个组织目标的实现,或者受到一个组织实现其目标过程影响的所有个体和群体。而企业则是利益相关者之间缔结的一系列契约的载体(Donaldson and Preston,1995),其中既有显性契约,也有隐性契约;既有所有者与经营者之间的契约,也有债权人与债务人之间的契约;既有供应商与消费者之间的契约,也有公司法人与政府之间的契约(Jensen and Meckling,1976;Freeman and Evan,1990)。所有这些利益相关者之间的契约都会影响企业目标的达成(Freeman,1984)。利益相关者理论认为,企业不仅要为股东服务,而且还要为众多的利益相关者服务,因为任何一个公司的发展都离不开诸多利益相关者的投入或参与(贾生华和陈宏辉,2002)。企业的发展不仅需要股东投入的资本,还需要其他利益相关者投入专用性资产(包括经营者和员工投入的人力资本、债权人投入的债务资本、供应商和客户投入的市场资本、政府投入的公共环境资本以及社区和公众提供的经营环境等等)。资源依赖理论认为,由于企业所有权安排要以资源为基础,但凡为企业提供了重要资源的个人或群体都应该拥有对企业行为施加影响或控制的权力(Freeman,1999),而不仅仅是股东。由于公司的利益相关者对公司进行了专用性投资,而且承担了相应的风险,因而他们也应该拥有企业的剩余权利。由此来看，企业剩余权利的拥有者已经不断向外延伸，从股东逐渐扩展到经营管理者、企业员工、债权人、供应商、客户、政府、社区等其他利益相关者（温素彬和黄浩岚，2009；Freeman，1984）。因此，一个理想的企业目标需要综合考虑并平衡诸多利益相关者之间的剩余索取权（Ansoff，1965）。在企业财权安排方面，必须突破股东至上主义，应该遵循利益相关者合作，形成利益相关者共同治理与相机治理相结合的财务治理模式（张兆国等，2009）。

利益相关者治理已成为当今企业管理中一个重要方面的主旋律（Donaldson and Preston，1995）。企业发展的目标不应只是单一地追求股东财富最大化，而是需要根据可持续性及协调性原则，依靠各利益相关者之间的长期合作，为各利益相关者持续创造价值（温素彬和黄浩岚，2009），而注重利益相关者价值取向的公司也会更具有竞争优势（Jonse，1995）。我国《上市公司治理准则》第六章也明确指出，上市公司应尊重债权人、员工、消费者、供应商、社区等利益相关者的合法权利，而且应该与利益相关者积极合作，共同推动公司持续和健康地发展。Blair（1995）指出："公司治理制度和规则的任何一项改革都应该鼓励，而不是禁止在合约设计、组织形式及劳工关系上的尝试，应该为其提供一种合理的试验范围，而不应在合约组合上带有过分倾向性的选择。"这种自由契约式的理念对于我国当前敌意收购盛行的环境下公司章程自治改革具有借鉴意义。

由于并购资本敌意收购行为可能会给公司带来负面影响，损害众多利益相关者的合法权益。为了构建公平竞争的并购秩序，抵御恶意收购行为，维护利益相关者的整体利益，上市公司设置反收购条款以增强防御能力合情合理，符合利益相关者理论的观点。

第二节 美国反收购制度

一、反收购立法

反收购立法的思想启蒙源于1914年美国国会通过的《克莱顿反托拉

斯法》（Clayton Antitrust Act），该法案授权美国联邦政府对那些反竞争性的公司收购行为进行管制。到 1950 年，美国国会进一步修订《克莱顿反托拉斯法》并通过了《塞勒-克弗沃尔法案》（Celler Kefauver Amendment），这两个法案都属于联邦反托拉斯法体系，旨在阻止可能削弱竞争或形成垄断的收购行为。1968 年 6 月，美国参众两院出台旨在对公司收购进行法律干预的《威廉姆斯法案》（Williams Act），该法案包括对收购信息充分披露的要求和反欺诈条款，具体内容如下：（1）收购方收购其他上市公司股票超过 5% 时，应该向美国证券交易委员会（SEC）登记持股情况，同时向目标公司报送副本，披露收购方的身份和背景、收购股票的资金来源、持股比例、收购计划等内容；（2）收购方发出要约 10 天之内，目标公司董事会可以建议股东接受或者拒绝要约，也可以对要约收购持中立立场，但必须表明态度；（3）发出要约后，收购方必须保证所有股东至少 20 个工作日以上的开放期，或者要约修改后，至少 10 个工作日以上的开放期，以供股东作出决定；（4）允许收购方在发出要约 7 日内撤回要约；（5）不能采取"先到先得"的收购规则，第一个出售股票的股东和最后一个出售股票的股东必须以同样的价格出售（Jarrell and Bradley，1980；张娟和刘纪鹏，2017）。《威廉姆斯法案》始终对敌意收购保持价值中立的态度，仅在程序上规范了敌意收购信息披露、要约时间等事项。

随之而来的是，美国有超过 36 个州的立法机构相继出台了各类反收购法律（Schumann，1988），形成了第一次反收购浪潮（沈艺峰，2000）。各地方州立法机构会根据与收购相关联的公司与本州的利害关系来订立反收购法律，更多地考虑公司注册地、经营地和资产所在地等因素，其规定内容比《威廉姆斯法案》更广、更为繁琐和难以逾越（Jarrell and Bradley，1980）。然而与《威廉姆斯法案》的中立立场不同，州立法机关倾向于保护管理层，不仅表现在管理层权力有所扩大，而且管理层也得到了更有效的职业保障。例如，特拉华州公司法第 242 条规定，只有董事会才有权提出公司章程修订案；第 109 条规定，任何公司都可以在章程大纲中将通过、修订或者废止章程细则的权力授予董事会或者非股份公司的管理机构。这些规定扩大了管理层的修订公司章程权力。又如，特拉华州公司法第 145 条第 1 款规定，任何人由于担任公司董事、高级职员、雇员或者公司代理人，因而成为、曾经是或者可能成为某一诉讼或程序的当事人的，无论诉讼或者程序已经审结、尚在审理还是尚未提起，无论是民事、刑事、行政还是调查性的，公司有权补偿该人与诉讼程序有关的实际产生的合理费用、判决金额、罚款或者罚金以及和解支出。该法第145条第2款又增加一项内容，允许公司在法院核准的前提下对董事或高管因疏忽或履行义务时有不当行为而被判承担责任的索赔事项予以补偿。该法第145条第3款还特别强调，无论哪类诉讼，只要董事或者高级职员能够作出成功答辩或者辩护，实际产生的合理费用就应该得到补偿。特拉华州公司法还设置了有关董事和高管责任保险的条款规定："对于公司现任或前任董事、高级职员、雇员或者代理人，公司有权力代表他们购买并持续拥有保险，承保其由于职务行为或者职务身份产生的责任，而无论公司是否有权针对该类责任给予本条规定的补偿。"上述条款规定加强了对董事和高管的保护，使他们尽量免于因职务行为而承担个人责任或损失（徐文彬等，2010；杨成良，2017）。然而到1982年，随着美国联邦最高法院宣告伊利诺伊斯州反收购法律违反宪法，这批地方州的反收购法从而失去法律效力。对此，第一次反收购浪潮也随之消退。

但是收购与反收购本身存在此消彼长的关系。20世纪80年代，随着美国对金融行业管制的放松，繁荣的"垃圾"债券市场为敌意收购行为提供了充足的资金，而当时政府也采取默认纵容的态度，这导致公司敌意收购活动越演越烈。然而到了20世纪80年代后期，一些收购方由于缺乏足够的资金支持，便通过大量裁员方式节约资金，致使出现大波的失业浪潮。还有一些收购方通过转让目标公司资产以支付收购融资，导致目标公司大量债务无法清偿。敌意收购方使出浑身解数，运用各种貌似合规但却不合理的方式应对资金短缺，使得各种负面影响不断涌现，反收购立法呼声再次响起（林少伟和王弯，2017）。直到1987年，美国联邦最高法院在裁决印第安纳州动力公司收购CTS公司的案件时，首次肯定了印第安纳州反收购法律符合宪法精神，从而助推了各州的第二次反收购立法浪潮（Pugh and Jahera，1990）。反收购立法重新焕发生机，实施反收购立法的州数出现爆发式增长。仅在印第安纳州动力公司收购CTS公司案判决后6个月内，有14个州出台了相关法律（Romano，1988）。

第二次反收购立法浪潮中，特拉华州、纽约州和宾夕法尼亚州的反收购立法较为典型。1985年，特拉华州法院在裁决两起恶意收购案件时，认为目标公司所采取的"毒丸计划"和股票回购是合法的反收购行为,是管理者基于经营判断法则而做出的合理判断(Netter and Poulsen,1989)。特拉华州立法机构于1988年出台并颁布了反收购法律,内容包括:收购方在接管目标公司之前必须持有该目标公司股票三年以上,还需要经过目标公司三分之二的股东(不包括敌意收购方在内)同意才可以进行合并等,但是如果收购方在获取目标公司15%的股权之前,能够一次性获取目标公司85%的股权,则可以不受前面条件的限制。从内容来看,特拉华州反收购立法相对温和(Jahera and Pugh,1991),由于其立法是以案例法为基础,可以避免被联邦最高法院裁定为"非法",因而其合法性被认可。1985年,纽约州议会通过坎曼反收购议案。议案规定,在董事会不批准恶意收购的情况下,只有当持有反对意见的股东手中的股票能够以不低于恶意收购方所出的最高收购价转让时,才能够实行合并。此项条款也称作公平价格条款,其目的是为了防止股东在价格上受到不公平的待遇(Schumann,1988)。1990年的宾夕法尼亚州反收购立法,被认为是美国最为彻底的反收购法律(Szewczyk and Tsetsekos,1992),其主要内容包括以下条款:(1)信托责任条款。如果董事会的决策是以公司整体最大利益化为中心,则可以无需考虑公司任何起支配作用或占控股地位的特殊团体的利益。该条款授权公司董事会进行决策时,不仅考虑股东利益的影响,还要考虑公司利益相关者的利益。(2)控股条款。任何股东通过收购方式或者代理权征集方式取得20%比例的股份以后,不再享受表决权,除非得到那些利益无关者的绝对多数股东同意。(3)偿还条款。任何股东取得控股地位后18个月内转让所持公司股份而获取的利润应该归还给公司。(4)员工解雇补偿条款。倘若公司在控股方案批准后的两年内解雇合格的员工,则需要给予一定薪酬补偿。(5)劳动合同条款。任何一方不得因为控制权的转移而放弃现有员工的劳动合同。上述条款一方面可以增强管理层对抗敌意收购的能力,另一方面还能够保护公司员工的利益。宾夕法尼亚州反收购法律的通过,也意味着美国第二次反收购浪潮到达顶峰。而且这一次反收购制度变革在保护董事和高管免于因职务行为而承担个人责任或损失方面有了新突破,核心内容表现在两方面:一是扩大了对董事和高管的补偿范围,如很多州淡化甚至取消了第三人诉讼与派生诉讼的区别,允许公司不经法院要求即可对满足各自标准的任何董事或高管的各类诉讼费用及和解产生的费用予以补偿（Hanks，1988）；二是直接免除或限制董事与高管的责任（杨成良，2017）。

美国反收购立法一定程度上反映了社会公众对恶意收购的厌恶，保护了管理层的自身利益，也反映出美国联邦政府和地方政府在管制权方面的政治均衡与制约，其实也是在争夺公司控制权市场理论的主流地位（沈艺峰，2000）。反收购立法的兴起动摇了公司控制权市场主流学派的观点，引起广泛的争议（Szewczyk and Tsetsekos，1992；崔之元，1996）。反收购立法改变了原有董事会和管理层仅以公司股东利益最大化为目标的观念，强调公司社会责任理念，要求综合考虑利益相关者的利益（傅穹，2017）。

二、反收购条款类型及其作用机理

在美国，相关法律允许上市公司自行制定反收购策略以应对外部收购，其中可以设置的反收购条款包括反绿色邮件、空白支票优先股、交错董事会、控制权更换的薪酬计划、累积投票制、董事责任、锁定条款、绝对多数条款、公平价格、降落伞计划、毒丸计划、无记名投票、限制召开特别会议、限制书面同意、不平等投票权、双重股权结构等等（Gompers, et al.，2003；Bebchuk et al.，2009；Cremers and Nair，2005）。

（一）交错董事会条款（Staggered Boards Provisions）

交错董事会将董事分成几组，每一组可以设置一个不同的任期，每年只有任期届满的董事会成员才可以改选。因此每年替换的董事会存在一定比例的限制。而对于没有设置分类的董事会来说，每个年度会议均将重新选举董事。交错董事会的设置方法与美国参议院选举类似。而没有设置分类的董事会选举方法与美国众议院选举制度相似。对于设置交错董事会结构的公司，掌握大多数股份的新股东不得不等待两个年度会议才能获取董事会的多数席位，之后才能提议合并股东投票权事宜。此外，根据特拉华州的法律规定，在没有确切原因的情况下，交错董事会成员在任期结束前不能被解雇。而对于没有设置分类的董事会来说，除非公司章程另有规定，持有大多数股份的股东可以在任何时候解雇董事会成员，而没有特别原因（DeAngelo and Rice，1983；Daines and Klausner，2001）。在公司章程中设置有效的交错董事会条款能够减缓收购方控制目标公司董事会的过程，有利于抵制敌意收购。交错董事会条款的设立能降低新股东收购目标公司股份的意愿，从而使得目标公司原控股股东失去控制权的几率减少，降低控制权转移的概率（Bates et al.，2008）。

（二）锁定条款（Lock-in Provisions）

锁定条款一般是指限制股东修改章程或宪章权利的条款。该条款规定：如果需要修改章程或宪章，需要绝对多数投票同意才能通过；或者规定完全消除股东修改章程的权利；亦或规定没有股东同意，董事会也没有修改章程的权利。另一种常见的锁定条款是对董事人数的限制。这样防止了新股东通过增加董事会规模而稀释现任董事会投票权，从而规避交错董事会条款的规定。

（三）绝对多数条款（Supermajority Approval Provisions）

绝对多数条款是指在公司章程规定，必须经过绝对多数股东同意，公司才能进行相关决议事项。对于合并、清算、解散、出售或租赁主要资产等交易行为，绝对多数条款一般要求经过持有表决股份2/3、75%或85%以上的股东同意才行。此条款通常适用于与利害关系方或控股股东的交易。但不适用于对子公司的合并或董事会成员的继任问题。当收购决议事项需要经过绝对多数表决权通过时，会增加收购方接管公司的成本和难度，减少并购成功的可能性，减轻恶意收购方对公司及股东利益可能造成的伤害，维护目标公司多数股东的利益。因此，绝对多数条款可以作为反收购条款予以设置。实际上在美国，交错董事会和绝对多数条款常常被现任董事会所利用，以降低控制权转移的风险。

（四）"降落伞计划"（Parachutes）

"降落伞计划"实际上是一项遣散协议，包括"金色降落伞"（Golden Parachutes）、"银色降落伞"（Silver Parachutes）和"退休金降落伞"（Pension Parachutes）。"金色降落伞"是指，在控制权变更后，向管理层和董事会提供解雇、降职或辞职的现金和非现金补偿。这项计划的实施可以增加并购成本，而且不需要经过股东的批准。面对敌意收购时，管理层为了保护自身利益,会竭力反对收购方接管,因为接管会给目标公司管理层带来损失,管理层可能失去在职期间的现金收益(薪资)以及非现金收益(权利和威望)。而激励联盟假设(Incentive Alignment Hypothesis)认为,"金色降落伞"不仅对管理者层有好处,还能给股东带来有利影响(Lambert and Larcker,1985)。因此,"金色降落伞"可以调和股东和管理者之间的矛盾,使得管理层和股东利益都得到保护。"银色降落伞"与"金色降落伞"类似,是指在控制权发生变化后,为大量公司雇员提供解雇、降职或辞职的遣散协议。而"退休金降落伞"条款限制了收购方使用目标公司的养老基金进行并购融资,保护了养老基金财产安全。

(五)"毒丸计划"(Poison Pill)

"毒丸计划"是指当遇到一定的触发事件时,股东可以行使的特别权利。如果董事会同意交易的话,"毒丸计划"也可以撤销;但是如果董事会没有批准交易,而投标者继续进行交易,则"毒丸计划"将被触发。典型的"毒丸计划"是给予目标公司股东大幅价格折扣回购公司股票或者购买投标方公司的股票,使得目标公司没有吸引力或者稀释收购者的投票权。毒丸计划的设计最初出于"毒丸"之父 Martin Lipton 之手,也是目前美国最常见和最有效的敌意收购防御措施。然而"毒丸计划"的实施需要满足三个前提条件:其一,存在授权资本制度,即公司存在可以授权但尚未发行的股份;其二,允许类别股份,即持有不同类别的股份享有的表决权也不相同;其三,符合司法制度的要求。

(六)反绿票讹诈条款(Antigreenmail)

反绿票讹诈条款是为了应对绿票讹诈行为的防御条款。绿票讹诈,又称溢价回购,是指敌意收购方通过大量购买目标公司的股票,以致对目标公司控制权构成威胁,然后迫使目标公司溢价回购手中的股票,以完成讹诈目的。为了稳固公司控制权,防止上述股票落入他人之手,目标公司只能高价回购。而反绿票讹诈条款的设置将有助于阻止公司高价回购股票,除非公司向所有股东都提出相同的回购要约,或者经过股东投票同意,否则溢价回购不能实施。因而反绿票讹诈关闭了以讹诈为目的而持有公司股票的退出渠道,可以作为并购防御措施。

（七）空白支票优先股（Blank Check Preferred Stock）

空白支票优先股作为一种优先股股票，可以赋予董事会广泛自由裁量权，如决定股票投票权、股利分配及转换等权利。这种股票可以用来满足公司融资需求，特别是可以使用它实施"毒丸计划"，或投放给友好投资人，以阻止或延缓外部接管。有文献表明，85%的IPO公司设置了空白支票优先股条款（Field and Karpoff，2002），而且在设置空白支票优先股条款以后的5年期间，目标公司被接管概率会降低（Ambrose and Megginson，1992）。

（八）控制权更换的薪酬计划（Compensation Plans with Change in Control Provisions）

控制权更换的薪酬计划是指允许参与者在控制权发生变化的情况下，提前兑现期权计划或加速发放奖金。

（九）累积投票制（Cumulative Votes）

累积投票制是指股东大会选举董事时，每一股份拥有与应选董事人数相同的表决权，即投票总数等于股本总数与应选董事人数的乘积。股东拥有的表决权可以集中使用，也可以分散使用，按得票多少依次决定董事入选的表决权制度（吴磊磊等，2011）。由于中小股东可以将投票权累积起来集中投给某位董事，这时可能会出现中小股东占据1~2个董事会席位的情况。该条款与无记名投票一样都增加了股东权利。在目标公司董事会人数较少或者设立了交错董事会条款的情形下，累积投票制的实施将会提高收购成本，有效阻碍收购方控制董事会的进程，从而有利于缓解控制权市场的敌意竞争威胁。在成熟的资本市场上，累积投票制常常被用作反收购工具（Sokolyk，2011）。

（十）董事的职责条款（Directors Duties）

董事的职责条款是指允许董事会在公司控制权可能发生变化时考虑非股东（如雇员、供应商和所在社区等）的利益，因而扩大了董事对利益相关者的职责。这一条款可能为董事会拒绝一项对股东有利的收购提供法律依据。

（十一）无记名投票（Secret Ballots）

无记名投票是指在投票选举时，选举人不必在选票上署名，而是由本人亲自将选票投入票箱。这种做法有助于消除潜在的利益冲突。

（十二）公平价格条款（Fair Price）

公平价格条款是指要求投标人向所有股东支付公平价格，通常不低于支付给控股股东的最高价格，除非目标公司绝对多数股东或董事会同意。最低收购价格还要与每股收益、股息和价格上涨相挂钩。公平价格条款可以被看作是私人合同，它明确规定了公司特定的并购补偿机制，增强了少数股东在合并中受到公平对待的权利，也使得并购方所出费用更高。而对于公平价格条款的废除则需要持有表决股份95%以上或现任董事会同意才行。公平价格条款是绝对多数条款的强有力的表现形式。

（十三）限制特别会议条款（Limits to Call Special Meeting）

限制特别会议条款是用来限制股东召开特别会议的条款。该条款一般会提高召开特别会议所需持股水平的要求，或者直接取消召开股东会议的权利。该条款增加了投票代理权竞争的时间，因为竞标者必须等到定期召开的年度股东大会才能更换董事会成员或废除并购防御措施。该条款与限制书面同意条款结合时，才会更有效。

（十四）限制书面同意条款（Limit to Act By Written Consent）

限制书面同意条款是指用来限制股东通过书面同意采取行动的条款。该条款可以要求超出法律层面大多数门槛，或者需要获得一致同意，或者取消书面同意采取行动的权利。该条款增加了投票代理权竞争的时间，因为竞标者必须等到定期召开的年度股东大会才能更换董事会成员或废除并购防御措施。该条款与限制特别会议条款结合更有效。

（十五）不平等投票权（Unequal Voting Rights）

不平等投票权是指限制了一些股东的投票权，并扩大了其他股东的投票权。如按照股票持有时间长短进行投票时，持有股票较长时间的股东将获得更多的投票权。另外，重要股东条款还限制了持有股份超过一定比例的股东投票权。该条款有助于限制恶意收购方滥用投票权。

（十六）双重股权结构（Dual Class Stock）

双重股权结构是指对股权和表决权予以重新划定。一般情况是一股一票表决权，而双重股权结构就是将股份设置为两种不同投票权利的股票，其中一部分股票由普通投资者持有，实行"一股一票"表决权；而另一部分股票则比较特殊，通常每股表决权会数倍于普通投资者持有股份的表决权，主要由公司创始人和其他重要股东所拥有。双重股权结构的设置既满足了企业在创立初期融资的需要，又稳固了创始人对公司的绝对控制权。

第三节　我国反收购制度背景

一、反收购立法

为了适应实践活动的需求，我国《证券法》《公司法》《反垄断法》《上市公司收购管理办法》等法律和规章自颁布以来，经历数次修订与完善，为上市公司收购与反收购实践提供了法规依据。目前，我国上市公司收购与反收购的相关立法主要呈现以下几个方面：

（一）相关法律

全国人大及其常委会颁布的收购与反收购相关法律包括《证券法》（2014年）、《公司法》（2013年）以及《反垄断法》（2008年）等法律。这一层面的法律位阶较高。

首先，《证券法》第八十六条规定，投资者收购目标上市公司已发行的股份比例达到5%时，应当予以及时披露。当持有股份比例达到30%时，仍然继续进行收购的，应当向目标上市公司所有股东发出收购其全部或者部分股份的要约。根据此条规定，如果收购方在收购的过程中没有及时履行相应的义务，则属于违法行为，因而可以成为目标公司采取反收购行动的正当理由。

其次,《公司法》第五条规定,公司从事经营活动时,必须遵守法律法规、社会公德及商业道德,诚实守信,应该接受政府和社会公众的监督以及承担社会责任。因而上市公司在收购与反收购过程中,需要考虑利益相关者的利益以及社会责任。根据《公司法》第二十二条规定,上市公司股东大会、董事会的决议内容如有违反法律、行政法规则视为无效。一旦公司股东大会或董事会的会议召集程序、表决方式违法违规或者违反公司章程,可以请求人民法院予以撤销。还有《公司法》第一百四十二条规定明确了上市公司可以回购股份的法定情形,包括:(1)减少注册资本;(2)与持有本公司股份的其他公司进行合并;(3)回购股份奖励给本公司职工;(4)股东对公司合并、分立决议存异议,要求公司回购其股份的。由于股份回购可以作为反收购措施之一,此项规定为目标公司进行股份回购留下了制度空间。此外,《公司法》第一百四十七条规定了上市公司董事、监事以及高级管理人员应当遵守法律法规和公司章程,对公司承担忠实义务和勤勉义务。此条规定着重强调了董事及高管人员的忠实义务和勤勉义务,可以作为评价目标公司管理层反收购措施是否得当的判断标准。

最后,《反垄断法》第一条就明确了立法宗旨,即预防和制止垄断行为,保护市场公平竞争,提高经济运行效率,维护消费者利益及社会公共利益,促进社会主义市场经济持续健康发展。此条规定对于明确和指导上市公司收购与反收购行为起到法律上的导向作用。《反垄断法》第二十二条明确规定了经营者集中的情形,如参与集中的经营者拥有其他经营者50%以上有表决权的股份或者资产的,以及参与集中的经营者50%以上有表决权的股份或者资产被同一个未参与集中的经营者所拥有的,可以不向反垄断执法机构申报。依据此条规定,收购方通过收购股权而取得目标公司的控制权可能会被认定经营者集中。而此条规定与股权收购的实质和控制权争夺的目的相符,其为目标公司运用反收购策略提供了一个正当理由。《反垄断法》第五十条规定,如果经营者垄断经营,给他人造成损失的,应该承担民事责任。依据此规定,如果目标公司反收购失败而最终认定收购方行为构成垄断,该条规定则为目标公司及其股东利益受损而请求民事赔偿提供了法律救济上的支持。由此可以看出,我国《反垄断法》虽然并未直接体现上市公司反收购的规定,但是其原则上的指导意义重大。

(二) 相关规章

国务院及其各部门颁布的与反收购有关的行政法规、规章和文件，主要包括国务院发布的《国务院关于经营者集中申报标准的规定》（2008年）、证监会颁布的《上市公司收购管理办法》（2014年）和《上市公司章程指引》（2016年）以及商务部颁布的《关于外国投资者并购境内企业的规定》（2009年）等部门规章。其中《上市公司收购管理办法》作为我国反收购相关立法中最主要的部分，其反收购相关规定较为全面和具体。

首先，《上市公司收购管理办法》第三条规定指出，上市公司收购时必须遵循公开、公平及公正的原则，信息披露义务人应当充分披露其在上市公司中的权益及变动情况。第六条和第七条规定均指出，任何人都不得滥用股东权利而损害目标公司及其股东的合法权益。这些规定表明，当收购方违反相关法定披露义务或目标公司及其股东合法权益受损的情况下，目标公司可以采取合理的反收购措施进行应对。此外，第八条规定强调了目标公司的董事、监事及高级管理人员负有忠实义务和勤勉义务，需要公平对待所有收购人，目标公司董事会不得滥用职权对收购行为设置障碍，不得利用目标公司资源向收购方提供财务资助。此条规定明确了目标公司董事会反收购行为的宗旨，即要保护目标公司及其股东的利益。第三十二条规定明确了目标公司董事会应尽的调查义务。第三十三条规定再次强调了董事会不能从事的事项，即未经股东大会同意，目标公司董事会不得从事对公司的资产、负债、权益或者经营成果造成重大影响的活动，包括处置公司资产、对外投资、调整主要经营业务、担保及贷款等等。第七十九条和第八十条第一款规定分别认定了不宜当董事人选的情形。上述相关规定都体现了《上市公司收购管理办法》对反收购的审慎态度，强调了目标公司董事的忠实义务和勤勉义务，以保证目标公司及其股东合法权益不受损害。总体上，《上市公司收购管理办法》对反收购的相关条款虽然列举了一些规定，但是原则性比较强，缺乏可操作性。

其次，《关于外国投资者并购境内企业的规定》第三条明确规定，外国投资者并购境内企业应遵守中国的法律法规，做到公平合理、等价有偿、诚实信用，不过度集中、排除或限制竞争。第四条规定，不允许外国投资者独资经营的产业，并购不得导致外国投资者持有公司全部股权；需由中方控股或相对控股的产业,该产业的公司被并购后,仍应由中方在公司中占有控股或相对控股地位;禁止外国投资者经营的产业,外国投资者不得并购从事该产业的公司。还有第五十一条规定,外国投资者并购境内企业时,如果达到申报标准的,应当提前向商务部申报。上述规定与其他法律法规衔接紧密,为我国上市公司反收购的合理利用留下了制度空间。

综上,随着收购与反收购的实践而不断发展,我国反收购制度也在不断更新和完善。《反垄断法》对经营者集中的垄断行为进行了严厉限制,与防止被其他公司敌意收购而造成垄断市场地位的精神相吻合,但是该法并未直接体现上市公司反收购的具体规定。而《公司法》和《证券法》两部法律对上市公司反收购的直接规定也极为少见,有的只是间接提及。傅穹(2017)认为,现行《上市公司收购管理办法》具有四个特征:第一,只有经过股东大会同意,目标公司董事会才有权采取反收购行为;第二,目标公司董事会不能滥用权力阻碍收购;第三,执法部门对反收购的监管混合执行。由证监会下设委员会监管,辅之以司法介入;第四,此办法倾向于保护国家利益。如果得到证监会豁免,国有企业可以兼并中小企业。由于《上市公司收购管理办法》虽然对反收购行为进行了一些相对具体的规定,但其原则性比较强,不具有操作性,而且也不够全面,并且其立法层次较低,远不能满足实践的需求。因此,在面对资本市场控制权争夺诉讼迭起时,《上市公司收购管理办法》作为预防性立法,也没能够提供合法有效的制度供给及合理的解释。

(三) 立法态度

对于收购立法态度来说,随着法律和规范的变迁,收购相关立法在规制上经历了从"严格限制"到"有限度鼓励"的转变(叶林和吴烨,2017)。首先,从1993年国务院首次制定的《股票发行与交易管理暂行条例》(以下简称《股票条例》)来看,《股票条例》(1993年)按照收购方是自然人还是法人分别进行了收购限制及其披露的要求:其中第四十六条规定限制了自然人持股比例,即任何自然人不得持有上市公司超过5‰的流通股;而其第四十七条规定对法人持股披露时间进行了限制,即任何法人持有上市公司流通股达到5%时,应当在三个工作日内,及时作出书面报告并公告;而当所持股份达到5%之后,每增减变化达2%时,应当在三个工作日内,及时作出书面报告并公告。上述条款反映了当时的立法机构对于上市公司收购行为的谨慎态度。其次,到了1998年,从我国《证券法》(1998年)来看,立法机构对收购行为的态度有所转变,表现为持有有限鼓励的态度,主要体现在:其一,废弃了区别对待自然人和法人持股的立场,统一采用投资者的术语,即自然人和法人作为投资者,可以遵循相同的收购规则,因此也放松了对于自然人持股比例的限制;其二,《证券法》(1998年)第七十九条第二款规定,当所持股份达到5%之后,每增减变化达5%时,应当在三个工作日内,及时作出书面报告并公告。增减变化的报告要求从之前规定的2%提升到5%,因而披露要求有所降低,体现了立法机构对于收购态度的转变。而之后在2004年、2005年、2013年和2014年修订证券法时,立法机构也基本保持了原《证券法》(1998年)的立场,整体趋向鼓励上市公司开展收购活动。因此,从《股票条例》到《证券法》的变迁可以看出,现行立法的基本观点认为,资本市场是资源配置的有效工具,市场的收购行为应当得到允许、促进和保护。

而对于反收购立法态度来说,立法机构也从"明令禁止"到"有限度认可"的转变(叶林和吴烨,2017)。首先,在1998年颁布和实施《证券法》之后,证监会又于2002年发布了《上市公司收购管理办法》,其中第三十三条第二款规定,收购人作出提示性公告后,被收购公司董事会不得提议以下六类事项:发行股份、发行可转换公司债券、回购股份、修改公司章程、订立重大合同以及处置或购买重大资产,调整公司主要业务。此规定明确禁止了目标公司不能采取的反收购行为,因而也为目标公司进行反收购设置了很大的障碍。但到了2006年,证监会重新修订了《上市公司收购管理办法》,其中第三十三条规定已经改为,收购方作出提示性公告之后至要约收购完成之前,未经股东大会批准,目标公司董事会不得处置公司资产、对外投资、调整公司主要业务、担保以及贷款等等,以免对目标公司经营业务产生重大影响。相对于2002年来说,2006年修订后的《上市公司收购管理办法》对反收购态度有所放松。到了2014年,《上市公司收购管理办法》再次修订,其中第八条规定,目标公司的董事、监事以及高级管理人员对公司承担忠实义务和勤勉义务,应当公平对待所有收购方;目标公司董事会应当维护公司及其股东的利益,不得滥用职权对收购设置不适当的障碍,也不得利用公司资源向收购方提供财务资助。从中可以看出，现行立法仍然是以股东利益为中心，特别强调保护收购方作为股东的利益，而对于目标公司管理层特别强调其应尽的义务，以限制其反收购行为居多。

从法律和规范的变迁可以看出，监管机构对上市公司收购与反收购采取了不同的态度。虽然现行法规对收购与反收购行为都采取了较为严格的限制，但总体上对上市公司收购与反收购的态度是"一松一紧"（李芬芬，2017）。对收购方来说，监管机构立法态度较为积极。从立法视角来看，为了繁荣市场经济，优化资源配置，鼓励上市公司进行并购重组是基本的价值取向。立法始终强调保护被收购公司及其股东合法利益的立场。凡是不违反法律规定而实施收购的，就应当承认其合法性和正当性。而对反收购方来说，监管机构立法较为谨慎。上市公司采用反收购措施时，必须符合法律的规定，特别强调目标公司管理层应尽的义务。虽然立法一定程度上承认目标公司反收购的正当权利，但实践中可以利用的反收购措施非常有限（叶林和吴烨，2017）。

二、股权争夺存在的问题

随着资本市场开放程度越来越高，监管层对并购政策逐步放松，市场活力逐渐被激发和释放。近期控制权市场出现的股权争夺事件更是此起彼伏，万宝股权争夺案尤其引人注意，此轮收购与反收购浪潮引起了学界的广泛讨论。收购与反收购本身属于中性的市场买卖行为，也是收购双方涉及利益之争的自治行为，是资本市场发展到一定阶段的必然产物（李芬芬，2017）。然而我国现行控制权市场制度尚不完善，出现法律规范模糊、解释存在分歧以及立法存在空白地带等情形（傅穹，2017），控制权市场制度建设跟不上实践的快速发展，导致收购与反收购之间的矛盾日益激化，主要体现在以下方面：

（一）杠杆资金过度使用

近些年资产荒现象较为普遍。在资金充裕、并购政策宽松以及上市公司估值较低的情形下，各路资本参与市场并购现象越来越多，而且金融工具的创新也进一步促进了杠杆收购的发展。从国外经验来看，杠杆收购行为有利于督促和激励目标公司自发改善公司治理水平,还可以通过收购改组来优化目标公司治理结构。但是如果杠杆收购受到目标公司管理层强烈反对,可能会引发目标公司采取反收购措施,引起管理层短视行为,出现公司治理过度不稳定、投资者信心受打击以及利益相关者利益受到损害的局面(田轩,2017)。大量使用杠杆资金的收购方往往会以目标公司资产作为抵押,进行收购融资,而收购完成以后,收购方很可能通过出售目标公司财产来支付收购欠款,一旦收购出现失败,则损失最大的往往是债权人的利益(王佐发,2016)。正是由于杠杆资金追求壳价值以及资金归还的压力,可能导致收购方过度投机、大额关联交易以及高比例质押股份等追求短期利益的行为屡屡出现,扰乱了控制权市场正常并购秩序,降低了市场并购效率,损害了诸多利益相关者的利益。

(二)随意缔结一致行动关系

现行《上市公司收购管理办法》第八十三条规定,在股权收购过程中出现一致行动的投资者,即互为一致行动人。所谓一致行动是指投资者通过协议或其他安排,与其他投资者共同扩大其所能够支配的一个上市公司股份表决权数量的行为或者事实。在股权争夺过程中,收购双方竞相通过二级市场增持股份,是较为常见的收购与反收购策略。在实践中,拉拢存量股东形成一致行动人,会使股权之争变得更为激烈而不可预测。近期资本市场股权争夺事件普遍存在收购方和一致行动人共同行使表决权,但是披露原则的法律约束力出现明显下降,一致行动人以及股权变动的相应披露底线不断被突破的现象(傅穹,2017)。从监管机构的角度来看,收购双方只要遵循相关规定及时披露权益变动情况,监管层则无需干预。然而监管难点就在于一致行动关系的认定,包括一致行动人的认定标准和时点、反证方式和认定裁量权、一致行动关系的新形式等。

(三)股东表决权存瑕疵

依据现行《上市公司收购管理办法》第七十五条和第七十六条规定,如果收购方作为信息披露义务人未按照规定履行披露义务的,或者披露中出现虚假记载、误导性陈述或者重大遗漏行为的,则不得对其持有股份行使表决权,即为"瑕疵股东"。但是现行制度对于"瑕疵股东"的股权属性及权限等规定尚不明确，而监管部门和司法部门对此也尚未形成一致意见，导致股权争夺主体出现纠纷时，问题难以得到妥善的解决。李文莉和艾星星（2017）认为，根据《上市公司收购管理办法》第七十五条规定，监管机构要求违规披露人予以改正，通过采取监管谈话、出具警示函、责令暂停或者停止收购等监管措施进行处罚，然而与违规披露人所获收益相比，这样的处罚过于轻微，根本起不到惩罚作用，无法实现信息披露规则的立法初衷。傅穹（2017）也指出，按照既有的监管规则和司法裁判，根本无法实现惩罚未尽披露义务的收购方，也无法通过信息披露来保护投资者权益。

（四）利用停牌抵御收购

在股权争夺过程中，目标上市公司常常利用股票停牌策略进行反收购。在银泰系争夺鄂武商控制权事件中，鄂武商多次借助停牌重组策略拖延收购时间，为签署一致行动人协议进而增持股份赢得宝贵的时间。万宝股权之争过程中，万科也是借口筹划重大资产重组而停牌，以此延缓宝能系进行股权收购，为寻找白衣骑士赢得时间。管理层为了应对敌意收购行为，利用假重组随意停牌，不仅其信息披露的真实性受到质疑，而且也损害了广大中小股东的交易权和知情权。

（五）自主设置"驱鲨"条款

为了防止"野蛮人"入侵，许多上市公司未雨绸缪，在事前采取了预防性的反收购措施，以稳固公司的控制权，主要表现为在公司章程中设置各种"驱鲨"条款（Shark Repellents），如设置持股期限限制股东权利、提高持股比例要求、增设股东的披露义务、增加公司收购特别决议事项、设置绝对多数条款、限制董事结构调整、赋予大股东特别权利、设置金色降落伞计划等。常见的反收购条款包括以下几种：

1. 交错董事会条款

交错董事会，也称为分期分级董事会或者错列董事会，通常的做法是将董事会分成若干组，每一组有不同的任期，每年也只有任期届满的董事被改选，而且每年董事改选不会超过一定的比例。诚然，交错董事会条款的设置其利弊仍存争议。支持的观点认为，公司作为一个持续经营的实体，需要保持一定程度的稳定性和连续性。交错董事会的设置有利于董事会的稳定，具有丰富经验且熟悉公司事务的董事可以继续留任，能够保证公司经营政策的连续性和稳定性。交错董事会制度可以避免董事无故被更换，其任期会得到延长，有利于董事会远离经理层的控制而进行独立判断（Koppes et al.，1999），引导他们避免短视行为，从长期利益的角度考虑公司的战略规划（伍坚，2007）。Bainbridge（2002）认为，董事会中心主义将来会成为公司治理的发展方向，特别是当公司面临敌意收购等外部事件时，只有董事最适合做出快速有效的决策。而反对的观点则认为，交错董事会约束了股东而不是董事，当股东希望推翻董事会时，交错董事会制度却能保证董事会的连续性。然而稳定性并非现代公司的追求目标，公司业绩的提升有时依赖于连续和稳定的董事会，但有时也不然。此外，董事改选时非常依赖经理层向他们提供必要的信息，很难让董事会远离经理人而保持独立性。并且董事更换时很少关注董事的业绩，设置交错董事会来延长董事的任期，以此来提升他们的业绩已无必要。

由于我国《公司法》并未要求所有董事的任期相同，在公司章程中规定每一位董事的任期不同并不违反制度规定。上市公司可以实行交错董事会制度（王建文，2007）。实践中，我国上市公司在公司章程经常设置董事改选的限制条款。例如，亿阳信通（600289）2015年的公司章程规定："董事由股东大会选举或更换，任期三年。董事任期届满，可连选连任。董事在任期届满以前，股东大会不得无故解除其职务。为保持公司经营决策的稳定性和连续性并维护公司和股东的利益，新一届董事会成员中应至少有三分之二以上的原任董事会成员连任，但独立董事连任不得超过六年；在董事会、监事会任期未届满的每一年度内的所有股东大会上改选董事的总数和改选监事的总数，分别不得超过本章程所规定董事会、监事会组成人数的四分之一。"

然而，上述条款是否属于交错董事会制度也存在争议。汤欣和徐志展（2008）认为，在公司章程中规定每年只能改选一定比例的董事属于交错董事会制度，可以成为上市公司反收购的手段之一，为限制其消极后果，此类条款的设置必须经过股东大会中绝对多数的表决权同意。伍坚（2007）则认为，此类条款不属于交错董事会制度，而是对股东享有的董事选任权和罢免权的违法限制。限制董事改选比例的目的，是确保在新一届董事会中前任董事占有一定的比例。然而在换届选举时，董事的选举应该根据股东自己意愿，而不是硬性规定股东必须选举前任董事，此条款无疑是对股东董事选任权的限制。在非换届选举时，由于董事任期尚未届满，限制董事更换的数量实际上是限制股东罢免董事的数量，也限制了股东享有的董事罢免权。而傅穹（2017）认为，交错董事会条款本身属于中性条款，其形式和实质都没有剥夺股东选取董事的权利，而仅仅只是延缓了董事会结构的变更，在现行法律制度下，缺乏足够动因和理由来否定其正当性。

2. 限制董事提名权条款

控制权争夺的实质在于董事会控制权的争夺。在实践中，很多上市公司为了预防董事会控制权变更，提前预设董事提名权限制条款，即限制董事提名权股东的持股时间以及持股比例。现行《公司法》对于非独立董事的提名未置一词。2016年《上市公司章程指引》第八十二条规定，公司应当在章程中规定董事、监事提名的方式和程序。由此可以看出，非独立董事的提名交由公司章程来确定。例如，胜利股份（股票代码：000407）2009年在公司章程中规定，董事会、监事会、连续180日以上单独或者合并持有公司已发行股份5%以上的股东有权提名董事候选人（非独立董事）。

伍坚（2014）认为，在我国证券市场当前环境下，设置此类条款有相当的合理性。上市公司股东人数众多，如果没有持股比例的限制，每位股东均可提名董事，则不具可行性。对持股持续时间进行限制，能够避免董事会成员因股东频繁进出而变动，这样有利于保持公司政策的持续性。相比独立董事来说，非独立董事拥有更多的经营管理权，提名门槛要求应该设计得更高。此外，董事候选人提名并非属于一般性的股东提案，对持股比例的要求不应低于提案权。由于提名独立董事的持股比例要求是1%，股东提案权的持股比例要求为3%，因此，非独立董事提名权的股东持股比例不应低于3%。SEC也有类似的考量，其中SEC委托书规则14a-8（b）（1）对提案股东的要求是持股时间超过1年以上、拥有1%表决权的股份或拥有市值2000美元以上的表决权股份，而对于提名股东的要求则是持股时间超过3年以上和持有表决权股份3%以上。

也有学者认为，我国上市公司代理问题较为突出，章程自治的自由度应当受到限制（汤欣，2001）。即使现行制度允许上市公司自行规定董事提名的方式及程序，此类授权也应当设有底线，即持股比例在3%以上的股东应当享有提案权。因此,对于持股比例在3%以上的股东,无论其持股时间长短,都应该有权提出董事候选人的提案(王建文和范健,2007)。股东提案召集股东大会,进而改选董事人选,是股东固有的一项基本权利。如果公司章程自行设定超过立法限定的持股时间,会增加股东提案的难度(傅穹,2017)。张舫(2009)也认为,限制董事提名权条款明显侵害了股东的提案权和对董事的选任权。

3. 限制董事资格条款

董事资格即担任董事的条件。上市公司可以通过设置董事资格条款,防止无才无德之人混入董事会进而滥用董事职权。董事资格一般包括积极资格和消极资格两个方面。积极资格通常规定董事任职必须具备的条件,如身份、年龄、国籍以及持股等方面必须满足一定的条件;而消极资格则规定不得担任董事职务的情形,如品行条件和兼职条件等等(雷兴虎和胡桂霞,2001;周友苏,2006)。而我国《公司法》第一百四十六条未就董事的积极资格作出规定,只明确了董事的消极资格,规定五类人员不得担任公司的董事。限制董事资格时,不能违背商业习惯,应着眼于公司治理水平的提升。例如,贵州轮胎(股票代码:000589)在公司章程(2006)中规定,非独立董事候选人应满足以下条件:在公司现有主导产业或产品配套行业有五年以上的从业经历,而且担任高级管理职务。

在实践中,董事资格条款还表现为对董事产生程序的限制。但王建文(2007)认为,限制董事产生程序条款已经违反了股东选择管理者的基本股东权利,应认定为无效。依据现行《公司法》第一百零二条规定,持股比例达3%以上的股东均可向董事会提交增补董事的临时提案,而董事会必须将此提案提交股东大会审议。

4. "降落伞计划"

"降落伞计划"是指当公司被接管后公司管理层以及员工所获取的离职补偿协议。根据离职员工级别不同,获取补偿方案可能也不一致,即降落伞还可分为"金色降落伞""灰色降落伞"或"锡降落伞"(王建文,2007)。"金色降落伞"作为高管离职的补偿安排,本质上是敌意收购方获得目标公司控制权后,清退不合作的高管行为,该事项本属于董事的商业判断(傅穹,2017)。然而,我国现行法律制度并未明确限制上市公司不能设置"降落伞计划"。基于自治原则,上市公司常常会在公司章程中设置此类条款。例如,湖北宜化(股票代码:000422)2010年的公司章程规定,如果因控制权转移而发生高管更换的情形,则公司应给予其十倍于其年薪的补偿。

但设置"降落伞计划"的利弊仍存争议。持反对观点的学者认为,"金色降落伞"补偿计划金额巨大,会给公司及股东造成很重的负担,而且降落伞计划的实施还会使那些经营不善的管理者在离职前仍然可以得到巨额的报酬。因此,"金色降落伞"的设置可能成为管理层以股东利益为代价掘壕自保的工具,或者是管理层自我交易的结果(汤欣和徐志展,2008)。而支持者则认为,"金色降落伞"的合理设计有助于减少管理层与股东在面临公司控制权转移时可能出现的利益冲突,使管理层有足够动力与竞争者进行谈判,为股东获取更高的溢价收益(Lambert and Larcker,1985)。为了避免没有退路的管理层可能利用公司资源对敌意收购行为进行"玉石俱焚"式的抵抗,"金色降落伞"计划等合理的"赎买"机制,有利于捏合目标公司管理层与股东之间的利益取向,一定程度上对目标公司股东也有利(汤欣和徐志展,2008)。

5. 绝对多数条款

绝对多数条款是指在公司章程规定,必须经过绝对多数股东同意,公司才能进行相关决议事项。修改此条款也需要绝对多数股东同意才能生效(张娟和刘纪鹏,2017)。绝对多数条款能够体现出资本多数决原则。我国《公司法》第四十三条规定,股东会会议作出修改公司章程、增加或者减少注册资本的决议,以及公司合并、分立、解散或者变更公司形式的决议,必须经代表2/3以上表决权的股东通过。依据上述规定,对于特别决议事项,表决权的法定比例是2/3。然而在我国实践中,有些上市公司通过提高特别决议事项的表决权比例,以增加特别决议事项的通过难度。不仅如此,还有上市公司表决某些普通决议事项时,也提高其表决标准。例如,世联行(股票代码:002285)公司章程(2016)规定,收购方所提议案的表决比例提高至3/4。东方集团(股票代码:600811)2015年公司章程规定,董事的更换需要经过出席股东所持表决权3/4以上才能通过。然而上市公司自主设置绝对多数条款,是否合法有效,仍是一个留待争辩的话题(傅穹,2017)。

王建文（2007）指出，绝对多数条款是一把双刃剑。一方面，绝对多数条款会增加收购方接管公司的成本和难度，减轻恶意收购方对公司及股东利益造成的伤害，可以作为反收购条款予以设置；但另一方面，绝对多数条款的设置也会限制公司控股股东控制权力的发挥。现行制度下，《公司法》仅就特别决议事项作明确规定，而其余的普通决议事项可以由公司章程进行补充。依据章程自治原则，上市公司可以设置反收购策略的绝对多数条款，绝对多数的具体比例也可以根据收购方的不同情况进行具体区分。

6. 累积投票制

在累积投票制下，股东大会选举董事时，每一股份拥有与应选董事人数相同的表决权，股东拥有的表决权可以集中使用，也可以分散使用，按得票多少依次决定董事入选的表决权制度（吴磊磊等，2011）。在累积投票制下，中小股东可以将投票权累积起来集中投票，使得中小股东可以占据 1~2 个董事会席位，因而对中小股东有利。陈玉罡和石芳（2014）认为，如果收购方是目标公司的中小股东，那么累积投票制对中小股东权益的保护作用会为收购方提供进入董事会的机会，因此设置累积投票制的公司更容易吸引收购方的注意。然而陈玉罡等（2016）认为，累积投票制的强制性规定已不适用于当前的制度背景。随着直接治理"掏空"的改革措施出台，累积投票制对"掏空"的治理效应会相应减弱甚至消失。

由于现行法律法规对章程自治的范围规定尚不够明确，上市公司自主设置各类驱鲨条款，其合法性的司法识别与认定存在法律障碍（傅穹，2017）。对于《公司法》没有明确规定的事项，公司章程可否做出补充规定，以及对于《公司法》允许公司章程自治的事项，如何判断其合理性，这些都亟待相关法律法规进行明确。

三、股权争夺出现问题的原因

（一）公平有效的并购秩序尚未建立

近期控制权市场风生水起，股权争夺事件异常激烈，特别是对于敌意收购行为，往往会导致收购双方冲突不断。王佐发（2016）认为，敌意收购是控制权市场上的一种收购模式，其本身并没有负面的含义。由于敌意收购会涉及到众多利益相关者的利益，这些利益之间往往又存在相应的冲突，因而很难用一种标准去衡量并购的好坏。一方面，敌意收购可以作为有效的外部治理机制，促进资本市场上资源的优化配置，提高资本市场的效率。如果上市公司管理层与股东之间代理成本很高，而公司内部治理机制又不足以制约管理层，使其尽职尽责为公司利益服务，那么敌意收购方通过市场接管，可以解雇不称职的经理，改善公司的治理结构，提升公司治理效率，因此，敌意收购的市场监督能够成为约束目标公司管理层的重要的外部力量（彭冰，2016）；然而国外成熟资本市场经验表明，杠杆收购的发展过程中，也曾出现敌意收购方追逐短期利益、变卖资产、大量裁员以及侵害诸多利益相关者利益，最终损害公司长期价值的现象。近期我国资本市场控制权争夺如火如荼，各路资本暗涌不断，管理层因此而风声鹤唳。特别是收购方与目标公司创始人之间的利益出现较大冲突时，可能会引发控制权市场异常激烈的竞争，甚至导致目标公司创始人直接出局的局面，对资本市场的稳定发展以及投资者的信心带来极大的损害（田轩，2017）。

控制权市场中的敌意收购行为一方面可以成为提升公司治理效率的手段，另一方面也可能演变为掠夺财富的工具。然而现阶段我国上市公司收购制度对敌意收购行为监管相对较为宽松，对反收购活动的限制却较多，这可能会导致敌意收购盛行，不利于抑制敌意收购行为的负面影响。如何趋利避害？其关键在于，立法机构应该为收购双方提供公平竞争的游戏规则，以维护利益相关者的权益为宗旨，确保上市公司持续为社会承担责任（傅穹，2017）。只有通过完善控制权市场竞争机制，构建良好的法律体系，才能保障资本市场的活跃性以及激励懈怠的管理层。不仅如此，完善的立法体系还有助于抵御恣意利用资本追逐短期利益的投机行为，维护实体经济持续健康发展（傅穹，2017）。

为了建立公平、公正以及有效率的并购秩序，当务之急是为并购交易建立有效的诉讼机制。一方面，利用司法的力量维护并购交易中各方主体的权益，在判例中建立和发展并购交易规则；另一方面，通过司法的权威让并购交易主体对自身的行为建立稳定的预期，约束当事人在司法的阴影下积极开展谈判，促进积极的并购和遏制消极的并购。只有建立完备的司法诉讼机制，才能明确并购交易中各方主体的权利和义务，各方主体才会进行积极的接触、谈判和博弈；只有搭建法治的平台，才能不断地发现有效的规范并购的规则，从而推动并购市场的发展和完善（王佐发，2016）。

（二）合法的反收购制度供给不足

近些年险资不断举牌，敌意收购成为我国资本市场上的重头戏。作为A股市场典型的股权争夺案例，万宝股权之争引起了全民的关注，其焦点在于奉行股东优先主义的宝能系借助杠杆之力打开了CEO/董事中心主义指导下的万科的大门。然而万宝双方孰是孰非，尚存争议。一方面，我国《公司法》强调股东会作为权力执行中心，股东与董事之间形成委托代理关系，董事听命于股东，遵循的是大陆法系所秉承的委托代理理论；而另一方面，我国《证券法》借鉴英美法系的信托理论，管理层承担信义义务，具有很强的独立性，表现为CEO/董事中心主义。在CEO/董事中心主义指导下，目标公司管理层设置反收购条款，维护公司整体利益，保证公司长期稳定经营，此举体现了管理层的信托忠实义务，似乎无可厚非，然而这种做法可能会违背《公司法》所主张的股东优先主义。由于两大基础法律遵循了不同的法系，在法理上存在错位和扭曲，导致某些交叉领域（譬如收购与反收购领域）出现了法律适用和司法实践的混乱（李维安，2017）。

我国《公司法》对于公司治理结构的设计偏向股东中心主义，股东大会作为公司最高权力机构，拥有重大决策权，而董事会职权相对弱化，这一做法严格限制了公司管理层的决策空间（彭冰，2016）。从国外成熟资本市场的发展趋势来看，上市公司治理架构已经从以股东会为中心向以董事会为中心进行转移，董事会受股东之托，代理行使股东表决权（田轩，2017）。随着股权分置改革的完成，我国A股市场基本上实现了股份全流通，控股股东不断减持股份，上市公司股权分散成为趋势。在未来股权分散的上市公司越来越多的情况下，《公司法》也应当做出适当的调整，为以董事会为中心的治理结构预留相应的制度空间，同时也为管理层进行反收购活动拓展法律空间（傅穹，2017）。

资本市场的并购活动对上市公司治理结构的调整具有明显的积极意义，然而并购活动也并不是一本万利，也可能存在相应的负面影响。随着我国被险资举牌的上市公司日趋增多，管理层反收购意识也越来越强，上市公司未雨绸缪，纷纷修改公司章程，设置反收购条款成为预防控制权丧失的理想选择。反收购条款作为应对敌意收购的自发产物，在一定程度上能够抑制敌意收购的负面作用，有助于形成良性的公平竞争的控制权市场。法律制度规范是公司运行的根本制度，也是监管部门参与公司治理的合法性来源。然而由于现行法律制度的缺失导致反收购条款设置的合法性受到质疑。监管机构虽不断通过证券交易所以问询与约谈的形式做出行政指导性质的管制，却并不能从根本上解决此类问题，应需要从正式制度层面寻求根治方法（周松林，2017）。反收购正式制度供给不足已然成为当前亟待解决的问题，对于如何建立和完善反收购法律制度，国内学者给出了以下几点建议：

1. 考虑建立授权资本制度。现行我国《公司法》取消了最低注册资本要求，并且将注册资本由实缴登记制改为认缴登记制，取消了对出资时间和出资比例的限制，股东只需做出出资承诺，不必实缴资本。虽然公司资本制度已经发生了重大变化，但是法定资本制度并未受到挑战。在法定资本制下，公司在设立时，必须在章程中对公司的资本总额作出明确规定，并由股东全部认足（可以先不缴纳出资），并且公司成立后再增加资本时，必须由股东大会作出决议，才能办理相应的变更手续。法定资本制有助于确保公司资本真实和可靠，有利于保障债权人利益和交易安全。然而法定资本制度的核心在于所有公司股份在发行时必须被股东全部认购，使得库存股和授权董事会随时发行新股份都变得不可能。一旦公司控制权面临挑战，上市公司无法通过实施毒丸计划予以灵活应对（彭冰，2016）。而在授权资本制下，在公司设立时，发起人只需认缴其中的一部分资本，公司即可成立，未认缴的部分可授权董事会根据公司经营发展的需要随时发行，不必经股东会决议，也无需变更章程。由于授权资本制具有更大的灵活性，因而更符合现代经济发展的要求，也更有利于上市公司管理层及时应对控制权市场的快速变化。因此，上市公司反收购措施的实现还依赖于灵活的授权资本制度安排（傅穹，2017）。

2. 考虑建立表决权信托制度和设置双重股权结构。表决权信托是股份公司的股东将自己在股东大会的表决权，委托某人或某机构行使的一种信托。在表决权信托制度下，无论是委托人还是受托人的股东权利都可实现充分行使，有利于实现权利的合理配置。田轩（2017）认为，为了保护控制权争夺中中小股东的利益，可以通过建立表决权信托制度，来集合中小股东股权，交由专业人士进行表决，让中小股东在公司治理中也有相应的发言权。此外，为了稳固公司创始人对公司的绝对控制权，上市公司可以通过设置双重股权结构，确保公司创始人拥有更高的投票权，从而对股东大会的决策产生决定性的影响，这也有利于隔离外部市场竞争压力，使公司管理层专注于长期经营目标。

3. 考虑提供反收购条款的示范清单。面对敌意收购的现实威胁，上市公司设置反收购条款的现象越来越多，然而对于此种实践行为，现行法律制度层面并没有明文予以安排。上市公司自主设置五花八门的反收购条款，不仅会增加高昂的缔约成本、让监管变得较为复杂，反收购条款合法性的认定也存在难度。为了解决上述难题，傅穹（2017）建议，在《上市公司收购管理办法》或者《上市公司章程指引》中，明确列示可供上市公司选择的反收购条款的示范清单，以增强反收购条款的效力。

本 章 小 结

随着资本市场开放程度越来越高，各路资本争夺股权事件越发增多，上市公司面临接管的威胁也越来越大。为了稳固上市公司的控制权，上市公司纷纷设置反收购条款予以应对。那么，上市公司设置反收购条款能否创造价值？现有观点各异。控制权市场理论认为，市场收购行为是一种有效的外部监督机制，能够优化市场资源配置效率，监督和约束不作为的管理层，而反收购条款的设置会弱化控制权市场的惩戒作用；委托代理理论认为，反收购条款会增加管理层防御效应，加剧管理层与股东之间的代理冲突，损害股东利益；而利益相关者理论认为，上市公司管理层不仅仅要为股东利益着想，还需要考虑众多利益相关者的利益，当上市公司面临被恶意接管时，反收购条款的设置有利于维护公司利益相关者的合法权益，承担社会责任，推动公司长期健康发展。因此，反收购条款是利是弊，理论观点并不一致。

实践表明，收购与反收购是相伴而生的。随着美国证券市场的发展，资本管制放松，恶意收购行为也因此越演越烈，造成一系列负面的影响，以致先后出现两次大规模的反收购浪潮，反收购立法也因此而逐步完善。在美国，上市公司可以设置的反收购条款包括反绿色邮件、空白支票优先股、交错董事会、控制权更换的薪酬计划、累积投票制、董事责任、锁定条款、绝对多数条款、公平价格、"降落伞计划"、"毒丸计划"、无记名投票、限制召开特别会议、限制书面同意、不平等投票权、双重股权结构等。不同类型的反收购条款其作用机理也不尽相同。

与美国资本市场完善的反收购制度相比，我国反收购制度建设相对滞后，相关法律并未直接体现对反收购活动的具体规定。虽然《上市公司收购管理办法》对反收购做了一些相对具体的规定，但不全面，且其原则性比较强，不具有很强的操作性，立法层次也较低。现阶段反收购制度供给严重不足，远不能满足反收购实践活动的需求。现行制度环境下，收购和反收购行为的立法态度也是一松一紧，对收购行为监管较松，对反收购规制则较为严格，这在一定程度上也激化了收购与反收购之间的矛盾，导致控制权市场股权之争异常激烈。在股权争夺过程中，收购方出现大量使用杠杆资金进行收购、随意缔结一致行动关系、未尽披露义务致使股东表决权存在瑕疵等行为；而反收购方通过停牌、设置"驱鲨"条款等手段抵御收购，收购双方争议不断，诉讼迭起。

因此，建立与完善控制权市场公平竞争机制是当务之急。一方面，需要建立有效的司法诉讼机制，构建公平、公正以及有效率的并购秩序；另一方面，未来可考虑建立授权资本制度和表决权信托制度、设置双重股权结构或者提供反收购条款的示范清单，为反收购活动的展开提供法律空间。然而在反收购制度供给尚不能满足当前实践需求的情形下，现阶段我国监管机构不宜对上市公司自主设置的反收购条款完全禁止。反收购条款到底有利还是有害，不能一概而论，也不能仅凭形式来判断，需要后续实证研究提供经验证据。

第三章 反收购条款经济后果文献回顾

第一节 反收购条款与并购概率

一、单个反收购条款与并购概率

(一) 交错董事会与并购概率

交错董事会是指将所有董事分为几种类别,每年只能重新选举其中一类董事,这样保证每年股东大会仅有一定比例的董事被重新选举。Bebchuk et al. (2002) 发现交错董事会制度可以使得任何一个敌意收购者在取得控股权后至少要等待一年,并经过两次的董事会选举才有可能掌握企业的实际控制权。一个有效的交错董事会制度使得目标公司保持独立的概率从34%提高到61%,而使得敌意收购者第一次要约就取得成功的概率从32%降到25%。在有效的交错董事会制度下,没有一个敌意收购者在控制权争夺中能够完全取得胜利。无论行业集中度高低与否,公司交错董事会都会降低被接管的可能性 (Kadyrzhanova and Rhodes‐Kropf, 2011; Sokolyk, 2011)。然而废除交错董事会以后,目标公司被收购的概率会相应增加,其中股东积极行动主义是重要的催化剂 (Guo et al., 2008)。陈玉罡和石芳 (2014) 指出,当交易规模高于10%时,收购方有能力召开临时股东大会更换管理层,而交错董事会条款的设置限制了每次改选董事的数量,延长了收购方取得目标公司控制权的时间。考虑到货币的时间成本，收购方通常不愿意为了获得控制权而等上若干年，因此交错董事会制度显著会降低被接管的概率。李善民等（2016）发现，交错董事会制度能够削弱控制权市场的惩戒作用，降低目标公司被收购的概率。Bates et al.（2008）却指出，交错董事会制度虽然在一定条件下能够降低目标公司被收购的可能性，但是并不影响交易的最终完成情况。

（二）"金色降落伞"与并购概率

"金色降落伞"实际上是一种遣散协议，此项协议一般规定，当公司控制权发生变化后，需要为管理层和董事会提供解雇、降职或辞职的现金或非现金补偿。这项计划的实施可以增加收购方的并购成本，而且不需要经过公司股东的批准。但是 Lambert and Larcker（1985）认为，管理人员得到补偿后，反而更容易促进并购交易的完成，可能原因在于：其一，激励假说认为，"金色降落伞"会为公司高管提供额外的金钱利益，因而目标公司管理层会降低收购溢价的门槛，从而有利于收购的完成；其次，私人信息假说认为，拥有私人信息的高管更容易收到投标报价，他们会更加注重"降落伞计划"的制定。经验证据也表明，"金色降落伞"不仅提高了被收购的可能性，还有助于收购交易的顺利完成。约有 6.68% 的公司在设置"金色降落伞"后的第二年收到了并购报价，其中有 5.18% 的公司顺利完成了并购交易；相比而言，那些没有设置"金色降落伞"的公司，第二年收到并购投标的可能性降为 4.67%，而且只有 3.41% 公司交易成功。结果表明，"金色降落伞"会明显提高收购的可能性以及并购成功率（Bebchuk et al.，2014）。Machlin et al.（1993）和 Sokolyk（2011）也支持"金色降落伞"与被并购概率正相关的观点。

（三）"毒丸计划"与并购概率

"毒丸计划"是防御策略核心中重要的延迟战略，通常是指当特定的触发事件发生时，股东可以行使的特别权利。触发事件一般是指投资者持有目标公司股票达到一定比例，或者收购方发布收购要约。当触发事件发生以后，股东会被赋予特别权利：（1）目标公司股东可以较低的价格购买目标公司或者合并后新公司股票的权利；（2）目标公司股东可以将其拥有的优先股转换成多份收购方公司的股票（张本照，2006）。一旦实施"毒丸计划"，会使得目标公司没有吸引力或者能够稀释收购方的投票权。如果目标公司管理层持有股票数量较少，那么公司更倾向于设置"毒丸计划"（Malatesta and Walkling，1988）。Afonso（2011）也指出，"毒丸计划"迎合了经理人的需求，但牺牲了股东利益，"毒丸计划"的设置使得公司收到的投标数量减少，收到要约收购的可能性下降5%，即使发生要约收购时，股东财富效应也会下降2%～3%。Cotter et al.（1996）研究发现，设置"毒丸计划"的公司更倾向于拒绝外部并购。但Heron and Lie（2006）认为，"毒丸计划"虽然没有降低被收购的可能性，但是会增加公司讨价还价的能力。Sokolyk（2011）和Cain（2017）也都认为，"毒丸计划"对敌意收购活动没有明显影响。

（四）其他条款与并购概率

空白支票优先股作为一种优先股股票，可以赋予董事会广泛自由裁量权，如决定投票权、股利分配及转换等权利。这种股票可以用来满足公司融资需求，如将其投放给友好投资人，也可以用来实施"毒丸计划"，阻止外部接管。Field and Karpoff（2002）研究发现，85%的IPO公司设置了空白支票优先股条款。当公司管理层薪酬较高、股东较少、外部股东监督能力较弱时，管理层越可能在IPO阶段设置反收购条款，而且此类上市公司被收购的可能性也会更低。Ambrose and Megginson（1992）的研究结果表明，公司在设置不平等投票权条款以后的五年内成为被收购对象的概率明显增加，而在设置空白支票优先股条款以后的五年内成为收购目标的概率会降低，而其他条款对收购概率并没有显著影响。Sokolyk（2011）研究发现，处于低市净率行业的公司，限制召开特别会议、限制书面同意、限制修改章程或宪章等条款能够降低被收购概率，而控制权更换的薪酬计划条款却能够增加被收购的可能性。绝对多数条款可以被现任董事会所利用，有利于抑制控制权转移（DeAngelo and Rice，1983）。Cain（2017）使用外生性法律的数据样本，检验了反收购法律与敌意收购之间的关系，研究表明，公平价格法律显著降低了敌意并购。陈玉罡和石芳（2014）研究表明，当收购交易规模在10%以下时，累积投票制能显著增加目标公司被收购的可能性，即累积投票制与目标公司被收购概率呈现正相关关系。

二、多个反收购条款与并购概率

Pound（1987）指出，绝对多数条款和交错董事会条款结合能够降低被接管的可能性，增加管理层防御。Sokolyk（2011）认为，交错董事会与毒丸计划相结合对抗外部接管的力度最强。国外学者还根据不同的反收购条款构建相应的指数，用来衡量防御能力的强弱，如 Gompers et al.（2003）利用 24 项反收购条款指标构建 G 指数；Bebchuk et al.（2009）根据交错董事会、绝对多数条款、限制修改公司章程或宪章的条款、"毒丸计划"、"金色降落伞"等 6 项反收购条款构建 E 指数，而扣除 E 指数条款后的 G 指数被称为 O 指数；Cremers and Nair（2005）根据交错董事会、空白支票优先股、限制召开特别会议、限制书面同意 4 项条款构建 ATI 指数，也被称为 D 指数（Kadyrzhanova and Rhodes - Kropf，2011）。虽然 G、E、O、ATI 等指数所包含的具体反收购条款不尽相同，但总体上来说，反收购条款越多，这些指数值越大，意味着收购防御能力越强。Cremers et al.（2009）研究发现，G 指数越低的公司，其收购防御水平越低，被收购的可能性越高。Karpoff et al.（2017）也发现，当采用工具变量法排除内生性问题后，G 指数和 E 指数的高低与目标公司被收购概率依然显著负相关，表明 G 指数和 E 指数数值越高，目标公司保持独立性能力越强。Kadyrzhanova and Rhodes - Kropf（2011）还发现，无论行业集中度高低与否，D 指数都会降低被接管的可能性，而扣除交错董事会或 D 指数条款后的 G 指数与之没有直接联系。但 Core et al.（2006）和 Sokolyk（2011）研究发现，G 指数与收购概率并不相关。许金花等（2018a）研究结果表明，目标公司被并购的概率随着反收购强度的增强而减小。

第二节　反收购条款与并购溢价

一、反收购条款与并购溢价正相关

Machlin et al.（1993）以 1976～1984 年期间设置"金色降落伞"条款

的 119 家公司为实验组以及另外没有设置该条款的 119 家公司为控制组样本，对比发现，与没有设置"金色降落伞"条款的公司相比，上市公司在设置"金色降落伞"条款以后的 4 年内更倾向于并购，获得并购投标的可能性也越大，一旦并购，获得的并购溢价也更高，而且并购溢价随着"金色降落伞"计划规模增加而增加。Cotter et al.（1996）以 1989～1992 年期间设置"毒丸计划"和"金色降落伞"条款的 229 家目标公司为样本，研究发现，设置"毒丸计划"的目标公司更倾向于拒绝外部并购，但是如果外部董事超过 50% 以上的公司设置"毒丸计划"将会使得并购溢价增加，除此之外，"毒丸计划"和"金色降落伞"条款与并购溢价不相关。竞价后的并购溢价会随着"毒丸计划"的增加而相应增加，但与"金色降落伞"无关。上述现象表明，设置"毒丸计划"的目标公司通常拒绝外部并购，而"毒丸计划"可能有利于增强谈判地位，以增加并购溢价，因而对股东有利，但"金色降落伞"条款对并购溢价没有影响。Heron and Lie（2006）以 1985～1998 年 526 家并购为例，研究发现，"毒丸计划"设置的可能性与管理层持股水平以及超额现金持有负相关，"毒丸计划"没有降低并购可能性，但是增强了讨价还价的权利，使并购溢价增加。Sokolyk（2011）以投资者责任研究中心（Investor Responsibility Research Center, IRRC）数据库中选取的 1990～2004 年的 574 个并购样本作为研究对象，他发现，G 指数对接管的可能性和并购溢价都没有影响，而交错董事会与"毒丸计划"的结合阻碍并购的力度最强。"毒丸计划"本身并不影响并购概率，但会增加并购溢价，而"金色降落伞"和薪酬计划似乎能够增加并购的可能性，薪酬计划还能够提高并购溢价。Kadyrzhanova and Rhodes - Kropf（2011）以 IRRC 数据库中选取的 1990～2006 年的 872 个并购样本作为研究对象，他们发现，行业集中度高的公司交错董事会和 D 指数增加了并购溢价。行业集中度高的公司交错董事会和 D 指数能够使谈判权利更大的可能性提升。Chemmanur et al.（2011）研究发现，高质量的管理团队倾向于采用大量的反收购条款，拥有高水平管理团队和大量反收购条款的公司表现优于别的公司，表现在 IPO 估值溢价更高。Bebchuk et al.（2014）通过实证研究表明，金色降落伞的设置与预期的收购溢价正相关，主要原因在于高管激励效应。Cain（2017）对外生性法律的数据样本进行研究，结果表明，防御水平越高的公司，并购谈判权利更大，有助于获取更高的并购溢价。李善民等（2016）利用 2006～2012 年中国 A 股上市公司的数据，实证检验了交错董事会制度对公司价值的影响。研究结果表明，交错董事会制度提高了并购的谈判收益。许金花等（2018a）的研究结果表明，当收购方最优出价唯一时，随着反收购强度的增强，收购方的出价也会上升。

二、反收购条款与并购溢价无显著相关

Pound（1987）以 1973～1979 年期间设置绝对多数和交错董事会条款的 100 家公司为实验组以及另外没有设置这些条款的 100 家公司为控制组样本，研究发现，与没有设置条款的公司相比，设置绝对多数和交错董事会条款的公司，平均并购溢价并没有显著差异。Field and Karpoff（2002）以 1988～1992 年 1019 家设置空白支票优先股、反绿色邮件、交错董事会、公平价格、"毒丸计划"、绝对多数同意、书面同意的限制、限制召开特别会议、双重股权结构等条款的 IPO 公司为例，研究发现，85% 的 IPO 公司设置了空白支票优先股，而 53% 的公司至少设置其余某一种条款。这些条款设置（不包括空白支票优先股）的可能性与管理层持股水平负相关，与现金薪酬水平正相关，与董事独立性弱相关或不相关，与地方州法律覆盖范围正相关。IPO 公司设置反收购条款以后的五年间被并购的可能性降低，但也不会收到更高的并购溢价。因此研究认为，在 IPO 阶段增加反收购条款会巩固管理层职位，增加管理层堑壕，对股东价值的提升作用不大。

第三节　反收购条款与短期市场效应

一、设立反收购条款的市场效应

DeAngelo and Rice（1983）以绝对多数、交错董事会、公平价格等条款的委托书邮寄日期作为事件发生日期，计算事件窗口 [0, +1] 的累计超额收益，结果并不显著，因此，他认为绝对多数、交错董事会、公平价

格等条款对股东财富没有显著影响。Linn and McConnell（1983）以绝对多数、交错董事会、规则修改的限制、宪章修改的限制、公平价格、限制书面同意等条款为研究对象，以董事会提议设置或委托书邮寄日期作为事件发生日期，计算事件窗口［+1，+90］期间的累计超额收益，结果显著为正，当日对股东财富也没有显著影响。McWilliams（1990）以 1980～1984 年间的 325 个样本作为研究对象，将交错董事会、绝对多数同意、公平价格、书面同意的限制、宪章修改的限制等条款委托书邮寄日期作为事件发生日期，发现事件窗口［0，+1］累计超额收益并不显著，而发现事件窗口为委托书邮寄日期至股东大会召开日期间的累计超额收益显著为正。当管理层持股水平越高，负面效应越明显。Agrawal and Mandelker（1990）选取 1979～1985 年 356 个样本，将公平价格、交错董事会、空白支票优先股、绝对多数等条款的委托书邮寄日期作为事件发生日期，结果发现，事件窗口期间［-40，+1］和［-20，+1］的累计超额收益均显著为负，而［-1，0］期间的累计超额收益却不显著，并且随着机构投资者持股比例越高，负面效应越不明显。Jarrell and Poulsen（1987）选取 1979～1985 年的 551 个样本，将绝对多数、交错董事会、公平价格、白支票优先股等条款委托书邮寄日期作为事件发生日期，计算事件窗口［-20，+10］的累计超额收益，结果发现，除了公平价格与其没有显著关系之外，其余都呈现显著负相关，而且内部人持股与累计超额收益呈现负向关系，而机构投资者持股与累计超额收益关系为正。Brickley et al.（1988）选取 1984 年的 133 个样本，将绝对多数、交错董事会、公平价格、空白支票优先股、宪章修改的限制、规则修改的限制等条款的委托书邮寄日期作为事件发生日期，计算事件窗口［-5，+5］的累计超额收益后，发现结果不显著，而且发现内部人持股与累计超额收益关系相反，而机构投资者持股与累计超额收益关系为正，结果与 Jarrell and Poulsen（1987）获得的一致。Bhagat and Jefferis（1991）以绝对多数、书面同意的限制、限制召开特别会议、交错董事会、公平价格、空白支票优先股、反绿色邮件等条款委托书邮寄日期作为事件发生日期，计算后发现，事件窗口［-1，+1］累计超额收益为 -1.38%，而且显著。Mahoney and Mahoney（1991）以绝对多数、交错董事会等条款委托书邮寄日期作为事件发生日期，计算发现事件窗口［-50，+10］累计超额收益为 -1.6%，也显著为负。McWilliams and Sen（1997）以绝对多数、交错董事会、公平价格等条款委托书邮寄日期作为事件发生日期，计算事件窗口［0，+1］累计超额收益，研究发现，对于内部董事占绝大部分比例的公司，事件窗口的累计超额收益显著为负，这些公司大多董事长和总经理两职合一；而对于外部董事占绝大部分比例的公司，事件窗口的累计超额收益不显著。Faleye（2007）以1986~2002年间159家设置交错董事会条款的公司为样本，以条款签署日、委托书邮寄日期或公告之日三者最早的日期为事件发生日，分析事件窗口［-1，+1］、［-5，+1］以及［-5，+5］期间的累计超额收益后，结果都显著为负。Cohen and Wang（2013，2017）利用准自然实验研究后发现，交错董事会对公司股东财富产生负面的影响。然而Amihud and Stoyanov（2016）重新检验了Cohen and Wang（2013）的结论，发现交错董事会对公司股东财富不会产生显著影响。Bebchuk et al. (2014) 的实证研究表明，设置金色降落伞之后，上市公司总体上出现负的异常股票回报，对股东财富产生了总体负面的影响。Bhojraj et al. (2017) 研究发现，与其他公司相比，特拉华州的创新型公司在州法律变更日期方面有强烈积极的市场反应，结果表明，反收购条款（Atp）在抵御敌意收购以后给公司所带来了正面的影响，特别是创新型公司可以从中受益。

二、撤销反收购条款的市场效应

Linn and McConnell（1983）以绝对多数、交错董事会等条款为研究对象，将董事会提议废除条款日期作为事件发生日，计算发现，董事会提议废除条款日至委托书邮寄日期的前一天，累计超额收益显著为负；而从委托书邮寄日至股东大会前一日期间，股东财富效应却不显著。Faleye（2007）以1996~2002年间24家废除交错董事会条款的公司为样本，以条款签署日、委托书邮寄日期或公告之日三者最早的日期为事件发生日，分析事件窗口［-5，0］以及［-5，+1］期间的累计超额收益后，结果都显著为正，而事件窗口［-1，+1］以及［-5，+5］期间的累计超额收益却都不显著。Guo et al. (2008) 以1987~2004年188家废除交错董事会的样本，以条款公告日或委托代理发行日中较早的日期为事件发生日，研究后发现，立即废除交错董事会事件在［-1，+1］期间的累计超额收益显著为正；而逐渐废除交错董事会的样本在事件窗口［-1，+1］期间的累计超额收益显著为负。Cuñat et al. (2012) 以1997~2007年1558个股东提议废除反收购条款（包括交错董事会、"毒丸计划"、累积投票制、"金色降落伞"、绝对多数同意、限制召开特别会议、薪酬计划、反绿色邮件等）为样本，以股东大会召开日为事件发生日，研究发现，当天的累计超额收益显著为正；通过废除提案时会增加股东财富1.3%，而废除条款以后公司价值提升近2.8%。

第四节 反收购条款与资本性支出

一、反收购条款与价值投资正相关

管理层短视假说认为，信息不对称会导致外部股东不能准确对长期投资项目进行估值，导致投资此类项目后，股票价格可能下行，容易引起潜在收购方的注意。为了公司股东的短期利益，管理层通常不选择难以被市场认同的长期投资项目（包括创新研发投入），转而投向回报快、确定性高的常规投资项目，长期来看，此举对公司发展不利（Stein, 1988）。当经理人远离短期股权市场竞争威胁时，管理层会更专注于公司长期价值投资，增加创新投入。Garvey and Hanka (1999) 研究发现，美国第二代地方州立反收购法律通过以后，资本性支出和现金并购支出会减少，因此，反收购防御水平增加并没有引起管理层过度投资或者滥用自由现金的现象。Chemmanur and Jiao (2012) 认为，双重股权结构的设置有助于管理者投资有较大风险的长期项目，进而为公司创造更高的价值，而不必担心在控制权竞争中公司处于短暂的劣势。Giroud and Mueller (2010) 和 Giroud and Mueller (2011) 研究发现，公司防御能力增强以后，行业竞争性较强的公司其资产收益率、资本支出、资产增长率和并购活动都没有显著变化，行业竞争压力的存在使得管理层并没有松懈。Cremers et al. (2017) 研究发现，对于那些承担长期项目、需要利益相关者进行专属投资的公司来说，设置交错董事会条款能够带来积极正面的影响。Chemmanur and Tian（2018）提出长期价值创造假说，认为反收购条款增强了企业创新能力，其实证结果也反映出反收购条款对于公司创新有正向影响，此效应在信息不对称和激烈的产品市场竞争环境中更为明显。原因可能在于，增强反收购防御水平有助于隔离外部激烈的市场竞争环境，使得经理人会更专注于公司创新。

二、反收购条款与价值投资负相关

道德风险模型表明，效率低下的管理者倾向于选择常规项目，以追求更快更明确的回报来享受私人收益。而敌意收购是一种有效的约束机制，可以缓解上述道德风险问题，鼓励创新。Grossman and Hart（1988）认为，反收购条款增加了管理层防御效应，规避了控制权市场的惩戒作用，会导致公司长期价值投资减少。Meulbroek et al.（1990）研究发现，上市公司设置绝对多数条款、交错董事会、公平价格、空白支票优先股等条款以后，公司研发支出销售比例呈现显著下降趋势。Daines and Klausner（2001）发现95%的IPO公司设置了空白支票优先股，44%的IPO公司设置了交错董事会，25%的IPO公司设置了限制书面同意或绝对多数条款。潜在并购方数量越多，反收购条款的数量也越多，然而设置反收购条款以后，管理层并没有增加长期价值投资，研发支出出现下降。Gompers et al.（2003）从IRRC数据库中选择24个公司治理指标（大多学者将其视为反收购条款）来构建G指数，研究发现，G指数与公司资本性支出和并购数量呈现正相关。随着G指数的提高，公司资本支出和并购支出更多，而公司业绩出现下降，这说明无效率投资增加了。Harford et al.（2008）也发现，G指数较高的公司会增加资本支出和并购支出，而研发支出减少，超额现金持有量的上升会加剧这种行为的发生。因此上市公司G指数水平越高，管理层越喜欢做出次优投资。Bertrand and Mullainathan（2003）和 Giroud and Mueller（2010）研究发现，合并法案通过以后，固定资产减少，而销售管理费用、销售成本和工资都呈现上升趋势，导致公司资产收益率显著下降，表明合并法案隔离了市场收购的威胁，管理层压力减少，松懈程度增加，喜欢享受"安静"生活。Giroud and Mueller（2011）研究发现，在非竞争性行业中，G指数与资本支出和并购支出正相关。在非竞争性行业中，G指数较高的公司更容易成为积极型抵押基金的并购目标，一旦被积极型抵押基金并购后，G指数水平会显著降低。上述结果表明，对于处于行业集中度较高的公司，随着G指数水平的提高，管理层松懈程度会增加，公司运营效率降低，毁损价值的并购行为会增加，公司股票回报率和公司绩效会降低，而积极型抵押基金并购后有利于提升目标公司管理效率。Cuñat et al. (2012) 以废除反收购条款为样本，研究发现，废除交错董事会、"毒丸计划"、累积投票制、"金色降落伞"、绝对多数条款、限制召开特别会议、薪酬计划、反绿色邮件等条款以后的一至四年间，资本性支出增长放缓，并购支出减少，而通过废除提案时市场反应显著为正，这表明废除反收购条款以后，有利于重新发挥控制权市场惩戒治理机制，减少代理成本。Harford et al. (2012) 以 1990~2005 年间 3935 个并购样本为例，研究发现，独裁型公司（G指数大于10）进行了价值毁损的收购。独裁型公司很少用股票支付方式进行收购，选择目标公司时会避免受到机构投资者的审查和监督，倾向于选择协同效应低的收购目标，进行过度支付，导致收购后协同效应降低。Bebchuk et al. (2014) 也认为，金色降落伞的设置可能会增加管理层松懈程度，进而做出不利于股东利益的投资行为。Gormley and Matsa (2016) 研究发现，通过企业合并法律以后，管理层为了降低股票波动风险和破产风险，进行了毁损价值的多元化并购，并购宣告时，市场出现负面反应，而财务杠杆和管理层大量持股会增加此类代理成本。

第五节 反收购条款与公司价值

一、反收购条款与公司价值正相关

Straska and Waller (2010) 利用 1990~2002 年 IRRC 的样本数据，研究发现，对于谈判能力较低的公司，G 或 E 指数与公司价值正相关，而对于谈判能力较高的公司，G 或 E 指数与公司价值负相关。结果表明，对于谈判能力较低的公司，反收购条款能够增加讨价还价的能力，有助于增加公司价值。Kadyrzhanova and Rhodes – Kropf（2011）从 IRRC 数据库中选取 1990～2006 年的 872 个并购样本，研究交错董事会、D 指数（包括交错董事会、空白支票优先股、限制召开特别会议、书面同意的限制）以及扣除交错董事会条款或 D 指数后的 G 指数的影响，研究发现，对于行业集中度高的公司，交错董事会和 D 指数与公司价值正相关。对于行业集中度高的公司来说，交错董事会和 D 指数能够增加讨价还价的能力，有利于阻碍外部接管，对公司价值有正面提升，并能够增加公司及股东的利益。Chemmanur et al.（2011）研究发现，高质量的管理团队倾向于采用大量的反收购条款，而且拥有高水平管理团队和大量反收购条款的公司的业绩表现优于其他公司，主要表现在 IPO 估值溢价更高，IPO 之后公司经营业绩和股票回报率更高，因而认为，反收购条款的设置存在长期价值创造效应。Chemmanur and Jiao（2012）认为，在信息不对称的情形下，公司管理质量的高低外界并不清楚。双重股权结构允许现任管理层利用足够的票数来对抗任何对手，但可能被无能的在职者滥用，从而损害公司价值。然而其研究表明，高质量的管理团队通过设置双重股权结构能够给公司价值带来增值，即支持长期价值创造假说。Zhao et al.（2012）检验了收购防御水平与真实盈余管理之间的关系，研究后发现，接管防御较少的公司其真实盈余管理水平更高，结果说明，防御水平的提高有助于降低管理者利用真实盈余管理提升短期业绩的压力，因而管理层更加关注公司长期业绩的发展。Ahn and Shrestha（2013）研究发现，当公司监控成本较低而且公司有较大咨询需求时，设置交错董事会对公司价值提升有利。此类上市公司 CEO 的变更与业绩敏感性更高，并购业绩会更好。Johnson et al.（2015）指出，外部接管会改变公司经营战略以及增加与其商业伙伴的成本，IPO 公司通过增加并购防御能力，降低被接管可能带来的负面影响，维护公司与重要业务伙伴之间的承诺。利用首次公开募股（IPO）公司的样本数据进行研究后发现，当 IPO 公司的重要业务伙伴越多，所设置的接管防御措施越多，公司与业务伙伴之间的合作时间也会越长。不仅如此，接管防御措施还会给大客户创造积极的溢出效应。对于那些拥有重要业务伙伴的 IPO 公司而言，并购防御的增加会给公司本身经营业绩和公司价值都带来积极影响。Cen et al.（2016）研究发现，当上市公司与客户存在重要利益相关者关系时，减少公司被外部市场接管的威胁，有利于增加公司对新客户的吸引能力，加强与现有客户的关系，从而提高经营绩效。特别是对于那些提供独特的耐用品的公司来说，其经营业绩提升更加明显。因此，当上市公司存在重要利益相关者关系时，加强反收购措施在某种程度上对公司是有利的。Cremers and Sepe（2016）利用 1978～2011 年间交错董事会设置或废除的样本数据，检验了交错董事会条款是否会损害股东利益，实证结果表明，交错董事会条款的设置有利于公司价值的提升，即董事会权力的提升对股东有利。Cremers et al.（2017）重新检验了交错董事会条款对公司价值的影响，结果并没有找到交错董事会对公司价值产生负面影响的证据，而且对于创新类公司以及拥有众多利益相关者的公司而言，设置交错董事会条款能够给其带来积极和正面的影响，表现在交错董事会的设置能够促进公司价值提升，特别是对于那些承担长期项目、需要利益相关者进行专属投资的公司更是如此。Bhojraj et al.（2017）探讨了 ATP 在长期价值创造中的潜在作用。其研究发现，在美国特拉华州反收购相关法律发生变化后，该州注册的公司其价值有明显增加，而且增长比率要比特拉华的非创新型公司和特拉华州以外的创新型公司都要高，与其他公司相比，特拉华州的创新型公司在州法律变更日期方面有更积极的市场反应，长期受反收购法律保护的公司更少从事真实盈余管理行为。以上结果表明，ATP 在抵御敌意收购以后给公司所带来了正面的影响，特别是创新型公司从中受益明显。Cheng et al.（2017）检验了第二代州立反收购法律对会计稳健性的影响，研究结果表明，反收购法律的通过有利于降低会计稳健性，原因在于债权人降低了对上市公司会计稳健性的要求，公司债务融资成本得以降低。吴磊磊等（2011）认为，在累积投票制下，中小股东可以将分散投票聚拢集中进行投票，以提高候选人进入董事会的概率，该制度有利于弱化内部人对公司的控制权，降低公司被恶意"掏空"的可能性，因而认为累积投票制可以在很大程度上替代法律法规的外部救济。陈玉罡等（2016）通过比较累积投票制设置前后"掏空"行为的差异程度后发现，设置累积投票制以后，上市公司"掏空"行为明显减少，在控股股东持股比例低于 30% 或非国有性质的上市公司中，该治理效应更加显著。陈玉罡（2015）的研究还表明，利益侵占程度是累积投票制影响公司绩效的中介变量，上市公司设置累积投票制以后，利益侵占行为明显减少，公司业绩得到进一步提升。郑志刚等（2011）考察了公司章程条款的设立与公司代理成本的关系。其研究表明，设置董事责任险条款和增资程序条款以后，代理成本出现下降，代理效率得以提升；然而提名董事权持股要求条款和累计投票制度条款对投资者权力的保护作用却很有限。李善民等（2016）的实证结果表明，交错董事会、绝对多数条款和累积投票制等条款的设置，有利于保护中小投资者，降低控股股东的"掏空"程度，特别是对于非国有性质的上市公司或者控股股东持股比例较大的公司而言，绝对多数条款和累积投票制条款对投资者的保护作用更加明显；但是董事提名权条款对"掏空"行为的影响并不显著。许金花等（2018b）利用我国上市公司反收购条款的样本数据，分析了反收购条款与投资者保护的关系。其研究发现，反收购条款起到了投资者保护作用，当外部审计质量不高、法律监管效率较低时，反收购条款对"掏空"行为的治理效果更佳，说明外部审计和法律监管等外部治理机制与公司章程反收购条款的内部治理机制可以相互替代。徐明亮等（2018）研究结果表明，交错董事会制度的设置有助于提升公司绩效，而良好的制度环境能够促进交错董事会对公司绩效的正面影响。当投资保护法律水平越高、政府干预程度越低、市场化水平越高的情况下，交错董事会提升公司绩效的作用越明显。

二、反收购条款与公司价值负相关

Gomperset al.（2003）从 IRRC 数据中心选择 24 个反收购条款指标来构建 G 指数，研究发现买入 G≤5 的公司股票，短期卖出 G≥14 的公司股票能够获取 0.71% 超额收益，G 与公司价值、边际利润率、销售增长率都呈现负相关，与净资产收益率不相关，与公司资本性支出和并购数量呈现正相关。证据表明，高 G 指数会导致股票超额回报率和公司价值均下降，这可能是由于投资者未预期到的代理成本增加所致；而高 G 指数会导致资本支出和并购支出更多，表明高 G 指数公司投资无效率，导致公司业绩更差。Bebchuk and Cohen（2005）以 IRRC 数据中心 1995~2002 年间设置交错董事会条款的公司为样本，研究发现，交错董事会能显著减少公司价值，且如果公司不允许修改公司章程时，这种关系会更显著。Chi（2005）研究发现，G 指数与公司价值呈现负相关，利用固定效应模型控制异质性的影响之后，结果不变，这表明 G 指数条款越多，股东财富损失越大。Dittmar and Mahrt-Smith（2007）研究发现，对于低 G 或 E 指数的公司，其现金持有量与股票超额回报率正相关，而且超额持有现金量与公司价值正相关，表明公司超额现金浪费较少，具有现金价值效应。对于 G 或 E 指数较高的公司，超额持有现金与资产收益率负相关，而且 G 或 E 指数较高的公司，其现金价值更低，1 美元现金会带来 0.42~0.88 美元价值的提升；而在 G 或 E 指数较低的公司，其现金价值翻倍，意味着 G 或 E 指数较高的公司管理层浪费了超额现金，毁损了现金价值。Faleye（2007）研究发现，交错董事会的设置会降低公司价值，特别是对于研发类型的公司尤其如此。交错董事会还会降低公司业绩与 CEO 非正常变更和代理投票竞争之间的敏感性。由于设置交错董事会的公司管理层执行股东提案的可能性更低，当设置交错董事会的提议公告时，出现负面的股东财富效应，而废除交错董事会提议时，出现正面的股东财富效应，即表明交错董事会增加了管理层壕沟，降低了公司价值。Harford et al.（2008）研究发现，G 指数高的公司，盈利能力降低，随着超额持有现金增加，公司价值会更低。上述现象表明，G 指数高的公司其治理水平较差，管理层喜欢做出次优投资选择，持有的超额现金会导致公司管理层更多地进行并购和资本性支出。G 指数较高的公司管理层更倾向于增加股票回购而不是分配股利，以此避免将来做出股利支付的承诺，而超额持有现金会导致公司价值更低。Bebchuk et al.（2009）研究发现，E 指数与公司价值负相关，扣除 E 指数条款以后的 G 指数（即 O 指数）与公司价值正相关或不相关，因而他认为只有 E 指数才导致公司价值下降。如果买入 E 指数等于 0 的股票，而卖出 E 指数≥5 的股票，此投资组合将能够获取 0.84% 的超额月收益。Giroud and Mueller（2011）研究发现，在非竞争性行业中，买入 E 指数或 ATI 指数等于 0、G 指数≤5 的股票，卖出 E 指数≥4、ATI 指数≥2、G 指数≥14 的股票，这样的证券组合能够获取显著超额收益。与民主型公司（G 指数≤5）相比，非竞争性行业中的独裁型公司（G 指数≥14）的每股收益要更低，G 指数与公司价值和经营业绩都呈现负相关；而在竞争性行业中，相关性不显著。非竞争性行业中，G 指数与资本支出和并购支出正相关，与累计超额收益负相关，与劳动生产率负相关，而在竞争性行业中，此类关系都不显著；在非竞争性行业中，高 G 指数公司更容易成为积极型抵押基金的并购目标，而且一旦被积极型抵押基金并购以后，公司 G 指数水平会显著降低。以上现象表明，仅在非竞争性行业中，G 指数增加了管理层松懈程度，公司投入成本高、生产效率低、非效率投资或毁损价值的并购支出等最终会导致高 G 指数公司股票回报率、经营业绩以及公司价值更低。在非竞争性行业中，高 G 指数公司也更容易被积极型抵押基金所并购，这种行为可以减少目标公司管理层无效率行为，然而分析师却低估了非竞争性行业中高 G 指数对公司盈利的负面影响。Harford et al. (2012) 研究发现，独裁型公司（G 指数 >10）收购后协同效应降低，经营业绩也会恶化。Cuñat et al. (2012) 以 1997 ~ 2007 年间 1558 家股东提议废除反收购条款（交错董事会、"毒丸计划"、累积投票制、"金色降落伞"、绝对多数同意、限制召开特别会议、薪酬计划、反绿色邮件等）为样本进行研究时发现，当废除交错董事会、"毒丸计划"、累积投票制、"金色降落伞"、绝对多数同意、限制召开特别会议、薪酬计划、反绿色邮件等条款以后的一至四年间，公司并购支出更少，资本性支出增长放缓，账面市值比会降低。股东通过废除反收购条款提议时，市场反应显著为正。这表明废除条款以后，管理层受控制权市场约束增强，代理成本减少，公司价值提升。Atanassov (2013) 选取 1976 ~ 2000 年期间的样本进行研究后发现，通过合并法案以后，地方注册的公司专利数量更少，专利引用数量降低，公司价值也出现下降，但是外部大股东、养老金基金、财务杠杆以及产品市场竞争能够减缓上述现象的发生。该现象表明，受法律保护的公司管理层创新动力更少，有价值的创新更少，似乎倾向于投资更多的常规项目，因此公司价值更低，而替代的公司治理机制能够减缓合并法案的负面作用。Bebchuk et al. (2013) 研究发现，买入 E 指数等于 0 或者 G 指数 ≤5 的股票，卖出 E 指数 ≥4 或者 G 指数 ≥14 的股票，这样的证券组合能够在 1990 ~ 2001 年期间获取显著超额收益。在 1990 ~ 2001 年期间，G 指数和 E 指数与累计超额收益率负相关，E 指数与分析师预测误差负相关。在 1990 ~ 2001 年以及 2002 ~ 2008 年期间，G 指数和 E 指数与公司价值以及经营业绩负相关。因此，G 指数和 E 指数与累计超额收益负相关只在 1990 ~ 2001 年期间出现，在 2002 ~ 2008 年 G 指数或 E 指数与股票异常回报之间的负相关性消失，可能是因为投资者学习效应所致。但是，2002 ~ 2008 年公司价值或经营业绩依然与 G 指数或 E 指数负相关，可能是因为 G 指数或 E 指数造成了更坏的业绩表现，或是由于业绩表现差的公司设置了更多的 G 指数或 E 指数。John et al.（2016）研究发现，企业合并法律通过以后，财务松弛的上市公司其经营业绩和市场业绩均呈现下降趋势，原因可能在于成本管理效率出现下降，符合浪费性支出假设。Cain（2017）使用外生性法律的数据样本进行研究，结果发现，反收购法律保护水平越高，公司价值越低，表明反收购法律增加了管理层防御，代理成本增加。然而 Amihud et al.（2017）利用工具变量法，重新检验了交错董事会条款与公司价值之间的关系，研究发现，交错董事会对公司价值不会产生显著的影响。邵军等（2013）利用手工收集的数据，研究了反收购条款与代理成本之间的关系。结果表明，"金色降落伞"条款的设立对投资者保护不利。特别是对于民营企业设立"金色降落伞"条款，不利于降低公司代理成本。但前十大股东持股比例越高，"金色降落伞"条款的设置越不利于降低代理成本。限制董事资格、交错董事会条款、绝对多数条款等条款对于降低上市公司代理成本没有显著的影响。陈玉罡和石芳（2014）的研究表明，公司章程中反收购条款的设置对公司价值会产生负面的影响。李善民等（2016）实证检验了交错董事会制度与公司价值的关系，发现交错董事会的设置会增加隐性代理成本，特别是在大股东持股比例越高的公司体现得更加明显。许金花等（2018a）以股权集中背景下的大股东利益侵占现象为切入点，将大股东"掏空"行为纳入分析框架，从中小股东的角度对反收购条款、股东财富与控制权市场的相互关系和作用机理进行了探讨，研究结论认为，大股东的"掏空"行为随着反收购强度的增强而加剧；在一定条件下，中小股东的财富随着反收购强度增强而减少。

第六节　文　献　述　评

本书主要回顾了国内外学者研究反收购条款与并购概率、并购溢价、短期股东财富、资本性支出以及与公司价值相关的文献。大多文献表明，交错董事会、毒丸计划、空白支票优先股、不平等投票权、限制召开特别会议、限制书面同意、限制修改章程或宪章、绝对多数条款、公平价格等条款会降低并购概率；而金色降落伞、控制权更换的薪酬计划、累积投票制条款会增加并购概率，不同类型反收购条款的组合对并购概率的影响也不相同。一般来说，反收购强度越大，被接管的概率越小。金色降落伞、毒丸计划、控制权更换的薪酬计划、交错董事会等制度会增加并购溢价，随着反收购防御能力的增强，并购溢价也会更高；然而少部分文献认为反收购条款的设置对并购溢价没有产生显著影响。总体来看，设立反收购条款时，市场反应较为消极，对股东财富会产生负面影响，撤销反收购条款时市场反应较为积极；而其他文献则认为，反收购条款的设置对股东财富不会产生显著影响。一部分文献研究表明，反收购条款有利于隔离外部接管威胁，管理层会专注于长期价值投资，加大创新支出，最终会提升公司价值；而另一部分文献则认为，反收购条款的设置会增加管理层防御，形成管理层堑壕效应，出现过度投资或投资不足，代理成本增加，损害公司长期价值。因此，反收购条款会对公司及其股东利益产生何种影响，现有经验证据并不一致。纵观现有文献，反收购条款的经济后果主要观点分为两种：价值毁损观和价值收益观。

价值毁损观认为，采用反收购条款会增加管理层或控股股东的防御程度，增加代理成本，损害公司利益。管理层堑壕假说认为，反收购条款虽然能够保护管理层职位，但是会使管理层与股东之间的代理冲突更为严重，股东财富出现毁损（DeAngelo and Rice, 1983）。管理层堑壕假说依赖以下四个关键假设：（1）假设管理者利益至上，其建立在剥夺中小股东利益的基础上，导致管理层和外部股东之间的代理成本很大（Jensen and Meckling, 1976）；（2）假设公司控制权市场是减轻股东与管理层之间代理成本的治理机制之一（Manne, 1965）。由于控制权市场的存在，外部市场竞争者会争夺公司资源管理的控制权（Jensen and Ruback, 1983），目标公司管理层面临被替代的威胁，迫使其以股东财富最大化为目标进行经营，否则可能被收购；（3）假设控制权市场是约束公司管理层更有效的治理机制。虽然控制权市场和其他治理机制（包括管理层激励、经理人市场、大股东监督等）都不能完全消除代理问题，但是相比之下，其他治理机制效率更低或成本更高；（4）假设反收购条款的设置会损害股东利益。控制权市场的并购行为可以惩罚无效率管理层，促进股东财富的提升，然而反收购条款却会阻碍被接管的可能性。如果上述假设都成立，反收购条款将会弱化控制权市场的约束作用，使得管理者的职位更牢固，进而产生非价值最大化的决策行为，让股东承担额外的代理成本。当公司股权集中度较高时，反收购条款可能不仅仅是为了保护管理层的利益，更可能是为了保护控股股东的控制权收益。一方面，反收购条款能够降低上市公司被接管、经营战略被改变的风险（Adams and Ferreira，2008）；另一方面，也会给控制股东带来控制权收益。如果反收购条款给控股股东带来的收益大于股价下行所造成的损失，控股股东会因此受益，而中小股东利益却会受到损害；而在控股股东控制权与现金流权分离程度较低的情形下，控股股东不愿意设置反收购条款，因为反收购条款造成公司股价的下跌会使控股股东出现更大的损失（Martín et al.，2009）。

而价值收益观则认为，采用反收购条款会增加当前的股东财富，提升公司整体利益，有助于公司长期稳定发展。第一，谈判收益理论认为，反收购条款有助于目标公司谈判权利，以获取更高的并购溢价，对股东有利。反收购条款可以增强目标公司获取准租金的能力，其带来的收益会超过其产生的额外费用（Mahoney and Mahoney，1993）。首先，DeAngelo and Rice（1983）认为，当分散的股东试图进行结盟，通过交易谈判以应对外部收购时，反收购条款能够提高管理层的工作效率。该观点认为，当一个潜在的目标公司拥有大量分散股东，这些分散股东都会认为自身对于并购是否成功不能产生实质性的影响；而对于收购方来说，只要支付的收购费用小于所产生的并购协同收益，收购方就会接管上述目标公司。在此假设前提下，目标公司可以通过设置反收购条款改进目标公司股东地位，提高溢价收益。在股东面临囚徒困境（若股东联合行动，集体利益将会更大，而股东常常违背集体利益单独行动）的情形下，反收购策略赋予目标公司管理层附加否决权，迫使收购方与其直接谈判，有利于目标公司讨价还价；其次，Stulz（1988）认为，如果目标公司被接管，管理层将会失去控制权收益。因此管理层通常不会轻易交出手中的控制权。收购方要想取得目标公司控制权，必须从外部股东手里获取更多的筹码。如果管理层本身持股比例较低，随着持股水平的上升，更可能导致预期并购溢价的上升；但是当管理层持股水平已经很高时，那么其降低被接管的概率将会更大。因此，Stulz（1988）认为，当管理层持股比例较低时，上市公司可以通过设置反收购条款（如绝对多数条款）来巩固管理层控制权利，获取更高的谈判收益。最后，与 DeAngelo and Rice（1983）和 Stulz（1988）所提假设不同，Harris（1990）认为，在特定条件下，即使股东行动不统一，反收购条款也有助于提升目标公司谈判收益。此观点基于以下假设：（1）如果被接管，目标公司管理者将会失业，或者工作待遇比现在低；（2）管理层投票权太少而不能影响投票结果；（3）管理者有自利倾向；（4）并购方不能贿赂目标公司管理层。Harris（1990）研究发现，由于反收购条款的缺失，非一致行动的股东仅能够获取一半的协同收益。如果反收购条款（如金色降落伞）赋予了管理层谈判权利，管理者则有动力去寻求更高的并购溢价，谈判收益将会更大。因为并购溢价必须弥补目标公司管理层因并购所带来的损失。第二，短视理论可分为市场短视和管理层短视。市场短视理论认为，投资者目光短浅，他们往往牺牲长期利益以换取眼前的短期利益。对于那些开展长期投资计划项目或将巨额资金投入到研究开发项目的公司，由于远期收益尚不明朗，使得公司股票价值被市场低估，因此也容易成为被接管的目标（李春林和朱圆，2005）。管理层短视理论（Stein，1988）认为，由于信息不对称，外部股东将长期投资的会计业绩暂时下降视为坏消息，压低股票价格。由于目标公司股价低迷，甚至可能低于其真正价值。如果管理者以股东短期利益为重，那么管理者将会放弃之前引起会计业绩暂时下降的却有长期价值的投资项目，然而从长期来看，此举将会毁损公司长期价值。在这种情形下，反收购条款作为防御敌意并购的工具，通过有效缓解外部并购威胁，使得管理层更加专注于提升公司价值的长期投资（Baysinger and Butler，1985）。第三，Knoeber（1986）认为，反收购条款会诱导管理者同意长期隐性就业合同，以得到递延补偿，从长期来看对股东有利。其研究认为，当管理层是风险厌恶者、股东也不能精确地确定管理绩效时，给予管理者的最优补偿契约可以是先支付较少的首付款，等将来再提供一笔终了奖金。由于实际的递延补偿事前不知道，当事人必须依靠长期隐性补偿合同。倘若公司被接管，目标公司管理者被解雇，预期的递延补偿契约会被破坏。因此，除非管理者认为不受欢迎的并购不会发生，或者即使发生，也能收到递延补偿，否则他将不会同意隐性合同，而是需要更多的首付款。只有当反收购条款能够有效阻止外来并购时，才能使管理者确信得到隐性合同的补偿奖励，最终有助于提高股东财富价值。资产专用性理论也指出，当管理者的人力资本和社会资本与公司保持一致时，管理者比公司股东的资产专用性更强，因而管理者应该被授予更多控制权。如果管理层在控制权市场竞争中得不到保护，其大量的付出可能得不到应有的回报，这会导致他们投入公司专属资产的动力不足（Chakraborty and Arnott，2001）。而反收购条款有利于维护管理团队与上市公司之间的长期契约关系，激励经理投入更多的专属技能，同时避免上市公司因失去重要的管理团队而遭受损失，有利于公司长期经营业绩的提升。反收购条款作为一种公司内部治理机制，在维护管理者职位和权力稳定的同时，能够激励管理者更好地为公司服务（Chintrakarn et al.，2013）。

本章小结

本章回顾了反收购条款与并购概率、并购溢价、市场反应、资本性支出以及公司价值等相关文献，结果发现，反收购条款经济后果可能会产生两种效应：堑壕效应和价值创造效应。堑壕效应表现在：反收购条款的设置会弱化控制权市场治理作用的发挥，降低目标公司被并购的可能性，由于并购威胁的降低，导致管理层防御增加，从而进一步恶化管理层与股东之间的代理问题，管理层出现建造"帝国"倾向或者享受"安静"生活，对公司价值产生负面影响；而价值创造效应表现为：上市公司设置反收购条款有利于屏蔽控制权市场敌意收购行为，减少管理层短视行为，维护利益相关者的整体利益，管理层有更多精力关注公司长期竞争力的提升，为公司持续创造价值。

与国外丰富的研究成果相比，国内该领域的实证研究尚属起步阶段，现有国内文献主要研究了反收购条款对高管变更（袁天荣等，2018）、代理成本（邵军等，2013）、"掏空"行为（李善民等，2016；许金花等，2018a，2018b）、并购概率（陈玉罡和石芳，2014）、并购溢价（李善民等，2016）、公司业绩（徐明亮等，2018）以及公司价值（陈玉罡和石芳，2014）等方面的影响。国内文献观点可概括为两种：一种观点认为，反收购条款的设立是对公司管理层的一种保护，不利于投资者利益保护，对公司价值也有显著的负面影响；另一种观点则认为，反收购条款的设置能够降低控股股东的"掏空"行为,起到保护中小投资者的作用,公司绩效也会提升。反收购条款设置是利是弊,文献结论并不一致。由于国内文献所能提供的经验证据较少,其研究视域还可以进一步拓展,特别是对于反收购条款的设置是否会影响公司的投资行为?公司内部治理机制和外部环境的异质性是否影响两者之间的关系?现有文献尚未关注,因而有待进一步研究。

第四章　反收购条款与投资效率

第一节　问题引出

随着资本市场开放程度越来越高，市场活力逐渐被激发和释放，控制权市场股权争夺事件也日益增多，近期宝万股权之争更是引起了广泛关注和讨论。收购与反收购本身属于中性的买卖行为，是各方主体权衡利弊的市场行为，也是市场发展到一定阶段的必然产物（李芬芬，2017）。然而从收购与反收购法律制度来看，现有立法对收购方态度较为积极，即为了发展市场经济和优化资源配置，鼓励上市公司进行并购重组；而对反收购方来说，立法机构态度较为谨慎，虽然其名义上赋予了上市公司反收购的权利，但明确禁止反收购行为的规定较多，而且立法机构至今尚未提供反收购法律武器的示范清单，导致实践中反收购制度的供给与需求矛盾突出（傅穹，2017）。不可否认，收购与兼并的市场行为有利于淘汰落后产能，起到优化资源配置的作用，而一味鼓励收购而限制反收购则有失公平与公正。收购与反收购本是一个事物的两面，任何一方被强力压制，都有可能导致另一方往极端方向发展，不利于证券市场的长期健康发展。著名经济学家华生（2016）指出，社会主义市场经济需要法治，资本不能破坏规则，企业家精神需要得到保护。但是我国《公司法》依从大陆法系，秉承大陆法系的委托代理理论，强调股东与董事之间的委托代理关系，董事听命于股东，主张股东优先主义，导致宝能系借助杠杆之力在股东优先主义指导下打开了 CEO/董事中心主义指导下的万科的大门（李维安等，2017）。在当前制度背景下，如何维护公司控制权的稳定和保护优秀的高管团队，已经成为广泛热议的话题。

戒备之心，人皆有之。反收购条款作为应对敌意收购的自发产物，在一定程度上能够抑制敌意收购的负面作用，有助于形成良性的公平竞争的控制权市场。然而我国《公司法》对于公司治理结构的设计偏向股东中心主义，股东大会作为公司最高权力机构，拥有重大决策权，而董事会职权相对弱化，这一做法严格限制了公司管理层反收购决策的法律空间（彭冰，2016）。由于现有反收购制度供给又远不能满足反收购实践的需求，反收购制度供需之间出现严重失衡，上市公司自主设置反收购条款的合法性也因此广受质疑。监管机构通过证券交易所以问询与约谈的形式做出行政管制，但并不能从根本上解决此类冲突，需要从正式制度层面寻求根治方法（周松林，2017）。因此，如何建立和完善反收购制度，解决反收购制度供需之间的矛盾，是当前立法机构和监管当局亟待解决的问题。

由于公平公正的并购秩序尚未形成以及外部接管威胁愈发增大，上市公司有强烈的动机设置反收购条款，以增强公司抵抗外部市场恶意竞争的能力，进而使上市公司及时对控制权市场的发展与变化作出迅速的回应。反收购条款的自主设置体现了公司章程自治的灵活性，弥补了法律的滞后性，显示了公司抵御收购风险的前瞻性（曹清清，2016）。上市公司自主设立的反收购条款是会损害公司及其股东利益，还是会有利于公司控制权的稳定乃至长期持续经营？本书认为，在我国反收购法律制度尚未完善之前，监管当局不宜盲目定性，一概否定，不能仅从形式上判断，更要从实质（即经济后果）上进行分析。

值得庆幸的是，我国上市公司反收购条款的日益增多，为反收购条款经济后果的实证研究提供了难得的契机，也提供了近期研究的热点。其中郑志刚等（2011）、邵军等（2013）基于国内上市公司的样本数据实证考察了公司章程条款（包括反收购条款）的设立与企业代理成本的关系；陈玉罡和石芳（2014）利用 A 股民营上市公司 2007～2011 年的面板数据，分析了反收购条款对并购概率和公司价值的影响；陈玉罡（2015）基于 2002～2010 年的面板数据，运用广义最小二乘法实证分析累积投票制、利益侵占与公司绩效之间的关系；袁天荣等（2018）、徐明亮等（2018）分别研究了交错董事会条款影响高管变更和公司绩效的机理；吴磊磊等

(2011)、陈玉罡等（2016）和李善民等（2016）实证检验了反收购条款与"掏空"程度之间的关系；李善民等（2016）再次验证了交错董事会制度的"堑壕假说"和"谈判收益假说"。许金花等（2018a）以股权集中背景下的大股东利益侵占现象为切入点，将大股东"掏空"行为纳入分析框架，首先构建了反收购条款影响大股东及收购方决策的理论模型；其次从中小股东的角度对反收购条款，股东财富与控制权市场的相互关系和作用机理进行了探讨。

综上，当前国内学者主要研究了反收购条款对高管变更、代理成本、"掏空"行为、并购概率、并购溢价、公司业绩或公司价值等方面的影响，一部分文献表明，反收购条款的设立是对公司管理层的一种保护，不利于投资者利益保护，对公司价值也有显著的负面影响（陈玉罡和石芳，2014）；另一部分文献则认为，反收购条款的设置能够降低控股股东的"掏空"行为，起到保护中小投资者的作用（李善民等，2016；吴磊磊等，2011），公司绩效也会提升（徐明亮等，2018）。诚然，目前国内文献提供的经验证据仍然较少，结论并不一致，其研究视域还可以进一步拓展。特别是反收购条款的设置是否会影响公司的投资行为？其影响机理如何？国内现有文献都尚未关注。对此，本章就上述问题展开研究。由于反收购条款数据需要手工搜集，不同公司设置的反收购条款千差万别，很难搜集到各类反收购条款的完整数据，而且有些条款的样本量较少，也不能满足实证研究所需样本量的要求。因此，本文仅以常见的交错董事会条款、限制董事提名权时间以及比例等条款为例，对反收购条款与投资效率之间的关系进行研究。

第二节 理论分析与假设提出

一、理论分析

所有权与经营管理权的分离是现代企业的主要特征（Berle and Means, 1932），两权分离使得有能力的经理人可以同有资金的投资者结合在一起，优势互补，共同经营公司。当然，投资者在享有公司经营收益的同时，也会担心资金被经理人侵占。因此，股东有动机建立一种监督机制，用来监督管理层行为。然而上市公司大多中小股东都是消极投资者，他们缺乏足够的动力去参与公司决策，搭便车问题严重（Fischel，1987）。而在成熟的资本市场中，控制权市场可以作为有效约束管理层的外部机制。控制权市场的收购行为可以分为善意收购与敌意收购，主要区别在于：善意收购需要与目标公司管理层进行谈判和协商；而敌意收购往往凌驾于管理层之上（伊斯特布鲁克和费希尔，2014），通过二级市场举牌的形式大量买入目标公司股票，使其有足够的表决权去参与目标公司经营决策，或者解聘效率低下的经理人员，使得上市公司管理层备受压力（Fischel，1987）。敌意收购作为一种收购模式，其本身并没有负面的含义（王佐发，2016）。但是敌意收购是否能够创造价值仍是一个悬而未决的话题。一方面，敌意收购能够降低代理成本，改善公司的治理结构，促进资本市场资源配置效率；另一方面，敌意收购方可能会为了追逐短期利益而损害众多利益相关者的利益。例如，美国 20 世纪 80 年代杠杆收购盛行，敌意收购方从生产性投资领域转走了大量的资源，实体工业遭受侵蚀，经济受到严重影响（胡鸿高和赵丽梅，2001）。然而敌意收购可能引发的效应，不仅仅限于控制权争夺双方之间的利益得失，还会波及目标公司的员工等利益相关者、产业链上下游的利益群体、行业的发展战略乃至社会财富的增减与再分配（傅穹，2017）。

为了构建一个公平、公正且有效的控制权竞争市场，美国立法机构不断修订和完善收购与反收购法律。在美国，只要符合商业判断规则或管理层的信托义务等标准，上市公司管理层可自行选择或制定反收购策略，其中可自主设置的反收购条款包括空白支票优先股、交错董事会、"毒丸计划"、反绿色邮件、控制权更换的薪酬计划、累积投票制、董事责任、锁定条款、绝对多数条款、公平价格、"降落伞计划"、无记名投票、限制召开特别会议、限制书面同意、不平等投票权、双重股权结构等（Gompers, et al.，2003）。然而反收购条款的设置对公司是否有利仍有争议，特别是反收购条款对公司的投资行为会产生什么经济后果，现有文献并没有定论。

一部分学者认为，反收购条款虽然能够保护管理层职位，但是使得管理层与股东之间的代理冲突更为严重,产生管理层堑壕效应(DeAngelo and Rice, 1983)。控制权市场理论认为,控制权市场是减轻代理成本的治理机制之一(Manne, 1965)。在控制权市场中,管理团队竞相争夺公司资源管理的控制权(Jensen and Ruback, 1983),一旦管理层经营不善,效率低下,就面临被取代的威胁,从而迫使他们以股东财富最大化为目标进行经营,否则公司便可能被接管,因此,控制权市场惩戒机制有助于纠正管理层的无效率行为,提升公司治理效率。但是反收购条款却弱化了控制权市场的约束作用,管理者职位及权力更加稳固,这可能导致代理成本增加,为了追求私人利益,管理层可能会进行过度投资。Gompers et al. (2003) 研究表明,G 指数与资本性支出和并购数量呈现正相关,而与边际利润率、销售增长率和公司价值均呈现负相关,说明随着防御水平的提高,公司会进行过度投资。Harford et al. (2008) 也发现,随着公司 G 指数水平的而提高,管理层喜欢做出次优投资,公司资本性支出和并购支出会增加,出现建立帝国的倾向,而超额现金持有量会加剧这种行为的发生。特别是对于行业集中度较高的公司来说,防御水平的增强加大了管理层松懈程度,降低了管理层的投资效率,毁损价值的并购行为增加。而随着交错董事会、"毒丸计划"、累积投票制、"金色降落伞"、绝对多数条款、限制召开特别会议、薪酬计划、反绿色邮件等条款的废除,公司的资本性支出增长放缓,并购支出也下降,控制权市场惩戒治理机制重新发挥作用(Cuñat et al., 2012)。此外,安静生活假说认为,反收购条款隔离了外部市场的竞争威胁,管理层所受外部压力减少,管理松懈程度增加,但其短视行为并没有减轻,表现为公司固定资产增加放缓,长期价值投资(研发支出)减少,资产收益率下降(Grossman and Hart, 1988; Meulbroek et al., 1990; Bertrand and Mullainathan, 2003; Giroud and Mueller, 2010)。

另一部分学者则认为,反收购条款的设置对公司有利,有助于投资效率的提升,产生长期价值。DeAngelo and Rice (1983) 认为,当分散的股东试图进行结盟,通过交易谈判以应对外部收购时,反收购条款能够提高管理层的工作效率。当管理层持股比例较低时,上市公司可以通过设置反收购条款,以巩固管理层控制权(Stulz, 1988)。资产专用性理论也指出,当管理者的人力资本和社会资本与企业一致时,管理者比股东的资产专用性更强，管理者应被授予更多控制权。上市公司一旦被恶意接管，可能会导致优秀职业经理人被驱逐。如果管理层在控制权市场竞争威胁下得不到保护，其大量的付出可能得不到应有的回报，这会导致他们投入公司专属资产的动力不足，公司长远发展受到影响（Fischel，1987；Chakraborty and Arnott，2001）。反收购条款的设置将有利于管理团队与公司建立长期契约关系，激励经理投入更多的专属技能，也有助于公司避免失去重要的管理团队而遭受损失。反收购条款在维护管理者职位和权力稳定的同时，能够激励管理者更好地为公司服务（Chintrakarn et al.，2013）。Stein（1988）指出，反收购条款的设置有利于引导管理层规避短视行为，更加专注于能够提升公司价值的长期投资。利益相关者理论也认为，董事会必须为公司利益相关者而不仅仅只是为股东的利益服务（Stout，2002）。交错董事会作为维护公司利益相关者关系的重要工具，能够降低目标公司被接管给利益相关者所带来的风险，有效防止利益相关者对公司的专属投资出现的事后沉没成本，符合利益捆绑假说（Bonding Hypothesis）（Johnson et al.，2015）。对于技术创新类公司而言，由于创新往往需要由顶级员工、供应商、客户或战略联盟伙伴对公司进行特定投资，如果公司被收购，这些投资将无法挽回。此时，交错董事会条款通过降低公司与利益相关者之间的契约成本，有利于增加公司创新动力，促进长期价值项目的投资（Cremers et al.，2008）。在信息不对称的情形下，公司管理质量的高低外部并不清楚。双重股权结构允许现任管理层有足够的票数来对抗任何对手，双重股权结构的设置有助于管理层投资那些具有较大风险的长期价值项目，为公司创造更高的价值，而不必担心在控制权市场竞争中处于短暂的劣势（Chemmanur and Jiao，2012）。随着防御能力的提高，创新型公司的研发能力也会得到进一步增强，专利数量和专利引用数量也明显增加（Chemmanur and Tian，2018）。Bhojraj et al.（2017）研究发现，在美国特拉华州的州法律发生变化后，该州注册的创新型公司的公司价值有明显提升，而且其增长比率要比特拉华的非创新型公司和特拉华州以外的创新型公司都要高。相比之下，长期受反收购法律保护的公司还会更少从事真实盈余管理行为。上述分析都表明反收购条款的设置能够创造长期价值。

上述文献表明，反收购条款削弱控制权市场的惩戒作用以后，可能会产生两种不同的经济后果：其一，上市公司设置反收购条款以后，控制权市场惩戒作用会被弱化，代理成本会增加，管理层倾向于进行过度投资，或者享受"安静"生活，导致投资不足，出现"堑壕效应"；其二，上市公司防御能力增强以后，控制权转移风险得以降低，公司与利益相关者的关系更加稳固，管理层短视行为减少，有利于公司进行长期价值项目的投资，缓解投资不足，出现"价值创造效应"。

二、假设提出

（一）交错董事会条款与投资效率

交错董事会（Staggered Boards），也被称为分期分级董事会（Classified Boards）。在标准普尔500指数成分股公司中，大约60%的公司设置了交错董事会条款和毒丸计划（Bhojraj et al.，2017）。Cohen and Wang（2013）认为，一个公司可以设置单一董事会，也可以设置交错董事会。对于单一的董事会，所有董事在每年的股东大会上需要重新选举。而在交错董事会中，所有董事通常被分为三个类别，每年股东大会只能更换其中一类董事。交错董事会使得现任董事得到了实质性的保护，避免无故被免职，也使得新股东不可能在短时间内主导董事会的控制权。交错董事会条款作为一项反收购条款，延缓了收购方控制目标公司董事会的进程，增强了目标公司保持独立性的能力。交错董事会制度使得任何一个敌意收购者在取得控股权后至少要等待一年，使得目标公司保持独立的概率从34%提高到61%，而让敌意收购者取得成功的可能性从32%降到25%（Bebchuk et al.，2002）。Bates et al.（2008）分析指出，交错董事会条款作为一种延缓董事变更的公司治理机制，可以通过两种方式影响公司控制权市场：其一，交错董事会条款能够增加目标公司管理层的自由裁量权，增强管理层与收购方谈判或拒绝进行交易的能力；其二，交错董事会条款能够提高潜在收购方投标的成本。交错董事会条款在对现任管理层进行保护的同时，对收购方也起到了威慑作用（Kadyrzhanova and Rhodes-Kropf，2011）。

在我国反收购实践中，上市公司常常在公司章程中设置限制董事改选比例的条款。例如，珠海港（股票代码：000507）2010年在公司章程中规定："董事局任期届满需要换届或因其他原因改选时，新的董事（不包括独立董事）人数不得超过董事局组成人数的三分之一；独立董事的换届或改选不受此比例限制。"汤欣和徐志展（2008）指出，在公司章程中规定每年董事改选比例的条款属于交错董事会条款，在实践中可以将其作为主要的反收购手段，但是为了降低其可能带来的消极影响，上市公司设置此类条款时必须经过股东大会中绝对多数表决权同意。交错董事会条款本身属于中性条款，无论从形式到实质均没有剥夺股东选任董事的权利，有助于延缓董事会格局的变更（傅穹，2017）。当上市公司并购交易规模达到10%以上时，交错董事会条款能显著降低目标公司被接管的可能性，起到反收购作用（陈玉罡和石芳，2014）。

资产专用性理论指出，如果管理层特定的人力资本和社会资本对公司专用性很强时，管理者应被授予更多的公司控制权。如果管理层在控制权市场竞争威胁下得不到保护，其大量的付出可能得不到应有的回报，这会导致他们投入公司专属资产的动力不足，损害公司长期利益（Chakraborty and Arnott，2001）。交错董事会条款的设置将有利于管理团队与公司建立长期契约关系，激励经理投入更多的专属技能，也有助于公司避免失去重要的管理团队而遭受损失。此外，由于公司是一个持续经营的实体，需要保持经营的稳定性和连续性。在交错董事会制度下，每年董事被更换的比例有限，这样有利于经验丰富且熟悉公司事务的董事继续留任，保持公司计划执行的连续性，也有利于董事从长远考虑公司战略规划，而不会过分关注短期结果（伍坚，2007）。交错董事会制度有利于延长董事的任期，避免董事成员无故被更换，也有利于董事会远离经理层的控制，在面对敌意收购事件时，能够保持独立的思考和判断，做出有利于公司及其利益相关者整体利益的最佳决策（Koppes et al.，1999；Bainbridge，2002），而不仅仅只是考虑股东的利益服务（Stout，2002）。交错董事会作为维护公司利益相关者关系的重要工具，能够降低目标公司被接管所带来的风险，有助于防止利益相关者专属投资出现事后"沉没成本"（Johnson et al.，2015）。交错董事会条款通过隔离外部激烈的市场竞争环境，降低公司与利益相关者之间的契约成本，使得经理人会更加专注于公司的研发和创新，促进长期价值投资（Cremers et al.，2008；Chemmanur and Tian，2018）。上述分析表明，交错董事会的设置会产生长期价值，使管理层更敢于进行长期价值投资，能有效缓解投资不足。

而管理层堑壕假说则认为，交错董事会条款虽然能够保护管理层职位，但却以股东利益为代价（DeAngelo and Rice，1983）。虽然控制权市场的监督功能有助于减轻代理成本，惩戒无效率的管理层（Manne，1965），但交错董事会条款的设置可能弱化控制权市场的惩戒作用，管理者的职位会更加牢固，管理层可能会为了追求私人利益，从事无效率投资行为。伍坚（2007）指出，交错董事会的设置虽然有助于实现董事会的稳定性和连续性，但公司成功的衡量标志并非董事稳定而应该是公司业绩稳定。交错董事会制度只是约束了股东而非董事，董事自身的独立性也不会因此而提高，但却可能会使董事会更加远离股东的控制。事实上，董事选举很少关注董事的业绩，期望延长董事任期、使他们关注公司长远发展而不是短期利益的假设也不成立。经验证据也表明，随着公司防御水平的提高，管理层喜欢做出次优投资，公司资本性支出和并购支出会增加，出现建立"帝国"的倾向（Gompers et al.，2003；Harford et al.，2008）。而随着交错董事会等条款的废除，公司的资本性支出增长放缓，并购支出也下降，控制权市场治理机制重新发挥作用（Cuñat et al.，2012）。此外，安静生活假说还认为，交错董事会条款的设置使得管理层的竞争压力减少，但管理层短视行为并没有减轻，公司固定资产增加放缓，长期价值投资（研发支出）减少（Bertrand and Mullainathan，2003；Giroud and Mueller，2010）。上述理论分析表明，交错董事会条款的设置会增加管理层"堑壕效应"，管理层可能出现建立"帝国"倾向，进行过度投资，或者管理层倾向于享受"安静"生活，出现投资不足。

上述理论分析表明，交错董事会条款的设置对公司可能产生"堑壕效应"和"价值创造效应"：在"堑壕效应"下，交错董事会条款会使得代理问题更加严重，管理者投资效率出现下降，出现过度投资或者投资不足；在"价值创造效应"下，交错董事会条款会令管理层更加专注于公司资源配置效率的提升，促进长期价值投资，增加研发支出，缓解投资不足。因此，本书提出对立假设 H4-1a 和 H4-1b：

H4-1a：在其他条件不变的情况下，设置交错董事会条款会降低投资效率。

H4-1b：在其他条件不变的情况下，设置交错董事会条款会提升投资效率。

(二) 限制董事提名权条款与投资效率

控制权争夺的实质在于董事会控制权的争夺。为了维护董事会控制权的稳定，避免董事会成员因股东的频繁变动而变更，很多上市公司在公司章程中设置限制董事提名权条款，对董事提名权股东的持股时间和持股比例做出相应的限制。依据《上市公司章程指引》第八十二条规定，上市公司可以在公司章程中自行规定非独立董事提名的方式和程序。例如，山东胜利股份有限公司在公司章程中规定，连续180日以上并且持有公司表决权股份5%以上的股东，拥有董事候选人（不包括独立董事）的提名权。

由于董事提名权是股东非常重要的一项权利，当董事会人员结构需要调整时，拥有提名权的股东可以向股东大会推荐董事会候选人，提交股东大会决议（李善民等，2016）。但是如果公司章程自行限制的持股要求超过立法规定，则会增加股东提案的难度（傅穹，2017），提名权最低持股要求越高，中小股东对抗董事会的机会越小，这样不仅会侵害股东的提案权和对董事的选任权（张舫，2009），还可能导致大股东与管理层共谋：为了获取控制权私有收益而进行无效率投资，损害中小股东的利益，致使中小投资者的合法权益不能得到有效保障（李善民等，2016）。因此，在我国上市公司代理问题较为突出的情形下，章程自治的自由度应当受到限制（汤欣，2001）。

然而在我国证券市场当前环境下，设置董事提名权限制条款有其合理性。由于上市公司股东人数众多，倘若没有持股比例的限制，每位股东均可提名董事，则不具可行性。上市公司对董事提名权持股时间和比例进行限制，有助于防范游资冲击，避免董事会成员因股东频繁进出而变动，保护董事会结构的稳定，进而引导管理层避免短视行为，增加长期价值投资（伍坚，2014）。上市公司控制权争夺并非一般的公众股东能力所及，对那些能够影响和控制上市公司的股东身份作出规范化的要求，不是侵犯而是保护大多数公众股东的权益（华生，2016；李善民等，2016）。

上述分析表明，董事提名权限制条款也可能产生"堑壕效应"或者

"价值创造效应"：在"堑壕效应"下，限制董事提名权条款限制了中小股东提名董事的权利，董事会成员只是代表公司大股东的利益，这样会增加管理层和大股东利用控制权力获取私人利益的机会，做出无效率投资行为，导致过度投资或者投资不足；在"价值创造效应"下，限制董事提名权条款有助于避免董事会成员频繁变动，使董事会成员结构更为稳定，有助于管理层注重公司长期利益的设计，做出有利于公司长远发展的价值投资。由于董事提名权的限制在公司章程中主要表现在对持股比例和持股时间的限制，因此，本书分别提出对立假设 H4－2a 和 H4－2b 以及对立假设 H4－3a 和 H4－3b：

H4－2a：在其他条件不变的情况下，设置董事提名权持股比例条款会降低投资效率。

H4－2b：在其他条件不变的情况下，设置董事提名权持股比例条款会提升投资效率。

H4－3a：在其他条件不变的情况下，设置董事提名权持股时间条款会降低投资效率。

H4－3b：在其他条件不变的情况下，设置董事提名权持股时间条款会提升投资效率。

（三）反收购条款数量与投资效率

上市公司设置反收购条款的数量越多，被接管的可能性越低，公司保持独立性能力越强（Karpoff et al.，2017）。控制权市场作为有效的外部治理机制，其惩戒无效率管理层的作用越难以发挥。反收购条款数量越多，公司防御水平越高，管理层"堑壕效应"可能越明显，可能表现在：一方面，建立"帝国"的倾向会更加明显，毁损价值的并购支出以及资本性支出会更多（Harford et al.，2012）；另一方面，管理层松懈程度更加严重，管理层越发贪图舒适生活，上市公司创新动力明显不足，长期价值投资下降明显（Gompers et al.，2003；Harford et al.，2008）。因此，反收购条款数量越多，越可能产生"堑壕效应"，导致无效率投资增加，过度投资或投资不足更加明显。

现实中，高质量的管理团队更倾向于设置大量反收购条款，以远离外部市场的恶意竞争，保障公司经营不受外界干扰，进而有利于管理层专注于公司的生产经营效率,从而实现公司的长期战略目标。经验证据也证实,对于拥有高水平管理团队和大量反收购条款的公司来说,其业绩表现优于其他公司(Chemmanur et al.,2011),能产生管理层激励效应(Bebchuk et al.,2014)。反收购条款数量越多,公司抵御敌意收购能力越强,管理层短视行为会越少,创新投入会越多,特别是在信息不对称和激烈的产品市场竞争环境中,反收购条款数量与公司创新的正向关系会更加明显(Chemmanur and Tian,2018)。此外,当上市公司所拥有的重要商业合作伙伴越多,管理层设置反收购措施也会越多,公司与其商业合作伙伴的契约关系会更加紧密,合作时间也会越长,对公司长期价值的提升会带来积极的正向影响(Johnson et al.,2015)。因此,随着反收购条款数量的增加,公司防御能力会越强,越有利于管理层进行长期价值投资,弥补投资不足。对此,本书提出对立假设 H4-4a 和 H4-4b:

H4-4a:在其他条件不变的情况下,反收购条款设置数量越多,投资效率会越低。

H4-4b:在其他条件不变的情况下,反收购条款设置数量越多,投资效率会越高。

第三节 研究设计

一、样本选取与数据来源

自从 2006 年证监会发布《上市公司章程指引》以来,很多上市公司陆续修改公司章程,以便提高公司章程的自治效率。特别是近些年,上市公司在公司章程中设置反收购条款的现象越来越多,然而国内尚没有提供上市公司设置反收购条款的专门的数据库。为此,本书参照李善民等(2016)的做法,通过从巨潮资讯网、新浪财经网以及证券交易所网站下载上市公司 2006~2015 年的历年公司章程,利用关键词"候选"、"更换"等进行搜索,并结合人工判断,明确该公司章程中是否设置反收购条款。例如,三峡水利(股票代码:600116)2010 年的公司章程规定:"董事由股东大会选举或更换，任期三年。董事任期届满，可连选连任。董事的更换每年只能改选董事总数的1/3（董事会正常换届除外）以内，董事在任期届满以前，股东大会不能无故解除其职务"，则表明重庆三峡水利电力（集团）2010年已设置交错董事会条款。又如，珠海港（股票代码：000507）2010年的公司章程规定："董事、监事候选人名单可由公司现任董事局、监事会、连续180天以上单独或合并持有公司股份5%以上（不含股票代理权）的股东以书面形式提出。"则表明珠海港股份有限公司2010年已经分别设置限制董事提名权持股比例和持股时间条款。按照此方法分别按年份和行业进行统计，结果如表4-1和表4-2所示。从表4-1来看，反收购条款的设置数量呈现逐年上升的趋势，说明随着证券市场的逐步开放，上市公司反收购意识在逐渐增强，反收购条款的设置也在逐步增加。从表4-2来看，反收购条款的设置排列靠前的行业主要集中在电子设备、电气机械及器材、专用设备、化学制品、医药制造业、信息传输、软件和信息技术服务业、批发零售和房地产等行业。从行业分布来看，战略新兴产业占比较多。原因在于这些行业受到国家政策的扶持，发展速度较快，其很可能成为各路并购资金的潜在收购目标，因此，公司防御意识较为强烈。此外，还有一些竞争较为激烈的行业（如房地产和批发零售业），为了降低市场竞争的威胁，这些行业内的公司也倾向于设置反收购条款，增强防御能力。总之，上述反收购条款的样本数据为后续实证研究奠定了基础。此外，本书中其余变量数据均来自国泰安数据库，且剔除了金融行业、ST公司以及部分缺漏值的数据。为了克服离群值的影响，本书模型中的主要变量均进行了1%和99%的双侧缩尾处理。

表4-1　　　　按年份统计的反收购条款设置情况　　　　单位：条

反收购条款类型	2006年	2007年	2008年	2009年	2010年	2011年	2012年	2013年	2014年	2015年	合计
交错董事会	41	69	74	83	96	106	118	127	134	139	987
限制董事提名权持股比例	314	339	359	378	412	447	479	481	476	484	4169
限制董事提名权持股时间	65	99	116	125	163	201	227	233	249	280	1758

资料来源：作者整理。

表4-2　　　按行业统计的反收购条款设置情况　　　　单位：条

行业类型	行业代码	交错董事会	限制董事提名权持股比例	限制董事提名权持股时间
农林牧渔业	A	27	51	27
采矿业	B	5	100	30
农副食品加工业	C13	3	75	35
食品制造业	C14	29	35	28
酒、饮料和精制茶制造业	C15	20	63	26
纺织业	C17	32	75	8
纺织服装、服饰业	C18	17	48	25
皮革、毛皮、羽毛及其制品和制鞋业	C19	0	0	4
木材加工及木、竹、藤、棕、草制品业	C20	5	10	5
家具制造业	C21	0	16	1
造纸及纸制品业	C22	5	67	43
石油加工、炼焦及核燃料加工业	C25	3	54	13
化学原料及化学制品制造业	C26	58	295	87
医药制造业	C27	36	274	73
化学纤维制造业	C28	6	30	0
橡胶和塑料制品业	C29	12	84	17
非金属矿物制品业	C30	14	141	24
黑色金属冶炼及压延加工业	C31	9	70	1
有色金属冶炼及压延加工业	C32	40	106	32
金属制品业	C33	9	80	29
通用设备制造业	C34	35	94	50
专用设备制造业	C35	57	162	91
汽车制造业	C36	0	141	17
铁路、船舶、航空航天和其他运输设备制造业	C37	2	45	8
电气机械及器材制造业	C38	27	233	114
计算机、通信和其他电子设备制造业	C39	59	257	157
仪器仪表制造业	C40	0	26	11
其他制造业	C41	0	30	5

续表

行业类型	行业代码	交错董事会	限制董事提名权持股比例	限制董事提名权持股时间
废弃资源综合利用业	C42	1	0	0
电力、热力、燃气及水生产和供应业	D	53	212	131
建筑业	E	35	84	55
批发和零售业	F	153	282	137
交通运输、仓储和邮政业	G	13	160	19
住宿和餐饮业	H	9	19	10
信息传输、软件和信息技术服务业	I	78	176	129
房地产业	K	49	324	171
租赁和商务服务业	L	48	79	69
科学研究和技术服务业	M	0	21	9
水利、环境和公共设施管理业	N	19	30	36
卫生和社会工作	Q	0	10	0
文化、体育和娱乐业	R	9	69	12
综合业	S	10	41	19
合计		987	4169	1758

资料来源：作者整理。

二、模型设计与变量定义

（一）模型设计

首先，本书采用 Richardson（2006）、辛清泉等（2007）以及申慧慧等（2012）的做法，用期望投资模型（4-1）计算出公司期望的正常投资水平，然后用回归残差来衡量公司的非效率投资。模型（4-1）如下：

$$Inv_{i,t} = \beta_0 + \beta_1 Growth_{i,t-1} + \beta_2 Lev_{i,t-1} + \beta_3 Cash_{i,t-1} \\ + \beta_4 Age_{i,t-1} + \beta_5 Size_{i,t-1} + \beta_6 Ret_{i,t-1} + \beta_7 Inv_{i,t-1} \\ + \sum \beta_j Industry_j + \sum \beta_k Year_k + \varepsilon_{i,t} \quad (4-1)$$

其次，为了检验本书假设，本书建立如下模型（4-2）：

$$Uei_{i,t}/Overinv_{i,t}/Underinv_{i,t} = \beta_0 + \beta_1 Atp_{i,t} + \beta_2 Fcf_{i,t} + \beta_3 Pay_{i,t}$$
$$+ \beta_4 Mf_{i,t} + \beta_5 Es_{i,t} + \beta_6 Shrcr1_{i,t}$$
$$+ \beta_7 Scale_{i,t} + \beta_8 Inde_{i,t} + \beta_9 Dual_{i,t}$$
$$+ \sum \beta_j Industry_j + \sum \beta_k Year_k + \varepsilon_{i,t}$$
$$(4-2)$$

（二）变量定义

模型（4-1）中因变量 Inv 为当年新增投资水平，该值等于本期资本支出加上本期收购支出减去本期出售长期资产收入和折旧后的金额除以期末总资产，其中资本支出取值为现金流量表中的"构建固定资产、无形资产及其他长期资产的支出"项目金额；收购支出取值为"购买或处置子（分）公司的支出"项目金额；出售长期资产收入取值为"处置固定资产、无形资产和其他长期资产而收回的现金"项目金额；折旧费用取值为间接现金流量表中"固定资产折旧、油气资产折耗、生产性生物资产折旧"项目金额。自变量分别为成长能力（$Growth$）、资产负债率（Lev）、现金持有水平（$Cash$）、上市年限（Age）、公司规模（$Size$）、股票收益率（Ret）。

模型（4-2）中被解释变量分别为非效率投资（Uei）、过度投资（$Overinv$）和投资不足（$Underinv$）。非效率投资（Uei）取值为模型（4-1）的回归残差绝对值。Uei 数值越大，表示非效率投资越多，而投资效率则越低，即 Uei 作为投资效率的反向指标。当残差大于 0 时，变量被定义为过度投资，用 $Overinv$ 表示；当残差小于 0 时，变量被定义为投资不足，取其绝对值，用 $Underinv$ 表示。解释变量为反收购条款（Atp），包括交错董事会条款（Sb）、限制董事提名权持股比例（Hr）、限制董事提名权持股时间（Ht）以及反收购条款数目（$Atpnum$）。如果公司章程中设置了交错董事会条款，则 Sb 取值为 1，否则为 0；如果公司章程中董事提名权持股比例要求高于 3%，Hr 取值为 1，否则为 0；如果公司章程中董事提名权持股时间有要求，Ht 取值为 1，否则为 0；反收购条款的数目则取值为上述 3 个解释变量之和，即 $Atpnum$ 取值范围为 0~3（陈玉罡和石芳，2014）。除此之外，本书还设置了如下控制变量：Fcf 表示自由现金流，Pay 表示管层薪酬，Mf 表示管理费用率，Es 表示高管持股，$Shrcr1$ 表示第一大股东持股比例，$Scale$ 表示董事会规模，$Inde$ 表示独立董事比例，$Dual$ 表示两职合一。此外，本书还控制了行业虚拟变量 $Industry$ 和年度虚拟变量 $Year$，用以排除时间和行业的影响。本书采用证监会 2012 年行业标准，将制造业按二级代码分类，其他按一级代码分类。本书主要变量定义及计算如表 4-3 所示。

表 4-3　　　　　　　　　　主要变量定义

变量类型	变量符号	变量名称	变量含义
\multicolumn{4}{模型（4-1）}			
因变量	Inv	新增投资水平	（本期资本支出加上本期收购支出减去本期出售长期资产收入和折旧后的金额）/总资产
自变量	$Growth$	成长性	用 TobinQ 指标代替
	Lev	资产负债率	总负债除以总资产
	$Cash$	现金持有水平	（货币资金＋交易性金融资产）/总资产
	Age	上市年限	首次公开发行年度至财务报告年度之间的年限
	$Size$	公司规模	总资产的自然对数
	Ret	股票年收益率	当年 5 月至下年 4 月经市场调整后的股票收益率
\multicolumn{4}{模型（4-2）}			
被解释变量	Eet	非效率投资	模型（4-1）估计得到残差的绝对值
	$Overinv$	过度投资	模型（4-1）估计得到残差大于 0 的数值
	$Underinv$	投资不足	模型（4-1）估计得到残差小于 0 的数值，取绝对值
解释变量	Sb	交错董事会条款	如果章程中设置了该条款，则取值为 1，否则为 0
	Hr	限制董事提名权持股比例条款	如果章程中董事提名权持股比例要求高于 3%，则取值为 1，否则为 0
	Ht	限制董事提名权持股时间条款	如果章程中董事提名权持股时间有要求，则取值为 1，否则为 0
	$Atpnum$	反收购条款数目	表示公司章程中反收购条款的数目，取值为上述 3 个解释变量之和，即 0~3

续表

变量类型	变量符号	变量名称	变量含义
控制变量	Fcf	自由现金流	经营性现金净流量与模型（1）估计正常投资水平的差额除以平均总资产
	Pay	管理层薪酬	高管前三名薪酬总额的自然对数
	Mf	管理费用率	管理费用除以营业收入
	Es	管理层持股	如果高管持有股份，则取值为1，否则为0
	Shrcr1	大股东持股	第一大股东持股比例
	Scale	董事会规模	董事会人数
	Dual	两职合一	董事长兼任总公司经理取值为1，否则取0
	Inde	独立董事人数	独立董事占董事总人数的比例
	Year	年度虚拟变量	设置9个年度虚拟变量
	Industry	行业虚拟变量	证监会2012年行业标准

资料来源：作者整理。

第四节 回归分析

一、变量描述性统计

表4-4列示了主要变量的描述性统计结果。从表4-4中可以看出，被解释变量非效率投资（Uei）平均值为0.033；过度投资（$Overinv$）均值为0.038；投资不足（$Underinv$）均值为0.030；交错董事会条款（Sb）占比约为6%，比李善民等（2016）的样本数据4.1%略高，表明随着上市公司反收购意识的增强，上市公司越来越倾向于设置交错董事会条款；限制董事提名权持股比例（Hr）占比约为25.2%，限制董事提名权持股时间（Ht）占比约为10%，两者比陈玉罡和石芳（2014）的数据结果要略低，可能原因在于陈玉罡和石芳（2014）所选样本为民营上市公司，民营上市公司更有忧患意识，更倾向于设置限制董事提名权条款，增强公司防御能力；自由现金流（Fcf）平均值为0.048；高管薪酬前三名（Pay）平均值为13.921；管理费用所占营业收入的比例（Mf）平均值为9.6%；平均有58%的上市公

司高管持有公司股份;第一大股东持股比例(*Shrcr*1)平均值为35.6%,表明我国上市公司大股东持股比例仍然较高,股权比较集中;董事会人数(*Scale*)平均值为8.953;独立董事占比(*Inde*)平均值为36.7%,符合独立董事占比不低于1/3的规定;约有19.3%的样本中董事长和总经理两职合一(*Dual*),表明相当一部分上市公司董事长拥有较大的权力。

表 4 – 4　　　　　　　　　描述性统计

变量	样本量	均值	标准差	最小值	中位数	最大值
Uei	13602	0.033	0.036	0.000	0.023	0.215
Overinv	5908	0.038	0.045	0.000	0.023	0.249
Underinv	7691	0.030	0.028	0.000	0.022	0.161
Sb	13602	0.060	0.238	0.000	0.000	1.000
Hr	13602	0.252	0.434	0.000	0.000	1.000
Ht	13602	0.100	0.300	0.000	0.000	1.000
Atpnum	13602	0.412	0.676	0.000	0.000	3.000
Fcf	13602	0.048	0.079	-0.197	0.045	0.277
Pay	13602	13.921	0.772	11.608	13.954	16.087
Mf	13602	0.096	0.087	0.009	0.075	0.645
Es	13602	0.580	0.494	0.000	1.000	1.000
*Shrcr*1	13602	0.356	0.152	0.003	0.337	0.748
Scale	13602	8.953	1.779	5.000	9.000	15.000
Inde	13602	0.367	0.051	0.267	0.333	0.571
Dual	13602	0.193	0.395	0.000	0.000	1.000

资料来源:作者整理。

表 4 – 5 为分组后的均值差异检验结果。首先,从交错董事会条款分组来看,没有设立交错董事会条款的上市公司其非效率投资(*Uei*)均值为 0.0336,而设立交错董事会条款的上市公司非效率投资均值为 0.0314,两者均值差异在 10% 水平上显著,表明设置交错董事会条款的上市公司非效率投资水平更低,即投资效率更高,主要体现在已经设立交错董事会条款的上市公司其投资不足(*Underinv*)均值显著更低(0.0274 < 0.0297,显著水平为 10%),符合假设 H4 – 1b 的预期;其次,从董事提名权持股比例分组来看,董事提名权持股比例要求较低(≤3%)的上市公司其非效率

投资（Uei）均值为 0.0339、过度投资（$Overinv$）均值为 0.0392、投资不足（$Underinv$）均值为 0.0298，而董事提名权持股比例要求较高（>3%）的上市公司非效率投资均值为 0.0321、过度投资（$Overinv$）均值为 0.0363、投资不足（$Underinv$）均值为 0.0286，相比之下，后者均低于前者，而且都存在显著差异，表明董事提名权持股比例要求越高的上市公司非效率投资水平更低，表现在投资过度和投资不足均显著较低，也支持了本书所提假设 H4－2b；然后，从董事提名权持股时间条款分组来看，没有限制董事提名权持股时间的上市公司其投资不足（$Underinv$）均值为 0.0297，而限制董事提名权持股时间的上市公司投资不足（$Underinv$）均值为 0.0280，前者显著大于后者（显著性水平为 10%），表明限制董事提名权持股时间的上市公司其投资不足水平显著较低，也符合本书假设 H4－3b 的预期。

表 4－5 被解释变量均值差异检验

Variables	$Sb = 0$		$Sb = 1$		均值差异检验
	样本量	均值	样本量	均值	
Uei	12784	0.0336	818	0.0314	0.0022*
$Overinv$	5538	0.0387	370	0.0359	0.0027
$Underinv$	7243	0.0297	448	0.0274	0.0023*
Variables	$Hr = 0$		$Hr = 1$		均值差异检验
	样本量	均值	样本量	均值	
Uei	10176	0.0339	3426	0.0321	0.0017**
$Overinv$	4389	0.0392	1519	0.0363	0.0029**
$Underinv$	5784	0.0298	1907	0.0286	0.0012*
Variables	$Ht = 0$		$Ht = 1$		均值差异检验
	样本量	均值	样本量	均值	
Uei	12244	0.0336	1358	0.0322	0.0014
$Overinv$	5322	0.0386	586	0.0378	0.0007
$Underinv$	6919	0.0297	772	0.028	0.0017*

注：**、*分别表示在 5%、10% 水平上显著。
资料来源：作者整理。

从表 4－6 主要变量的相关系数来看，交错董事会条款与非效率投资以及投资不足的相关系数均显著为负，这也初步表明交错董事会条款能够抑

表 4-6　相关系数

	Uei	Overinv	Underinv	Sb	Hr	Ht	Atpnum	Fcf	Pay	Mf	Es	Shrcr1	Scale	Inde	Dual
Uei	1.000														
Overinv	0.997*	1.000													
Underinv	0.992*	—	1.000												
Sb	-0.014*	-0.015	-0.020*	1.000											
Hr	-0.021*	-0.028*	-0.019*	0.090*	1.000										
Ht	-0.011	-0.005	-0.019*	0.389*	0.183*	1.000									
Atpnum	-0.023*	-0.025*	-0.027*	0.583*	0.755*	0.698*	1.000								
Fcf	0.062*	0.122*	-0.005	0.002	0.012	0.001	0.009	1.000							
Pay	-0.075*	-0.059*	-0.109*	0.040*	-0.025*	0.061*	0.025*	0.068*	1.000						
Mf	0.048*	0.015	0.088*	0.013	-0.021*	0.013	-0.003	-0.067*	-0.071*	1.000					
Es	-0.016*	0.002	-0.037*	0.025*	-0.071*	0.042*	-0.018*	0.030*	0.184*	0.008	1.000				
Shrcr1	-0.016*	-0.008	-0.018	-0.112*	-0.002	-0.070*	-0.072*	0.055*	0.054*	-0.186*	-0.192*	1.000			
Scale	0.011	0.027*	-0.012	-0.017*	0.037*	-0.003	0.016*	0.062*	0.062*	-0.102*	-0.039*	0.028*	1.000		
Inde	-0.008	-0.005	-0.009	0.015*	-0.017*	0.032*	0.009	-0.052*	0.050*	0.049*	0.009	0.030*	-0.374*	1.000	
Dual	0.029*	0.044*	0.011	-0.031*	-0.070*	0.000	-0.056*	-0.017*	0.054*	0.075*	0.140*	-0.064*	-0.165*	0.091*	1.000

注：* 表示在 10% 水平上显著。
资料来源：作者整理。

制非效率投资，特别是能明显缓解投资不足，也验证了本书假设 H4-1b；而限制董事提名权持股比例条款与非效率投资、过度投资以及投资不足的相关系数均显著为负，这也初步表明限制董事提名权持股比例条款能够显著抑制非效率投资，对于抑制过度投资和缓解投资不足均有显著影响，也验证了本书假设 H4-2b。而限制董事提名权持股时间条款与非效率投资不足的相关系数为 -0.019，也呈现显著负相关关系，这也初步表明限制董事提名权持股时间条款能够缓解投资不足，也验证了本书假设 H4-3b。再者，上述反收购条款数量与非效率投资、过度投资以及投资不足的相关系数也都呈现显著负相关，表明反收购条款数量越多，越有利于提升上市公司投资效率，抵制过度投资，缓解投资不足，因而验证了本书假设 H4-4b。另外，自由现金流、管理费用率以及两职合一等变量与非效率投资呈现正相关，表明当自由现金流越多、代理成本越高、管理层权力越大时，上市公司非效率投资行为越多，与现有文献观点基本一致。而管理层薪酬与非效率投资显著为负，说明管理层薪酬激励对投资效率起到正向促进作用。

二、回归结果分析

借鉴郑志刚等（2011）和吴磊磊等（2011）的做法，本书采用混合 OLS 进行回归，回归结果如表 4-7 所示。

首先，交错董事会条款与非效率投资（Uei）相关系数为 -0.003，t 值为 -2.076，在 5% 水平上显著，表明交错董事会条款能够显著抑制非效率投资。在投资不足方面，交错董事会条款与投资不足（$Underinv$）相关系数为 -0.003，t 值为 -2.044，在 5% 水平上显著，说明交错董事会条能够显著缓解投资不足；而在过度投资方面，交错董事会条款与过度投资（$Overinv$）相关系数为 -0.004，t 值为 -1.475，表明交错董事会条款的设置抑制过度投资作用不明显。结果验证了本书所提假设 H4-1b。

其次，限制董事提名权比例条款与非效率投资（Uei）相关系数为 -0.002，t 值为 -3.250，在 1% 水平上显著，表明限制董事提名权比例条款能够显著抑制非效率投资。在过度投资方面，限制董事提名权比例条款与过度投资（$Overinv$）相关系数为 -0.003，t 值为 -2.439，在 5% 水平上显著，说明限制董事提名权比例条款能够显著抑制过度投资；在投资不足

表 4-7 反收购条款与非效率投资

	(1) Uei	(2) Overinv	(3) Underinv	(4) Uei	(5) Overinv	(6) Underinv	(7) Uei	(8) Overinv	(9) Underinv	(10) Uei	(11) Overinv	(12) Underinv
Sb	-0.003** (-2.076)	-0.004 (-1.475)	-0.003** (-2.044)									
Hr				-0.002*** (-3.250)	-0.003** (-2.439)	-0.002*** (-2.648)						
Ht							-0.001 (-0.980)	-0.001 (-0.411)	-0.001 (-1.237)			
Atpnum										-0.001*** (-3.253)	-0.002** (-2.282)	-0.001*** (-2.958)
Fcf	0.019*** (4.744)	0.054*** (7.033)	-0.008* (-1.895)	0.019*** (4.752)	0.054*** (7.018)	-0.008* (-1.868)	0.019*** (4.739)	0.054*** (7.021)	-0.008* (-1.902)	0.019*** (4.776)	0.054*** (7.063)	-0.008* (-1.875)
Pay	-0.002*** (-3.242)	-0.002** (-2.252)	-0.002*** (-3.348)	-0.002*** (-3.324)	-0.002** (-2.329)	-0.002*** (-3.411)	-0.002*** (-3.303)	-0.002** (-2.292)	-0.002*** (-3.412)	-0.002*** (-3.240)	-0.002** (-2.265)	-0.002*** (-3.338)
Mf	0.027*** (6.926)	0.018** (2.332)	0.031*** (8.209)	0.027*** (6.906)	0.018** (2.248)	0.031*** (8.251)	0.027*** (6.908)	0.018** (2.319)	0.031*** (8.196)	0.027*** (6.910)	0.018** (2.277)	0.031*** (8.235)
Es	-0.000 (-0.338)	0.001 (0.678)	-0.001 (-1.007)	-0.000 (-0.527)	0.001 (0.583)	-0.001 (-1.194)	-0.000 (-0.319)	0.001 (0.677)	-0.001 (-0.973)	-0.000 (-0.431)	0.001 (0.642)	-0.001 (-1.116)
Shrcr1	-0.002 (-1.029)	-0.003 (-0.632)	0.000 (0.046)	-0.002 (-0.905)	-0.002 (-0.545)	0.000 (0.189)	-0.002 (-0.875)	-0.002 (-0.513)	0.000 (0.183)	-0.002 (-1.078)	-0.003 (-0.649)	0.000 (0.006)

续表

	(1)	(2)	(3)	(4)	(5)	(6)	(7)	(8)	(9)	(10)	(11)	(12)
	Uei	Overinv	Underinv	Uei	Overinv	Underinv	Uei	Overinv	Underinv	Uei	Overinv	Underinv
Scale	-0.000	0.000	-0.000**	-0.000	0.000	-0.000**	-0.000	0.000	-0.000**	-0.000	0.000	-0.000**
	(-0.126)	(1.130)	(-2.430)	(-0.006)	(1.159)	(-2.265)	(-0.071)	(1.146)	(-2.358)	(-0.043)	(1.173)	(-2.335)
Inde	0.004	0.011	-0.003	0.004	0.011	-0.003	0.004	0.011	-0.003	0.004	0.011	-0.002
	(0.603)	(0.876)	(-0.424)	(0.610)	(0.868)	(-0.405)	(0.607)	(0.867)	(-0.400)	(0.647)	(0.885)	(-0.365)
Dual	0.004***	0.007***	0.002**	0.004***	0.007***	0.002**	0.004***	0.007***	0.002**	0.004***	0.007***	0.002**
	(4.945)	(4.423)	(2.303)	(4.870)	(4.339)	(2.277)	(5.018)	(4.484)	(2.373)	(4.865)	(4.347)	(2.258)
_Cons	0.053***	0.057***	0.056***	0.054***	0.058***	0.056***	0.053***	0.057***	0.056***	0.053***	0.057***	0.056***
	(7.516)	(4.304)	(7.888)	(7.591)	(4.391)	(7.917)	(7.511)	(4.307)	(7.872)	(7.528)	(4.335)	(7.875)
Industry	Yes	Yes	Yes	Yes	Yes	Yes	Yes	Yes	Yes	Yes	Yes	Yes
Year	Yes	Yes	Yes	Yes	Yes	Yes	Yes	Yes	Yes	Yes	Yes	Yes
N	13602	5908	7691	13602	5908	7691	13602	5908	7691	13602	5908	7691
R^2_a	0.048	0.059	0.059	0.049	0.059	0.060	0.048	0.058	0.059	0.049	0.059	0.060
F	12.12	6.94	8.83	12.22	7.00	8.88	12.06	6.90	8.78	12.22	6.99	8.91

注：***、**、* 分别表示在 1%、5%、10% 水平上显著；表格中带括号数值表示 t 值，未带括号数值表示系数值。_Cons 表示截距项，R^2_a 为调整后的 R^2；

资料来源：作者整理。

方面，限制董事提名权比例条款与投资不足（Underinv）相关系数为 -0.002，t 值为 -2.648，在 1% 水平上显著，说明限制董事提名权比例条款也能够显著缓解投资不足。因此，结果验证了本书所提假设 H4-2b。

再次，限制董事提名权时间条款与非效率投资（Uei）相关系数为 -0.001，t 值为 -0.980；在过度投资方面，限制董事提名权时间条款与过度投资（Overinv）相关系数为 -0.001，t 值为 -0.411；在投资不足方面，限制董事提名权时间条款与投资不足（Underinv）相关系数为 -0.001，t 值为 -1.237；三个系数虽然都为负数，但都不显著，表明抑制非效率投资方面不明显。因此，本书所提假设 H4-3b 没有得到显著支持。

最后，反收购条款数量与非效率投资（Uei）相关系数为 -0.001，t 值为 -3.253，在 1% 水平上显著，表明反收购条款数目越多，越能够显著抑制非效率投资。在过度投资方面，限制董事提名权比例条款与过度投资（Overinv）相关系数为 -0.002，t 值为 -2.282，在 5% 水平上显著；在投资不足方面，限制董事提名权比例条款与投资不足（Underinv）相关系数为 -0.001，t 值为 -2.958，在 1% 水平上显著；上述结果表明反收购条款数目越多，公司投资效率显著上升，不仅体现在上市公司过度投资得到显著抑制，投资不足也能够显著得到缓解。回归结果验证了假设 H4-4b。

三、稳健性检验

本书对主回归模型（4-2）的结果进行了稳健性检验，具体方法如下：

第一，为了消除内生性的影响，在原始样本基础上，本书利用自变量滞后期数据进行回归分析。从滞后一期数据（见表 4-8）来看，交错董事会条款与非效率投资以及投资不足均显著负相关；限制董事提名权持股比例条款与非效率投资、投资过度和投资不足均显著负相关；限制董事提名权持股时间条款与投资不足也显著负相关；反收购条款数量与非效率投资、过度投资以及投资不足也都在 5% 以上水平上显著负相关。从滞后两期和滞后三期数据（见表 4-9、表 4-10）来看，上述关系都存在，而且显著性还有所提高，特别是限制董事提名权持股时间条款对非效率投资以及投资不足的影响更为显著。总体上来看，反收购条款设置以后，上市公司投资效率有了明显的提升，而且随着时间的推移，这种助推效应更加明显。

表 4-8 稳健性检验——自变量滞后一期

	(1)	(2)	(3)	(4)	(5)	(6)	(7)	(8)	(9)	(10)	(11)	(12)
	Uei	Overinv	Underinv	Uei	Overinv	Underinv	Uei	Overinv	Underinv	Uei	Overinv	Underinv
L.Sb	-0.003* (-1.893)	-0.003 (-0.974)	-0.003** (-2.361)									
L.Hr				-0.002*** (-2.961)	-0.004*** (-2.686)	-0.001* (-1.794)						
L.Ht							-0.002 (-1.538)	-0.001 (-0.674)	-0.002** (-2.043)			
L.Atpnum										-0.002*** (-3.260)	-0.002** (-2.402)	-0.001*** (-2.868)
L.Fcf	0.031*** (7.100)	0.060*** (7.397)	0.005 (1.167)	0.031*** (7.132)	0.060*** (7.417)	0.005 (1.214)	0.031*** (7.108)	0.060*** (7.394)	0.005 (1.172)	0.031*** (7.151)	0.061*** (7.466)	0.005 (1.196)
L.Pay	-0.003*** (-5.054)	-0.003*** (-3.535)	-0.002*** (-4.564)	-0.003*** (-5.122)	-0.003*** (-3.586)	-0.002*** (-4.641)	-0.003*** (-5.091)	-0.003*** (-3.559)	-0.002*** (-4.606)	-0.003*** (-5.048)	-0.003*** (-3.534)	-0.002*** (-4.567)
L.Mf	0.022*** (4.967)	0.015* (1.740)	0.026*** (5.771)	0.022*** (4.925)	0.014 (1.639)	0.027*** (5.810)	0.022*** (4.954)	0.015* (1.702)	0.027*** (5.818)	0.022*** (4.947)	0.015* (1.695)	0.027*** (5.805)
L.Es	-0.000 (-0.405)	0.000 (0.286)	-0.000 (-0.654)	-0.000 (-0.574)	0.000 (0.209)	-0.001 (-0.774)	-0.000 (-0.377)	0.000 (0.289)	-0.000 (-0.601)	-0.000 (-0.497)	0.000 (0.287)	-0.001 (-0.773)
L.Shrcr1	-0.005** (-2.297)	-0.005 (-1.131)	-0.004 (-1.511)	-0.005** (-2.193)	-0.005 (-1.122)	-0.003 (-1.289)	-0.005** (-2.197)	-0.005 (-1.079)	-0.003 (-1.392)	-0.006** (-2.375)	-0.005 (-1.203)	-0.004 (-1.507)

续表

	(1)	(2)	(3)	(4)	(5)	(6)	(7)	(8)	(9)	(10)	(11)	(12)
	Uei	Overinv	Underinv	Uei	Overinv	Underinv	Uei	Overinv	Underinv	Uei	Overinv	Underinv
L.Scale	0.000 (0.173)	0.000 (1.001)	-0.000* (-1.764)	0.000 (0.264)	0.000 (1.003)	-0.000 (-1.618)	0.000 (0.243)	0.000 (1.029)	-0.000* (-1.666)	0.000 (0.237)	0.000 (1.024)	-0.000* (-1.661)
L.Inde	0.006 (0.903)	0.015 (1.131)	-0.004 (-0.517)	0.006 (0.902)	0.016 (1.164)	-0.004 (-0.553)	0.007 (0.929)	0.015 (1.138)	-0.003 (-0.467)	0.007 (0.959)	0.016 (1.166)	-0.003 (-0.475)
L.Dual	0.004*** (4.275)	0.007*** (4.073)	0.001 (1.125)	0.004*** (4.199)	0.007*** (3.960)	0.001 (1.114)	0.004*** (4.333)	0.007*** (4.128)	0.001 (1.162)	0.004*** (4.182)	0.007*** (3.976)	0.001 (1.065)
_Cons	0.068*** (8.770)	0.073*** (5.006)	0.072*** (9.131)	0.068*** (8.840)	0.074*** (5.089)	0.072*** (9.148)	0.067*** (8.741)	0.073*** (5.007)	0.072*** (9.073)	0.068*** (8.782)	0.073*** (5.026)	0.072*** (9.121)
Industry	Yes	Yes	Yes	Yes	Yes	Yes	Yes	Yes	Yes	Yes	Yes	Yes
Year	Yes	Yes	Yes	Yes	Yes	Yes	Yes	Yes	Yes	Yes	Yes	Yes
N	10711	4618	6090	10711	4618	6090	10711	4618	6090	10711	4618	6090
R^2_a	0.057	0.074	0.059	0.058	0.076	0.058	0.057	0.074	0.059	0.058	0.075	0.059
F	11.64	7.08	7.23	11.73	7.20	7.19	11.62	7.08	7.21	11.76	7.17	7.28

注：***、**、*分别表示在1%、5%、10%水平上显著；_Cons表示截距项，R^2_a为调整后的R^2；表格中带括号数值表示t值，未带括号数值表示系数值。

资料来源：作者整理。

表 4-9 稳健性检验——自变量滞后两期

	(1) Uei	(2) Overinv	(3) Underinv	(4) Uei	(5) Overinv	(6) Underinv	(7) Uei	(8) Overinv	(9) Underinv	(10) Uei	(11) Overinv	(12) Underinv
L2.Sb	-0.003 (-1.630)	-0.000 (-0.111)	-0.005*** (-2.884)									
L2.Hr				-0.003*** (-3.198)	-0.005*** (-2.990)	-0.002** (-2.015)						
L2.Ht							-0.003** (-2.415)	-0.003 (-1.139)	-0.004*** (-2.794)			
L2.Atpnum										-0.002*** (-3.715)	-0.003** (-2.511)	-0.002*** (-3.525)
L2.Fcf	0.027*** (5.782)	0.043*** (5.038)	0.009* (1.861)	0.027*** (5.791)	0.043*** (5.045)	0.009* (1.843)	0.027*** (5.802)	0.043*** (5.055)	0.009* (1.853)	0.027*** (5.821)	0.043*** (5.059)	0.009* (1.879)
L2.Pay	-0.003*** (-6.083)	-0.004*** (-3.462)	-0.003*** (-5.311)	-0.003*** (-6.106)	-0.004*** (-3.473)	-0.003*** (-5.407)	-0.003*** (-6.089)	-0.004*** (-3.461)	-0.003*** (-5.361)	-0.003*** (-6.034)	-0.004*** (-3.455)	-0.003*** (-5.278)
L2.Mf	0.018*** (3.660)	0.012 (1.349)	0.022*** (4.254)	0.018*** (3.631)	0.012 (1.335)	0.022*** (4.228)	0.018*** (3.662)	0.012 (1.337)	0.022*** (4.296)	0.018*** (3.655)	0.012 (1.339)	0.022*** (4.260)
L2.Es	-0.000 (-0.134)	0.001 (0.843)	-0.001 (-1.053)	-0.000 (-0.290)	0.001 (0.807)	-0.001 (-1.169)	-0.000 (-0.080)	0.001 (0.888)	-0.001 (-1.001)	-0.000 (-0.226)	0.001 (0.880)	-0.001 (-1.208)
L2.Shrcr1	-0.006** (-2.327)	-0.010** (-2.085)	-0.002 (-0.628)	-0.006** (-2.244)	-0.010** (-2.119)	-0.001 (-0.330)	-0.006** (-2.298)	-0.010** (-2.109)	-0.001 (-0.497)	-0.006** (-2.462)	-0.011** (-2.200)	-0.002 (-0.637)

续表

	(1)	(2)	(3)	(4)	(5)	(6)	(7)	(8)	(9)	(10)	(11)	(12)
	Uei	Overinv	Underinv	Uei	Overinv	Underinv	Uei	Overinv	Underinv	Uei	Overinv	Underinv
L2.Scale	0.000 (0.253)	0.000 (1.157)	-0.000* (-1.807)	0.000 (0.320)	0.000 (1.144)	-0.000* (-1.649)	0.000 (0.334)	0.000 (1.203)	-0.000* (-1.687)	0.000 (0.307)	0.000 (1.194)	-0.000* (-1.706)
L2.Inde	0.011 (1.447)	0.018 (1.247)	0.004 (0.477)	0.011 (1.447)	0.019 (1.299)	0.003 (0.437)	0.012 (1.502)	0.019 (1.277)	0.004 (0.545)	0.012 (1.520)	0.019 (1.325)	0.004 (0.514)
L2.Dual	0.003*** (3.376)	0.006*** (3.542)	0.001 (0.578)	0.003*** (3.262)	0.006*** (3.358)	0.001 (0.564)	0.003*** (3.420)	0.006*** (3.553)	0.001 (0.626)	0.003*** (3.253)	0.006*** (3.407)	0.001 (0.498)
_Cons	0.074*** (9.018)	0.072*** (4.733)	0.074*** (8.770)	0.074*** (9.067)	0.073*** (4.799)	0.074*** (8.803)	0.073*** (8.961)	0.072*** (4.713)	0.074*** (8.710)	0.073*** (9.015)	0.072*** (4.756)	0.074*** (8.749)
Industry	Yes	Yes	Yes	Yes	Yes	Yes	Yes	Yes	Yes	Yes	Yes	Yes
Year	Yes	Yes	Yes	Yes	Yes	Yes	Yes	Yes	Yes	Yes	Yes	Yes
N	8948	3887	5060	8948	3887	5060	8948	3887	5060	8948	3887	5060
R^2_a	0.054	0.063	0.058	0.055	0.066	0.057	0.055	0.064	0.058	0.055	0.065	0.059
F	9.55	5.39	6.21	9.68	5.55	6.13	9.61	5.41	6.20	9.75	5.50	6.28

注：***、**、* 分别表示在 1%、5%、10% 水平上显著；R^2_a 为调整后的 R^2；_Cons 表示截距项，表格中带括号数值表示 t 值，未带括号数值表示系数数值。

资料来源：作者整理。

表 4-10　稳健性检验——自变量滞后三期

	(1)	(2)	(3)	(4)	(5)	(6)	(7)	(8)	(9)	(10)	(11)	(12)
	Uei	Overinv	Underinv	Uei	Overinv	Underinv	Uei	Overinv	Underinv	Uei	Overinv	Underinv
L3.Sb	-0.003*	0.001	-0.006***									
	(-1.874)	(0.164)	(-3.186)									
L3.Hr				-0.002***	-0.003*	-0.002**						
				(-2.727)	(-1.880)	(-2.330)						
L3.Ht							-0.004***	-0.004	-0.005***			
							(-3.050)	(-1.510)	(-3.519)			
L3.Atpnum										-0.002***	-0.002*	-0.003***
										(-3.766)	(-1.853)	(-4.142)
L3.Fcf	0.021***	0.043***	0.003	0.021***	0.043***	0.003	0.022***	0.043***	0.003	0.022***	0.043***	0.003
	(4.226)	(4.578)	(0.496)	(4.227)	(4.578)	(0.536)	(4.263)	(4.613)	(0.543)	(4.261)	(4.608)	(0.542)
L3.Pay	-0.003***	-0.004***	-0.003***	-0.003***	-0.004***	-0.003***	-0.003***	-0.004***	-0.003***	-0.003***	-0.004***	-0.003***
	(-5.513)	(-3.718)	(-4.175)	(-5.539)	(-3.677)	(-4.336)	(-5.528)	(-3.712)	(-4.273)	(-5.463)	(-3.685)	(-4.184)
L3.Mf	0.007	0.002	0.010*	0.007	0.002	0.010*	0.007	0.002	0.010*	0.007	0.002	0.010*
	(1.304)	(0.223)	(1.727)	(1.280)	(0.213)	(1.696)	(1.286)	(0.222)	(1.722)	(1.292)	(0.222)	(1.720)
L3.Es	0.000	0.001	-0.000	0.000	0.001	-0.000	0.000	0.001	-0.000	0.000	0.001	-0.000
	(0.199)	(0.392)	(-0.190)	(0.097)	(0.353)	(-0.250)	(0.282)	(0.478)	(-0.114)	(0.123)	(0.421)	(-0.321)
L3.Shrcr1	-0.008***	-0.006	-0.007**	-0.007**	-0.007	-0.006**	-0.008***	-0.007	-0.007**	-0.008***	-0.007	-0.007**
	(-2.737)	(-1.150)	(-2.429)	(-2.580)	(-1.196)	(-2.062)	(-2.724)	(-1.207)	(-2.338)	(-2.831)	(-1.265)	(-2.432)

续表

	(1) Uei	(2) Overinv	(3) Underinv	(4) Uei	(5) Overinv	(6) Underinv	(7) Uei	(8) Overinv	(9) Underinv	(10) Uei	(11) Overinv	(12) Underinv
L3.Scale	0.000 (1.120)	0.001* (1.870)	-0.000 (-0.965)	0.000 (1.199)	0.001* (1.831)	-0.000 (-0.763)	0.000 (1.242)	0.001* (1.915)	-0.000 (-0.793)	0.000 (1.188)	0.001* (1.861)	-0.000 (-0.803)
L3.Inde	0.000 (0.020)	-0.004 (-0.279)	0.002 (0.266)	0.000 (0.012)	-0.004 (-0.264)	0.002 (0.198)	0.001 (0.104)	-0.005 (-0.289)	0.004 (0.420)	0.001 (0.081)	-0.004 (-0.279)	0.003 (0.349)
L3.Dual	0.004*** (3.602)	0.005** (2.233)	0.003*** (2.589)	0.004*** (3.492)	0.004** (2.096)	0.003** (2.535)	0.004*** (3.660)	0.005** (2.219)	0.003*** (2.701)	0.004*** (3.493)	0.004** (2.122)	0.003** (2.517)
_Cons	0.070*** (7.866)	0.074*** (4.523)	0.066*** (7.110)	0.070*** (7.891)	0.074*** (4.548)	0.067*** (7.172)	0.069*** (7.802)	0.074*** (4.521)	0.066*** (7.042)	0.070*** (7.858)	0.074*** (4.550)	0.066*** (7.095)
Industry	Yes	Yes	Yes	Yes	Yes	Yes	Yes	Yes	Yes	Yes	Yes	Yes
Year	Yes	Yes	Yes	Yes	Yes	Yes	Yes	Yes	Yes	Yes	Yes	Yes
N	7239	3145	4093	7239	3145	4093	7239	3145	4093	7239	3145	4093
R^2_a	0.056	0.064	0.061	0.057	0.065	0.060	0.057	0.065	0.061	0.058	0.065	0.062
F	8.32	4.64	5.48	8.40	4.71	5.40	8.43	4.68	5.52	8.52	4.71	5.61

注：***、**、*分别表示在1%、5%、10%水平上显著。_Cons表示截距项，R^2_a为调整后的R^2；表格中带括号数值表示t值，未带括号数值表示系数值。

资料来源：作者整理。

第二,被解释变量用代替指标进行稳健性检验。借鉴张会丽和陆正飞(2012)的做法,模型(4-1)中因变量 Inv 为当年新增投资水平,该值等于构建固定资产、无形资产和其他长期资产支付的现金减去处置固定资产、无形资产和其他长期资产收回的现金净额后除以总资产。根据以上方法,本书重新估计模型(4-1)的残差,重新算出非效率投资($Uei2$)、投资过度($Overinv2$)和投资不足($Underinv2$),作为模型(4-2)的被解释变量,利用当期样本数据,重新回归分析。结果(见表4-11)依然表明,交错董事会条款与非效率投资以及投资不足均显著负相关;限制董事提名权持股比例条款与非效率投资、投资过度和投资不足均显著负相关;反收购条款数量与非效率投资、过度投资以及投资不足也都在5%以上水平上显著负相关。因此,结果基本一致。

第三,解释变量用代替指标进行稳健性检验。对上述反收购条款的具体内容进行量化。首先,根据董事会更换比例的具体要求对交错董事会条款变量($Sb2$)进行赋值,更换比例要求越严格,赋值越高。如果更换比例不高于1/4,赋值为3;如果更换比例超过1/4但不超过1/3,赋值为2;如果更换比例超过1/3但不超过2/3,赋值为1;其余没有更换比例限制的,赋值为0。其次,根据董事提名权持股比例具体要求的高低,进行赋值,持股比例要求越高,赋值也越高。由于股东提案权基本要求为3%,本书以此为标准进行划分,如果董事提名权持股比例不高于3%的或没有设置要求的,赋值为0;如果高于3%但低于5%的,赋值为1;高于5%的,赋值为2。最后,对董事提名权持股时间变量($Ht2$)赋值越高,董事提名权持股时间要求越长,提名难度越大。如果对于持股时间要求九个月以上的,赋值为3;低于九个月高于六个月的,赋值为2;低于六个月高于三个月的,赋值为1;没有时间要求的,赋值为0。对于上述条款变量重新赋值以后,再进行回归分析。结果(数据见表4-12)如下:交错董事会条款与非效率投资和投资不足依然负相关;限制董事提名权持股比例条款与非效率投资、过度投资和投资不足都呈现显著负相关;而限制董事提名权持股时间条款与非效率投资、过度投资和投资不足都呈现负相关,但不显著。上述结果表明,反收购条款的设置越严格,对投资效率的提升作用越明显。

表 4-11 稳健性检验——被解释变量替代指标

	(1)	(2)	(3)	(4)	(5)	(6)	(7)	(8)	(9)	(10)	(11)	(12)
	Uei2	Overinv2	Underinv2	Uei2	Overinv2	Underinv2	Uei2	Overinv2	Underinv2	Uei2	Overinv2	Underinv2
Sb	-0.003** (-2.118)	-0.001 (-1.405)	-0.006** (-2.149)									
Hr				-0.002*** (-3.400)	-0.003** (-2.413)	-0.002*** (-2.996)						
Ht							-0.000 (-0.496)	-0.002 (-1.023)	0.000 (0.205)			
Atpnum										-0.001*** (-3.149)	-0.003*** (-2.774)	-0.001** (-2.316)
Fcf	0.022*** (5.694)	0.068*** (8.136)	-0.015*** (-4.749)	0.022*** (5.703)	0.067*** (8.113)	-0.015*** (-4.726)	0.022*** (5.681)	0.068*** (8.128)	-0.015*** (-4.751)	0.022*** (5.724)	0.068*** (8.166)	-0.015*** (-4.733)
Pay	-0.002*** (-3.548)	-0.002** (-2.220)	-0.001*** (-3.808)	-0.002*** (-3.632)	-0.002** (-2.298)	-0.001*** (-3.863)	-0.002*** (-3.624)	-0.002** (-2.281)	-0.001*** (-3.880)	-0.002*** (-3.551)	-0.002** (-2.239)	-0.001*** (-3.798)
Mf	0.019*** (5.119)	0.023*** (2.658)	0.019*** (6.301)	0.019*** (5.098)	0.022*** (2.579)	0.019*** (6.332)	0.019*** (5.102)	0.023*** (2.654)	0.019*** (6.291)	0.019*** (5.102)	0.022*** (2.602)	0.019*** (6.311)
Es	0.000 (0.294)	0.001 (0.774)	0.000 (0.223)	0.000 (0.095)	0.001 (0.709)	-0.000 (-0.004)	0.000 (0.303)	0.001 (0.794)	0.000 (0.214)	0.000 (0.203)	0.001 (0.740)	0.000 (0.135)
Shrcr1	0.001 (0.293)	0.003 (0.716)	0.001 (0.839)	0.001 (0.424)	0.004 (0.875)	0.002 (0.903)	0.001 (0.485)	0.004 (0.861)	0.002 (1.015)	0.001 (0.260)	0.003 (0.732)	0.001 (0.789)

续表

	(1)	(2)	(3)	(4)	(5)	(6)	(7)	(8)	(9)	(10)	(11)	(12)
	Uei2	Overinv2	Underinv2	Uei2	Overinv2	Underinv2	Uei2	Overinv2	Underinv2	Uei2	Overinv2	Underinv2
Scale	0.000	0.000	-0.000	0.000	0.000	-0.000	0.000	0.000	-0.000	0.000	0.000	-0.000
	(1.064)	(0.946)	(-1.466)	(1.189)	(0.957)	(-1.311)	(1.115)	(0.984)	(-1.415)	(1.147)	(0.992)	(-1.398)
Inde	0.006	-0.001	0.006	0.006	-0.001	0.006	0.006	-0.001	0.006	0.006	-0.001	0.006
	(1.017)	(-0.071)	(1.082)	(1.025)	(-0.072)	(1.095)	(1.009)	(-0.066)	(1.063)	(1.059)	(-0.044)	(1.117)
Dual	0.004***	0.006***	0.003***	0.004***	0.006***	0.003***	0.004***	0.006***	0.003***	0.004***	0.006***	0.003***
	(5.455)	(3.569)	(3.938)	(5.374)	(3.486)	(3.894)	(5.535)	(3.635)	(4.002)	(5.381)	(3.474)	(3.904)
_Cons	0.050***	0.065***	0.047***	0.051***	0.066***	0.047***	0.050***	0.065***	0.047***	0.050***	0.065***	0.047***
	(7.580)	(4.603)	(8.250)	(7.658)	(4.677)	(8.304)	(7.586)	(4.607)	(8.265)	(7.593)	(4.634)	(8.248)
Industry	Yes	Yes	Yes	Yes	Yes	Yes	Yes	Yes	Yes	Yes	Yes	Yes
Year	Yes	Yes	Yes	Yes	Yes	Yes	Yes	Yes	Yes	Yes	Yes	Yes
N	13602	5446	8153	13602	5446	8153	13602	5446	8153	13602	5446	8153
R^2_a	0.054	0.059	0.085	0.055	0.059	0.086	0.054	0.059	0.085	0.055	0.060	0.086
F	13.56	6.53	13.24	13.68	6.55	13.37	13.48	6.47	13.21	13.65	6.59	13.30

注：***、**、* 分别表示在1%、5%、10%水平上显著。_Cons 表示截距项，R^2_a 为调整后的 R^2；表格中带括号数值表示 t 值，未带括号数值表示系数值。

资料来源：作者整理。

表 4-12　　　　　稳健性检验——解释变量替代指标

	(1)	(2)	(3)	(4)	(5)	(6)	(7)	(8)	(9)
	Uei	Overinv	Underinv	Uei	Overinv	Underinv	Uei	Overinv	Underinv
Sb2	-0.001*	-0.001	-0.001*						
	(-1.727)	(-1.188)	(-1.865)						
Hr2				-0.002***	-0.003***	-0.001**			
				(-3.125)	(-2.615)	(-2.244)			
Ht2							-0.001	-0.001	-0.001
							(-1.481)	(-1.211)	(-1.233)
Fcf	0.019***	0.054***	-0.008*	0.019***	0.054***	-0.008*	0.019***	0.054***	-0.008*
	(4.748)	(7.036)	(-1.893)	(4.739)	(7.015)	(-1.881)	(4.751)	(7.053)	(-1.899)
Pay	-0.002***	-0.002**	-0.002***	-0.002***	-0.002**	-0.002***	-0.002***	-0.002**	-0.002***
	(-3.266)	(-2.268)	(-3.368)	(-3.313)	(-2.324)	(-3.407)	(-3.281)	(-2.266)	(-3.403)
Mf	0.027***	0.018**	0.031***	0.027***	0.017**	0.031***	0.027***	0.018**	0.031***
	(6.930)	(2.337)	(8.211)	(6.905)	(2.234)	(8.245)	(6.894)	(2.304)	(8.186)
Es	-0.000	0.001	-0.001	-0.000	0.001	-0.001	-0.000	0.001	-0.001
	(-0.343)	(0.674)	(-1.014)	(-0.488)	(0.601)	(-1.139)	(-0.317)	(0.692)	(-0.984)
Shrcr1	-0.002	-0.003	0.000	-0.002	-0.002	0.000	-0.002	-0.002	0.000
	(-0.987)	(-0.604)	(0.077)	(-0.880)	(-0.512)	(0.206)	(-0.917)	(-0.559)	(0.173)
Scale	-0.000	0.000	-0.000**	-0.000	0.000	-0.000**	-0.000	0.000	-0.000**
	(-0.102)	(1.146)	(-2.411)	(-0.024)	(1.131)	(-2.277)	(-0.065)	(1.162)	(-2.352)
Inde	0.004	0.011	-0.003	0.004	0.011	-0.003	0.004	0.011	-0.003
	(0.603)	(0.875)	(-0.423)	(0.612)	(0.856)	(-0.398)	(0.616)	(0.875)	(-0.403)
Dual	0.004***	0.007***	0.002**	0.004***	0.007***	0.002**	0.004***	0.007***	0.002**
	(4.956)	(4.434)	(2.309)	(4.894)	(4.329)	(2.317)	(5.019)	(4.476)	(2.378)
_Cons	0.053***	0.057***	0.056***	0.054***	0.058***	0.056***	0.053***	0.057***	0.056***
	(7.518)	(4.303)	(7.889)	(7.592)	(4.404)	(7.913)	(7.494)	(4.288)	(7.865)
Industry	Yes	Yes	Yes	Yes	Yes	Yes	Yes	Yes	Yes
Year	Yes	Yes	Yes	Yes	Yes	Yes	Yes	Yes	Yes
N	13602	5908	7691	13602	5908	7691	13602	5908	7691
R^2_a	0.048	0.059	0.059	0.049	0.059	0.059	0.048	0.059	0.059
F	12.09	6.92	8.81	12.21	7.02	8.84	12.08	6.92	8.78

注：***、**、* 分别表示在1%、5%、10%水平上显著；_Cons 表示截距项，R^2_a 为调整后的 R^2；表格中带括号数值表示 t 值，未带括号数值表示系数值。

资料来源：作者整理。

第四，为了减轻噪音的影响以及减弱内生性问题，本书借鉴姜付秀和黄继承（2013）的做法，利用倾向得分匹配法（Propensity Score Matching，简称 PSM）和双重差分模型（Difference in Differences，简称 DID）的思想，检验反收购条款设置前后对投资效率的影响。首先，本书删除 2006~2015 年期间没有发生反收购条款变更的上市公司样本，以及当年设置反收购条款而以后年度废除的上市公司样本，从而选取当年没有设置反收购条款而以后年份才设置的上市公司作为处理组（treat = 1）。其次，采用倾向匹配得分法进行配对，找出控制组样本（treat = 0）。由于 Field et al.（2002）、Stráska et al.（2010）以及徐明亮和袁天荣（2018）等学者的文献表明，股权结构、代理成本以及董事会特征可能会影响反收购条款的设置，为此，本书选取股权集中度（$Shrhfd$）、管理层持股比例（Esr）、代理成本（Mf）、财务杠杆（Lev）、董事规模（$Scale$）、独立董事比例（$Inde$）以及两职合一（$Dual$）等主要变量，采用 PSM（1∶1）方法分行业和年份进行匹配，如表 4-13 所示，配对以后，处理组与控制组中的主要匹配变量均不存在显著差异，满足平衡性检验。另外，从图 4-1、图 4-2 以及图 4-3 可以看出，匹配后的处理组与控制组 PSCORE 分布基本一致，两者形态接近，表明 PSM 方法修正了两组样本值的分布偏差，匹配后的样本满足共同支撑假设。最后，本书利用上述样本，采用动态 DID 方法，分析上市公司设置反收购条款前后投资效率的变化。在控制个体固定效应和时间效应后，PSM + 动态 DID 模型回归结果分别如表 4-14、表 4-15 和表 4-16 所示。从表 4-14 可以看出，当被解释变量为非效率投资和投资不足时，$Treat * Sb$ 交乘项系数在 5% 水平上都显著为负，表明上市公司设置交错董事会条款以后，投资效率得到明显改善，特别是投资不足得到明显缓解。从表 4-15 可以看出，当被解释变量为过度投资时，$Treat * Hr$ 交乘项系数在 5% 水平上显著为负，表明上市公司设置限制董事提名权持股比例条款以后，过度投资得到明显抑制。从表 4-16 可以看出，当被解释变量为投资不足时，$Treat * Ht$ 交乘项系数在 5% 水平上显著为负，表明上市公司设置限制董事提名权持股时间条款以后，缓解投资不足较为明显。

表4-13　　　　PSM（1∶1）配对后的平衡性检验

变量	实验组	控制组	t	p > t
Panel A：交错董事会条款（Sb）				
$Shrhfd$	0.0893	0.0853	0.64	0.525
Esr	0.0137	0.0151	-0.37	0.713
Mf	0.1169	0.1082	1.08	0.282
Lev	0.4738	0.4937	-1.24	0.216
$Scale$	8.6535	8.6109	0.32	0.749
$Inde$	0.3733	0.3694	0.92	0.359
$Dual$	0.1277	0.1337	-0.23	0.817
Panel B：限制董事提名权持股比例条款（Hr）				
$Shrhfd$	0.1223	0.1215	0.14	0.891
Esr	0.0246	0.0285	-0.76	0.445
Mf	0.1059	0.1054	0.09	0.925
Lev	0.4652	0.4589	0.56	0.577
$Scale$	8.8331	8.6924	1.38	0.169
$Inde$	0.3695	0.3722	-0.85	0.394
$Dual$	0.2025	0.2303	-1.21	0.225
Panel C：限制董事提名权持股时间条款（Ht）				
$Shrhfd$	0.1097	0.1149	-1.10	0.271
Esr	0.0192	0.0203	-0.33	0.738
Mf	0.1040	0.1119	-1.56	0.118
Lev	0.4859	0.4905	-0.47	0.637
$Scale$	8.9989	9.0190	-0.22	0.825
$Inde$	0.3711	0.3735	-0.92	0.358
$Dual$	0.1408	0.1363	0.27	0.784

资料来源：作者整理。

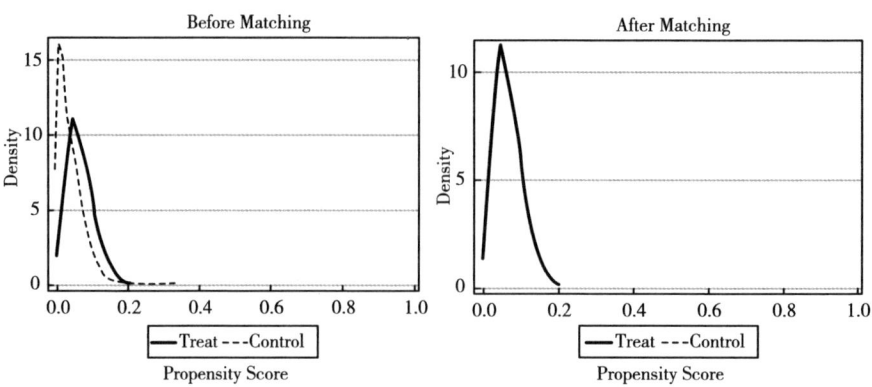

图 4-1　交错董事会条款 PSM（1∶1）配对前后的 PSCORE 密度分布

资料来源：作者整理。

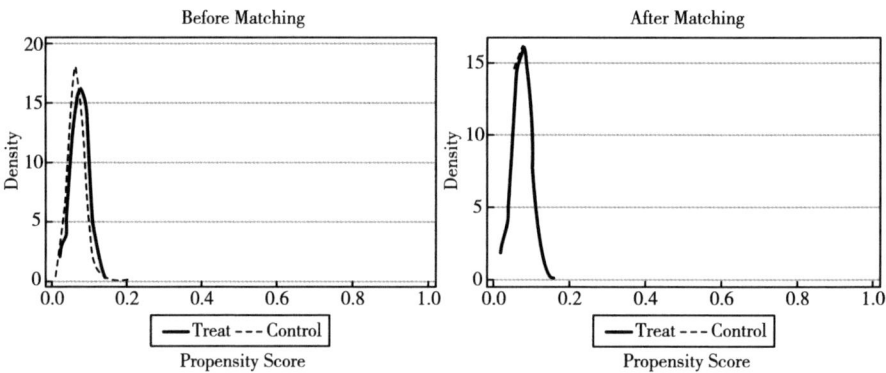

图 4-2　限制董事提名权持股比例条款 PSM（1∶1）配对前后的 PSCORE 密度分布

资料来源：作者整理。

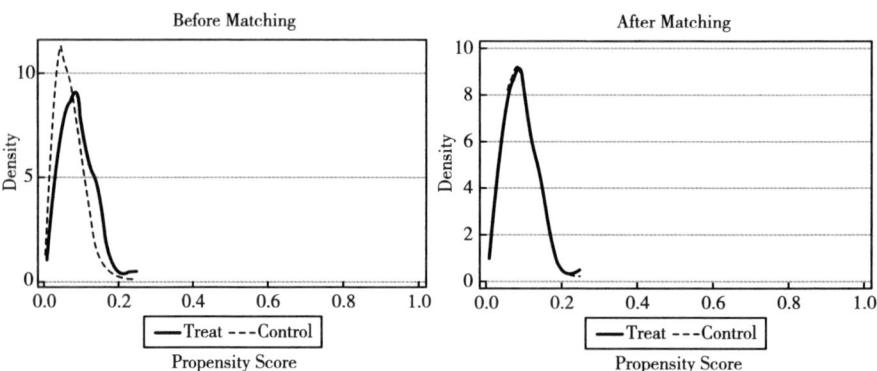

图 4-3　限制董事提名权持股时间条款 PSM（1∶1）配对前后的 PSCORE 密度分布

资料来源：作者整理。

表 4-14　　　　　交错董事会条款 PSM + DID 回归结果

	(1)	(2)	(3)
	Uei	$Overinv$	$Underinv$
$Treat*Sb$	-0.011**	-0.010	-0.010**
	(-2.312)	(-1.115)	(-2.068)
Fcf	-0.021	0.055	-0.065**
	(-1.114)	(0.929)	(-2.371)
Pay	0.004	0.005	0.004
	(1.522)	(0.663)	(1.166)
Mf	0.001	-0.034	0.000
	(0.047)	(-1.165)	(0.007)
Es	-0.021***	-0.014	-0.013**
	(-2.999)	(-0.910)	(-2.225)
$Shrcr1$	-0.000	-0.068	0.002
	(-0.013)	(-1.157)	(0.059)
$Scale$	0.001	0.004	-0.001
	(0.583)	(1.303)	(-0.370)
$Inde$	-0.017	-0.055	0.036
	(-0.409)	(-0.483)	(0.642)
$Dual$	-0.003	0.006	-0.004
	(-0.293)	(0.280)	(-0.693)
$\_Cons$	-0.014	-0.018	-0.017
	(-0.255)	(-0.123)	(-0.288)
Fe	控制	控制	控制
$Year$	Yes	Yes	Yes
Within $R-sq$	0.032	0.0377	0.0644
N	1224	584	635

注：***、**、* 分别表示在 1%、5%、10% 水平上显著；$\_Cons$ 表示截距项，R^2_a 为调整后的 R^2；表格中带括号数值表示 t 值，未带括号数值表示系数值。

资料来源：作者整理。

表 4-15　　限制董事提名权持股比例条款 PSM + DID 回归结果

	(1)	(2)	(3)
	Uei	Overinv	Underinv
Treat * Hr	-0.003 (-0.931)	-0.012** (-2.023)	-0.003 (-0.741)
Fcf	-0.018 (-0.922)	0.013 (0.416)	-0.015 (-0.630)
Pay	-0.001 (-0.412)	0.002 (0.262)	-0.002 (-0.730)
Mf	0.025 (0.812)	0.052 (0.495)	0.025 (0.807)
Es	-0.002 (-0.221)	-0.012 (-0.795)	-0.000 (-0.048)
Shrcr1	0.007 (0.235)	0.023 (0.477)	0.004 (0.128)
Scale	0.002 (1.253)	0.007*** (2.662)	-0.002 (-1.037)
Inde	-0.011 (-0.259)	0.185** (2.343)	-0.063 (-1.250)
Dual	0.001 (0.204)	-0.004 (-0.388)	0.004 (0.928)
_Cons	0.037 (0.633)	-0.116 (-1.066)	0.099* (1.860)
Fe	控制	控制	控制
Year	Yes	Yes	Yes
Within R-sq	0.004	0.044	0.008
N	1243	488	751

注：*** 、** 、* 分别表示在 1%、5%、10% 水平上显著；_Cons 表示截距项，R^2_a 为调整后的 R^2；表格中带括号数值表示 t 值，未带括号数值表示系数值。

资料来源：作者整理。

表 4–16　限制董事提名权持股时间条款 PSM + DID 回归结果

	(1)	(2)	(3)
	Uei	Overinv	Underinv
$Treat*Ht$	-0.006 (-1.596)	-0.014 (-1.389)	-0.011** (-2.226)
Fcf	-0.013 (-0.940)	0.030 (0.742)	-0.010 (-0.526)
Pay	-0.001 (-0.427)	0.003 (0.462)	0.005 (1.533)
Mf	0.035 (1.181)	-0.008 (-0.219)	0.007 (0.381)
Es	-0.011* (-1.819)	-0.006 (-0.827)	-0.005 (-1.050)
$Shrcr1$	0.036 (1.184)	0.065 (1.434)	-0.019 (-0.592)
$Scale$	0.002 (1.484)	0.003 (1.086)	-0.000 (-0.285)
$Inde$	-0.035 (-1.023)	0.103 (1.281)	-0.036 (-0.744)
$Dual$	0.017*** (3.023)	0.026** (2.003)	0.002 (0.416)
$\_Cons$	0.034 (0.724)	-0.078 (-0.833)	-0.004 (-0.077)
Fe	控制	控制	控制
Year	Yes	Yes	Yes
Within R-sq	0.028	0.030	0.011
N	1672	766	929

注：***、**、* 分别表示在 1%、5%、10% 水平上显著；$\_Cons$ 表示截距项，R^2_a 为调整后的 R^2；表格中带括号数值表示 t 值，未带括号数值表示系数值。

资料来源：作者整理。

本章小结

随着我国控制权市场的激活，上市公司设置反收购条款的情形日益增多，反收购条款经济后果研究也迎来了难得的契机。为此，本章利用手工搜集的反收购条款样本数据，实证检验了反收购条款与投资效率之间的关系，总体结果表明，上市公司反收购条款设置对投资行为具有正向治理效应，具体表现在以下方面：（1）交错董事会条款能够显著抑制非效率投资，缓解投资不足的作用更为明显；（2）限制董事提名权比例条款能够显著抑制非效率投资，抑制过度投资和缓解投资不足的作用均很明显；（3）设置的反收购条款数目越多，公司投资效率上升越明显，过度投资得到显著抑制，投资不足也能够显著得到缓解；（4）本章利用自变量滞后期数据进行回归后发现，随着滞后期时间的延长，反收购条款影响投资行为作用更为明显，突出表现在，限制董事提名权持股时间条款与非效率投资以及投资不足之间关系的显著程度明显提高，而交错董事会条款和限制董事提名权比例条款对投资效率的影响也更为明显。本章做了其他稳健性检验，结果基本一致。

上述结果表明，随着时间的推移，上市公司设置反收购条款能隔离控制权市场的竞争压力，使得管理层更专注于公司整体投资效率的提升，从长期来看，其影响更为明显。因此，反收购条款作为一种公司自主设置的章程条款，在维护公司董事会以及公司控制权稳定的同时，还能够发挥内部治理的作用，不仅能够有效阻碍外部"野蛮人"的恶意侵袭，还有助于引导管理层规避短视行为，做出更加合理的投资决策，有利于公司持续经营和长远发展。因此，监管机构应该制定相关政策，合理引导上市公司设置反收购条款，以充分发挥反收购条款对投资效率的治理效应。

第五章　反收购条款、内部治理与投资效率

委托代理理论认为，由于所有权和经营权的分离以及信息不对称等原因，经理人或控股股东会做出损害公司利益的行为，产生代理问题，其解决的关键是制定有效的公司治理机制。所谓公司治理是指所有者对经营者的一种监督和制衡机制，以明确所有者与经营者之间的权利和义务，避免所有者与经营者之间的利益出现背离（李维安，2000）。而公司内部治理的主要任务是解决股东、董事会、经理层以及其他利益相关者之间的利益冲突（Cochran and Wood，1984）。文献研究已表明，不同的股权结构和董事会特征会影响内部治理效率：当上市公司股权较为集中时，可能产生"支持效应"或者"掏空效应"；股权制衡度的提高则有助于大股东相互牵制，降低代理成本；高管持股使得管理层与股东的利益保持一致，具有激励效应；国有股权性质的股东可能对公司治理产生负面影响；而且领导权结构和董事会规模都会影响董事会治理效率。上述内部治理因素是否会影响反收购条款与投资行为之间的关系，有待进一步探究。为此，本章将从股权结构特征（包括股权集中度、股权制衡度、高管持股以及股权性质）和董事会治理特征（包括董事会规模和领导权结构）等方面，进一步分析反收购条款与投资效率关系的调节效果。

第一节　理论分析与假设提出

一、反收购条款、股权结构与投资效率

（一）考虑股权集中度的影响

公司在选择股权结构时，面临两难选择。一方面，股权集中度越高，大股东对经理人的监督力度越强，代理成本越低。当股权集中度为100%，即股权集中在一个大股东手中时，代理成本最小；相反，如果股权高度分散，每个人持股都接近于零，则代理成本最高，此时很容易产生"内部人控制"问题（宋力和韩亮亮，2005）。股权的集中能够缓解股权分散所引起的股东"搭便车"问题，有助于大股东对管理层进行监督（Admati et al.，1994）。随着股权集中度的提高，信息传递速度加快，决策时间缩短（Partington，1985），还有利于减少管理层短视行为，引导管理层更加关注公司的长远发展（朱德胜和周晓珮，2016）。随着大股东持股比例的上升，上市公司过度投资扭曲程度显著减轻（窦炜等，2011），多元化投资水平显著下降（王化成和胡国柳，2005）。可能的原因在于，当上市公司股权较分散时，单个股东发挥作用有限，没有动力监督管理者，"搭便车"现象较为严重，管理层出于私利考虑可能进行多元化投资；而当股权越集中，控股股东与管理层之间的利益越趋于一致，控股股东越有动力监督管理层行为，管理层多元化投资动机可能被弱化（Amihud and Lev，1981），进而能够激发控股股东的"支持效应"（孙兆斌，2006）。实证研究也表明，股权集中度的提高有利于公司开展长期价值投资活动（Shleifer and Vishny，1986），上市公司会进行更多的技术创新，增加研发投入，提升技术效率，经营业绩和公司价值得到明显改善（徐莉萍等，2006；刘星和刘伟，2007；任海云，2010；黄蕾，2012）。股权集中度的提高还有助于降低信贷约束程度和外部融资成本，缓解融资约束（蒲茜和余敬文，2013）。

另一方面，在股权集中度较高的情形下，控股股东持股比例也较高，

导致控股股东很大程度上掌握着公司经营决策权（陈志军等，2016），倘若公司治理机制不能有效发挥作用，则可能会引发控股股东谋取控制权私有收益，如通过关联交易侵占公司资产或转移利润等，出现"掏空效应"。随着股权集中度的提高，上市公司与其第一大股东的关联交易越频繁，越容易发生利益输送行为（罗正英等，2014）。张祥建和徐晋（2005）从大股东控制权隐性收益视角，分析了上市公司的股权再融资行为，指出上市公司偏好股权再融资的根本动机在于大股东可以通过隧道行为获取中小股东无法得到的隐性收益。上市公司获取股权再融资之后，在投资规模和投资结构上盲目扩张，出现非理性投资行为（张祥建和徐晋，2005）。当控股股东控制权与现金流权分离程度越高时，控股股东越倾向于获取控制权私有收益，而自由现金流水平的提高则会加剧上市公司非效率投资行为（Claessens et al.，2000）。随着股权集中度的提高，大股东攫取控制权私有收益的动机更明显，上市公司越倾向于实施多元化战略，进行多元化投资（沈艺峰等，2007；陈志军和薛光红，2010），研发投资强度更弱（周瑜胜和宋光辉，2016），特别是对于制造业或市场化程度较高地区的上市公司，这种负向关系更加明显（杨风和李卿云，2016）。上市公司通过提高控股股东现金流权、增加独立董事人数、提高高管薪酬、改善公司治理水平等手段缓解这种负面影响（俞红海等，2010；李香梅等，2015）。

综上，股权集中度的提高可能产生"支持效应"或者"掏空效应"。一方面，随着股权集中度的提高，大股东监督管理层的动机越强，会降低代理成本，有助于管理层提升投资效率，出现"支持效应"；另一方面，股权集中度很高时，控股股东更倾向于获取控制权私人收益，产生"隧道行为"，损害投资效率，出现"掏空效应"。由于我国控股股东持股比例普遍很高，控股股东谋取私有收益的可能性很大（陈志军等，2016）。有文献表明，对于那些股权集中度较高的上市公司，设置反收购条款不仅是为了保护管理层的利益，更可能是为了保护控股股东的控制权收益。而当控股股东控制权与现金流权分离程度较低时，控股股东则不愿意采用反收购条款，因为此时反收购条款的设置造成公司股价的下跌会使控股股东出现更大的损失（Martín et al.，2009）。因此，在股权集中度较高的情况下，控股股东掏空动机越强，越可能减弱反收购条款对投资效率的正向治理作用。然而对于股权集中度较低的上市公司来说，由于分散的股权结构更容易受到外部市场的竞争压力，为了增强自身抵御外部收购的能力，管理层会有强烈动机去设置反收购条款，以免受控制权市场的干扰，使得管理层会更加专注于公司的经营效率，促进投资效率的提升。当股权集中度较低的时候，控股股东的"掏空"动机也会减弱。因此，本书预期随着股权集中度的提高，"掏空"行为越明显，反收购对投资效率的治理效应会减弱。因此，本书提出以下假设：

H5-1：在其他条件不变的情况下，随着股权集中度的提高，反收购条款对投资效率的正向治理效应会减弱。

（二）考虑股权制衡度的影响

从理论上来说，股权制衡是股权结构的一种均衡状态，通常是由几个大股东分享公司的控制权，大股东之间相互牵制和互相监督，使得任何大股东都无法单独做出控制企业的决策。股权制衡可以作为投资者法律保护不足的替代性机制，有利于抑制控股股东的利益侵占行为（俞红海和徐龙炳，2011），减少大股东以及经理人的利益输送，保护小股东的利益（Gomes and Novaes，2006）。股权制衡有助于完善公司治理结构，缓解"一股独大"和"搭便车"等问题，有利于抑制控股股东攫取私利行为，有效降低第二类代理问题（Ma et al.，2014；Peng et al.，2011）。国外学者 Maury and Pajuste（2005）指出，由于多个大股东之间相互牵制，使得单个大股东不能单独做出决策，而且大股东股权分配越均匀，股权制衡作用越有效（Laeven and Levine，2004）。由于制衡股东的监督，控股股东的隧道行为得到有效抑制，更多资金和优质资源得以保留，相互制衡的股权结构能够保证公司经营决策科学化，有助于管理层做出正确的投资决策（Gomes and Novaes，2006），对公司长远发展有利（陈志军等，2016）。当多个大股东之间相互监督时，过度投资行为能够得到有效缓解（窦炜等，2011），管理层过度自信而导致的过度投资也会得到有效抑制（胡国柳和周德建，2012）。股权结构的均衡还能够有效分散公司投资自主创新项目所带来的巨大风险（Maury and Pajuste，2005），减少与研发相关的契约成本和代理问题（Belloc，2012；Francis and Smith，1995），有利于提高董事会和高管决策效率，对企业研发起到促进作用（陈志军等，2016）。实证文献也表明，上市公司股权结构的均衡能够有效抑制大股东的"掏空效应",而发挥大股东持股的"激励效应"(罗进辉等,2008),能够正面促进公司的研发投入(杨风和李卿云,2016),提升创新效率(朱德胜和周晓佩,2016)。

另有观点认为,提高股权制衡度未必就能提高公司的治理效应。股权制衡度的提高还可能会增加代理成本(宋力和韩亮亮,2005)。随着股权制衡水平的提高,高管在职消费明显增多,而在职消费的激励效率却降低(陈冬华和梁上坤,2010)。过高的股权制衡程度还可能成为提升企业效率的障碍,从而对公司技术效率产生负面影响(孙兆斌,2006),最终降低公司的经营绩效(徐莉萍等,2006;赵景文和于增彪,2005)。因此,上市公司提高股权制衡度时,应避免制衡股东对高管的过度监督,而需要给予管理层经营上的适度自由,因为过度监督会使管理层担心投资失败而缺乏创新的信心(朱德胜和周晓佩,2016)。由于股权制衡对公司价值的影响还会受到公司产权性质及其价值创造能力的影响,因而不能盲目地提高股权制衡的水平,搞"一刀切"的公司治理结构(隋静等,2016)。

上述理论分析表明,适度的股权制衡度有助于完善公司治理结构,减少代理问题。由于存在多个大股东相互制衡、相互监督的局面,控股股东和经营管理者出于私利而过度投资的行为得到有效抑制。在股权制衡下,单个大股东控制权力有限,难以掌控公司控制权,为了防止公司控制权被转移,上市公司更有动机设置反收购条款,维护公司控制权的稳定,管理层也会更专注于公司运营效率的提升,做出有利公司长远发展的投资决策。由于我国股权集中度普遍较高,随着股权制衡度的适度提高,公司资源配置效率将会得到提升,这将有利于增强反收购对投资效率的正面治理效应。因此,本书提出以下假设:

H5-2:在其他条件不变的情况下,随着股权制衡度的提高,反收购条款对投资效率的正向治理效应会增强。

(三)考虑管理层持股的影响

最优契约观点认为,由于公司所有者和经营者的目标并不一致,导致双方存在利益冲突,产生代理问题,而高管持股能够有效缓解代理冲突,使管理者目标与公司所有者利益趋于一致,有效抑制高管寻租行为,增加公司价值。管理层持股可以享有公司的剩余索取权,从而将股东的外部监督演变成管理者的自我激励和约束（Wu and Tu，2007），管理者工作积极性提高，有助于降低代理成本，提升公司业绩，因而管理层持股具有激励效应（Jensen and Meckling，1976）。如果管理层持股水平较低，管理层为了谋取私人利益或者想提高职业声誉，倾向于过度投资，以建立帝国（Jensen，1986；Shleifer and Vishny，1989）。而如果管理层持股水平较高，有利于促使管理层利益与股东利益保持一致（Morck and Yeung，2005），激发管理者的创新效率（Hansen and Birkinshaw，2007）。由于企业的研发投资是保证企业可持续增长的源泉，高管的行为对于企业投资决策的影响至关重要（蒲文燕和王山慧，2015）。只有那些与企业具有长远利益关系者，如股东和持有较多股份的高管，才有动力进行高风险的研发投资（唐清泉和易翠，2010）。经验证据也证实，高管持股具有激励效应，对上市公司的研发投资有正向影响，有利于促进企业创新（刘振，2014）。当高管持股比例较高时，高管薪酬契约与公司创新的正向关系会得到强化（方军雄等，2016）。吕长江和张海平（2011）也认为，我国的股权激励制度能够缓解管理层和股东的利益冲突。从委托代理理论的视角来看，高管持股还有助于提升公司运营效率（刘羽芬等，2011），约束政治晋升高管的私人收益行为，削弱现金持有的代理动机（钱爱民和张晨宇，2017），有利于减少公司过度投资（张海龙和李秉祥，2010），降低多元化水平（黄海波和李树苗，2007）以及缓解投资不足（吕长江和张海平，2011）。

但是随着管理层持股比例的上升，管理层对公司的控制权力不断增加。一方面，管理层可以利用其持有的大量股份抵抗外部收购威胁，保障公司控制权的稳定；另一方面，管理层还可以利用自身的控制权力来侵占公司的利益，因此，管理层持股还具有防御效应（Stulz，1988）。当管理层持股比例较高时，为了降低自身持股风险和突显自身对公司的重要性，管理层也会进行多元化投资（May，1995；Shleifer and Vishny，1989）。Morck et al.（1988）研究发现，当管理层持股比例在大于25%或小于5%的区间范围内，管理层持股具有激励效应；而当管理层持股比例在大于5%而小于25%的区间范围内，随着管理层对公司的控制权不断增大，外部治理约束作用减弱，导致代理成本增加，管理层持股出现防御效应。从企业生命周期的动态视角来看，上市公司投资行为会随着公司生命周期而波动，当上市公司处于成长期时，管理层持股会显著加重过度投资效应；

而当上市公司处于成熟期时,管理层持股会显著加重投资不足效应(谢佩洪和汪春霞,2017)。

因此,高管持股可能同时存在利益趋同效应和管理防御效应。当高管持股水平较低时,高管持股使得股东的利益与管理层的利益趋于一致,有助于公司创新效率的提升,发挥激励效应;当高管持股比例超过一定水平时,高管利用自身权力谋取控制权私有收益,会阻碍公司创新效率,产生管理防御效应(朱德胜和周晓珮,2016)。由于我国上市公司管理层持股比例普遍较低(朱德胜和周晓珮,2016),随着管理层持股比例的增加,更可能产生激励效应,而不是防御效应(王克敏和陈井勇,2004)。管理层持股使得管理者兼具股东身份,管理者个人利益与公司利益趋于一致,代理问题得到缓解,管理者的工作积极性被有效激发,公司的运营管理效率得以进一步提升。但是如果管理层频繁变更,可能导致管理层持股会失去应有的激励作用(韩鹏,2013)。由于反收购条款的设置,公司被接管的概率下降(Bebchuk et al.,2002;Kadyrzhanova and Rhodes-Kropf,2011;陈玉罡和石芳,2014),管理层职权和地位更加稳固(袁天荣等,2018),管理层会集中精力专注于提升投资效率,以增强公司的竞争力。因此,管理层持股可能会强化反收购条款对投资效率的提升作用。根据以上理论分析,本书提出以下假设:

H5-3:在其他条件不变的情况下,管理层持股会增强反收购条款对投资效率的正向治理效应。

(四)考虑股权性质的影响

在我国,国有上市公司占有相当一部分比例,由于国有上市公司性质比较特殊,产权边界模糊不清,导致产权代理人不能够有效监督管理者,出现管理层经营积极性不高的局面,因此,相对于非国有企业而言,国有企业代理成本较高。国有上市公司的薪酬管制也会导致薪酬契约机制失灵,无法对经理人的辛勤付出做出及时补偿和有效激励。在所有权虚置的情形下,国有控股上市公司管理层拥有实际控制权,他们可能会为了追求私有利益而进行过度投资(辛清泉等,2007),出现多元化经营(陈志军和薛光红,2010),导致国有上市公司的资本配置效率整体上低于民营上市公司(方军雄,2007;姜凌等,2015)。其中,高管权力过大是影响国有企业过度投资的重要因素之一,特别是当政府干预水平较低时,管理层权力与过度投资之间的正向关系更加明显(董红晔和李小荣,2014)。终极控股股东的控制权与现金流权分离程度的高低也会影响国企投资行为(俞红海等,2010),当宏观环境向好时,国有企业投资过度较为明显(佟爱琴和马星洁,2013)。国有法人只扮演资本投资的角色,并不参与企业决策,与民营企业追求效率、精兵简政不同,国有上市公司承担更多社会职能,需要为社会提供更多就业岗位(Gutiérrez and Tribo,2004)以及增加财政税收,这样也容易驱使国有上市公司进行过度投资(张洪辉和王宗军,2010)。此外,政府官员为了实现政治目标,也会通过扩大国有企业投资规模,来增加地方GDP,以提升自身的政绩,实现晋升考核目标(唐雪松等,2010)。另有文献表明,国企高管为了避免政治风险的动机(或追求政治晋升的动机)也可能出现"不作为"(或"急于表现"),进而会削弱企业捕捉投资机会的能力,带来更大程度的投资不足(或过度投资),导致投资效率下降(金宇超等,2016)。相比地方国企,央企受到的监管更为严格,国家政策性负担还会加大国企自由现金的约束程度,投资行为受到的约束也更为明显,可能出现投资不足(赵雅娜和敖小波,2016)。

上述文献表明,由于国企产权性质模糊、缺乏有效的监督机制和激励措施,代理问题较为严重,对投资效率会产生负面影响;在政府的超强控制下,诸多社会目标往往会内部化到国有上市公司中,引发过度投资;为了达成政治目的,政府官员也有强烈动机干预国企投资行为。然而相对于国有上市公司来说,非国有上市公司产权明晰,所有者主体明确,公司所有者为了提高自身利益有动力去监督管理层,以提高公司资源配置效率。非国有上市公司受到政府干预的程度相对较低,承担社会目标和任务的压力也会减少,更有利于管理层做出合理的投资决策。由于国企产权性质的特殊性,使得其控制权变更会受到监管部门的严格管制,对收购方会形成一道天然的屏障。因此,对国有上市公司而言,控制权市场的惩戒功能可能难以有效施展,通过设置反收购条款来增强防御能力的意图不会很明显,因而也难以发挥反收购条款对投资行为的治理效应。相反,非国有上市公司更容易受到控制权市场的并购压力和竞争威胁,为了公司自身利益和长远发展考虑,通过增设反收购条款来稳定军心的动机更为强烈,反收购条款的正面治理效应越能得到充分体现。因此,本书预期非国有产权性

质会强化反收购条款与投资效率之间的正向关系。对此,本书提出以下假设:

H5-4:在其他条件不变的情况下,非国有产权性质会增强反收购条款对投资效率的正向治理效应。

二、反收购条款、董事会治理与投资效率

董事会是公司治理结构中重要的组成部分。董事会是对内掌管公司事务、对外代表公司的经营决策和业务执行机构,承担着全体股东的受托责任。董事会治理效率的高低会直接影响到公司及其股东的利益。

(一) 考虑"两职合一"的影响

董事长由董事会选举产生,是公司的最高领导者和股东利益的最高代表,拥有召开董事会、罢免 CEO 等权力。总经理是董事会聘任的,对董事会负责并在董事会的授权下,执行董事会的战略决策,实现董事会制定的企业经营目标。两者在公司中的职责定位会影响到公司运行的方式、特点和文化,进而影响公司治理效率。上市公司对于两职的设置分为两种情形:"两职合一"或者"两职分离"。领导权结构是否需要"两职合一",现有文献没有定论。首先,委托代理理论认为,总经理作为公司经营的受托人,具有理性经济人的特质,总经理为了追求自身利益最大化,可能会牺牲公司及股东利益。为了防止"道德风险"和"逆向选择",需要对经理进行监督。如果总经理同时拥有决策执行权和监控权,会出现总经理自我监督的情形。而自利性动机的存在,使得总经理不可能实现有效的自我约束。因此,董事长与总经理"两职合一"将会损害董事会的独立性(吴淑琨等,2001),降低董事会监督效率(Fama and Jensen,1983),从而 CEO 有机会通过制定董事会的议程以及控制信息流,使得董事会不能有效履行其职责,对董事会的结构与任期也产生影响。还有学者认为,总经理和董事长"两职合一"会引起领导权过分集中,管理层的机会主义动机可能会增强,从而影响公司的投资决策,出现非效率投资行为(谢永珍和王维祝,2006)。因此,代理理论主张"两职分离",即公司的决策控制权与决策执行权分开设置,总经理执行公司的决策权,而董事会或董事长则负

责批准以及监控公司决策的执行。经验证据也表明,"两职分离"有利于保持董事会的独立性,提高董事会的监督能力(Baysinger and Butler,1985;Rechner and Dalton,1991),从而有助于抑制经理层的机会主义行为,提高经营者的创新能力(于东智和谷立日,2002)。

资源依赖理论将环境变量引入企业领导权结构的设计框架之中,该理论认为,环境的不确定性是影响董事会结构及其作用的重要因素,董事会结构需要根据环境的变化,适时调整公司领导权结构。一般来说,在快速多变的环境下,可以采用"两职合一"的领导权结构,赋予总经理更多的决策权,使得公司的经营决策能够及时适应环境的变化;而当环境较为稳定时,为了避免"两职合一"可能引发的公司治理机制失调,通常采用两职分离的领导权结构,以此来强化董事会对总经理的监督功能(Pfeffer,1972;谢永珍和王维祝,2006)。现代管家理论也认为,"两职合一"能够提高管理层之间的信息沟通效率,帮助管理层及时做出有利于公司的经营决策,经营效率的提高最终会促进公司经营绩效的上升。而两职分离则会导致多头领导问题,各种人事关系的平衡可能会过多消耗公司的资源,降低经营管理效率(于东智和谷立日,2002)。

以上理论分析表明,"两职分离"的领导权结构能够提高董事会治理效率,降低代理成本,有利于公司作出合理的投资决策;而"两职合一"有利于提升管理层信息沟通效率和决断能力,以便根据快速多变的环境及时调整经营策略。然而由于"两职合一"的职权结构会导致总经理权力过大,如果董事会监督不力,总经理可能会做出有损公司价值的投资行为。特别是对于那些设置反收购条款的公司来说,由于抵御外部市场竞争的能力增强,业绩不佳的经理人可能无法受到市场的惩罚,在此情形下,"两职合一"的职权结构可能会加剧经营者的非效率投资行为。因此,本书提出以下假设:

H5-5:在其他条件不变的情况下,"两职分离"的领导权结构有助于增强反收购条款对投资效率的治理作用。

(二)考虑董事规模的影响

董事会规模也被视为是影响董事会效率的关键因素。组织行为学理论认为,规模过大的董事会并不能发挥最优的功效,而规模相对较小的董事会更有利于提高其治理效率。随着董事数量的上升，董事会的功能可能出现紊乱（Lipton and Lorsch，1992）。董事会规模的扩大可能有利于增强其监控能力，但由此带来的成本可能会超过收益。当一个特定的工作团体规模增大时，其工作效率会降低，生产力损失也会随之增大。在规模较大的董事会中，成员之间缺乏沟通，容易发生争论，协调难度增加，凝聚力丧失，"搭便车"现象会存在。董事间的相互仇视和报复也会削弱董事会对管理层的监督和评价作用。而规模较小的董事会更容易应对快速多变的竞争环境，当公司经营绩效不佳时，会及时撤换经理人员（于东智和池国华，2004）。当董事会规模超出7~8人时，董事会有效运转的可能性会下降，董事会也容易被CEO所控制（Jensen，1993）。CEO通过与董事会成员结盟，或提供有选择性的信息渠道，或采取分化、征服的方式获取权力优势。因此，董事会的规模一旦过大，代理冲突会加剧，监督效率会降低。

而资源依赖理论认为，董事会规模可以作为与外部环境相联系以获取关键资源能力的指标，公司与外部有效联系的需求越大，董事会的规模就应该越大，公司获取外部关键资源的能力也会越强（Pfeffer，1972，1973；Provan，1980）。由于外部环境的不确定性以及信息的缺乏性和易变性，董事需求规模也会增加（Birnbaum，1984）。随着董事会规模的增加，董事交叉任职的可能性也会增加，这可帮助公司获取更多更有效的资本（Mizruchi and Stearns，1988）。此外，规模较大的董事会其知识与经验更为丰富，成员内部可以相互传授和学习，有利于降低公司经营风险。董事作为不同利益主体的代表，董事规模的增加有助于协调与利益相关者之间的利益关系（于东智和池国华，2004）。不仅如此，随着董事会规模的增加，CEO施加社会影响来维系其权力的可能性也会降低（Ocasio，1994）。因此，拥有较大规模董事会的公司其经营绩效也会更好（Dalton et al.，1999），市场收益率也会更高（Denis and Sarin，1999）。

以上理论分析表明，董事会规模的大小对投资行为可能会产生两种影响：基于代理理论和组织行为学视角，董事会规模的扩大会增加协调难度，"搭便车"问题突出，董事会运转效率降低，进而影响董事会监督和评价功能的发挥，并可能会滋生经理层机会主义行为，做出损害公司利益的非效率投资；而基于资源依赖理论视角，规模较大的董事会能够提升公司获取关键资源的能力,并且由于董事成员较多,他们自身的知识与经验可以相互借鉴和学习,进而帮助公司管理层做出正确的投资决策,提升投资效率。董事会规模大小不同,其设置反收购条款的动机也可能不一样。相比较小规模的董事会来说,较大规模的董事会成员众多,其所做出的决策更能够反映公司整体意志,在外部市场竞争威胁日益增加的情形下,他们会出于公司整体利益的考量而设置反收购条款,以此来增强公司防御能力,隔离控制权市场的恶意竞争威胁,引导公司管理层专注于长期发展战略,保持公司持续健康运营。因此,本书提出以下假设:

H5-6:在其他条件不变的情况下,董事会规模较大时,反收购条款对投资效率的正面影响更加明显。

第二节 研究设计

一、样本选取与数据来源

自从 2006 年证监会发布《上市公司章程指引》以来,很多上市公司陆续修改公司章程,以便提高公司章程的自治效率。特别是近些年,上市公司在公司章程中设置反收购条款的现象越来越多,然而国内尚没有提供上市公司设置反收购条款的专门数据库。为此,本书参照李善民等(2016)的做法,通过从巨潮资讯网、新浪财经网以及证券交易所网站下载上市公司 2006~2015 年历年公司章程,选取关键词"候选"、"更换"等进行搜索,并结合人工判断,查找这些公司章程中是否设置反收购条款。例如,三峡水利(股票代码:600116)2010 年公司章程规定:"董事由股东大会选举或更换,任期三年。董事任期届满,可连选连任。董事的更换每年只能改选董事总数的 1/3(董事会正常换届除外)以内,董事在任期届满以前,股东大会不能无故解除其职务",表明重庆三峡水利电力(集团)2010 年已设置交错董事会条款。又如,珠海港(股票代码:000507)2010 年公司章程规定:"董事、监事候选人名单可由公司现任董事局、监事会、连续 180 天以上单独或合并持有公司股份 5% 以上(不含股票代理权）的股东以书面形式提出。"表明珠海港股份有限公司 2010 年已经分别设置限制董事提名权持股比例和持股时间条款。这些反收购条款的样本数据为后续实证分析奠定了基础。此外，本书中的其余变量数据均来自国泰安数据库，且剔除了金融行业、ST 公司以及部分缺漏值的数据。为了克服离群值的影响，本书模型中的主要变量均进行了 1% 和 99% 的双侧缩尾处理。

二、模型设计与变量定义

（一）模型设计

为了检验假设 H5-1，本书在第四章模型（4-2）的基础上，加入股权集中度（$Shrhfd$）及其与反收购条款（Atp）的交叉项 $Shrhfd\_Atp$，以此来考察股权集中度（$Shrhfd$）的调节效应，设计的模型（5-1）如下：

$$\begin{aligned} Uei_{i,t}/Overinv_{i,t}/Underinv_{i,t} = & \beta_0 + \beta_1 Atp_{i,t} + \beta_2 Shrhfd\_Atp_{i,t} + \beta_3 Shrhfd_{i,t} \\ & + \beta_4 Fcf_{i,t} + \beta_5 Pay_{i,t} + \beta_6 Mf_{i,t} + \beta_7 Es_{i,t} \\ & + \beta_8 Shrcr1_{i,t} + \beta_9 Scale_{i,t} + \beta_{10} Inde_{i,t} \\ & + \beta_{11} Dual_{i,t} + \sum \beta_j Industry_j \\ & + \sum \beta_k Year_k + \varepsilon_{i,t} \end{aligned} \quad (5-1)$$

为了检验假设 H5-2，本书在第四章模型（4-2）的基础上，加入股权制衡度（Zh）及其与反收购条款（Atp）的交叉项 Zh_Atp，以此来考察股权制衡度（Zh）的调节效应，设计的模型（5-2）如下：

$$\begin{aligned} Uei_{i,t}/Overinv_{i,t}/Underinv_{i,t} = & \beta_0 + \beta_1 Atp_{i,t} + \beta_2 Zh\_Atp_{i,t} + \beta_3 Zh_{i,t} \\ & + \beta_4 Fcf_{i,t} + \beta_5 Pay_{i,t} + \beta_6 Mf_{i,t} + \beta_7 Es_{i,t} \\ & + \beta_8 Shrcr1_{i,t} + \beta_9 Scale_{i,t} + \beta_{10} Inde_{i,t} \\ & + \beta_{11} Dual_{i,t} + \sum \beta_j Industry_j \\ & + \sum \beta_k Year_k + \varepsilon_{i,t} \end{aligned} \quad (5-2)$$

为了检验假设 H5-3，本书在第四章模型（4-2）的基础上，加入管理层持股（Es）及其与反收购条款（Atp）的交叉项 Es_Atp，以此来考察管理层持股（Es）的调节效应，设计的模型（5-3）如下：

$$Uei_{i,t}/Overinv_{i,t}/Underinv_{i,t} = \beta_0 + \beta_1 Atp_{i,t} + \beta_2 Es\_Atp_{i,t} + \beta_3 Es_{i,t}$$
$$+ \beta_4 Fcf_{i,t} + \beta_5 Pay_{i,t} + \beta_6 Mf_{i,t} + \beta_7 Shrcr1_{i,t}$$
$$+ \beta_8 Scale_{i,t} + \beta_9 Inde_{i,t} + \beta_{10} Dual_{i,t}$$
$$+ \sum \beta_j Industry_j + \sum \beta_k Year_k + \varepsilon_{i,t}$$
$$(5-3)$$

为了检验假设 H5-4，本书在第四章模型（4-2）的基础上，加入股权性质（Ownship）与反收购条款（Atp）的交叉项 Ownship_Atp，以此来考察股权性质（Ownship）的调节效应，设计的模型（5-4）如下：

$$Uei_{i,t}/Overinv_{i,t}/Underinv_{i,t} = \beta_0 + \beta_1 Atp_{i,t} + \beta_2 Ownship\_Atp_{i,t}$$
$$+ \beta_3 Ownship_{i,t} + \beta_4 Fcf_{i,t} + \beta_5 Pay_{i,t}$$
$$+ \beta_6 Mf_{i,t} + \beta_7 Es_{i,t} + \beta_8 Shrcr1_{i,t}$$
$$+ \beta_9 Scale_{i,t} + \beta_{10} Inde_{i,t} + \beta_{11} Dual_{i,t}$$
$$+ \sum \beta_j Industry_j + \sum \beta_k Year_k + \varepsilon_{i,t}$$
$$(5-4)$$

为了检验假设 H5-5，本书在第四章模型（4-2）的基础上，加入"两职合一"（Dual）与反收购条款（Atp）的交叉项 Dual_Atp，以此来考察"两职合一"（Dual）的调节效应，设计的模型（5-5）如下：

$$Uei_{i,t}/Overinv_{i,t}/Underinv_{i,t} = \beta_0 + \beta_1 Atp_{i,t} + \beta_2 Dual\_Atp_{i,t} + \beta_3 Dual_{i,t}$$
$$+ \beta_4 Fcf_{i,t} + \beta_5 Pay_{i,t} + \beta_6 Mf_{i,t} + \beta_7 Es_{i,t}$$
$$+ \beta_8 Shrcr1_{i,t} + \beta_9 Scale_{i,t} + \beta_{10} Inde_{i,t}$$
$$+ \sum \beta_j Industry_j + \sum \beta_k Year_k + \varepsilon_{i,t}$$
$$(5-5)$$

为了检验假设 H5-6，本书在第四章模型（4-2）的基础上，加入董事会规模（Scale）与反收购条款（Atp）的交叉项 Scale_Atp，以此来考察董事会规模（Scale）的调节效应，设计的模型（5-6）如下：

$$Uei_{i,t}/Overinv_{i,t}/Underinv_{i,t} = \beta_0 + \beta_1 Atp_{i,t} + \beta_2 Scale\_Atp_{i,t} + \beta_3 Scale_{i,t}$$
$$+ \beta_4 Fcf_{i,t} + \beta_5 Pay_{i,t} + \beta_6 Mf_{i,t} + \beta_7 Es_{i,t}$$
$$+ \beta_8 Shrcr1_{i,t} + \beta_9 Inde_{i,t} + \beta_{10} Dual_{i,t}$$
$$+ \sum \beta_j Industry_j + \sum \beta_k Year_k + \varepsilon_{i,t} \quad (5-6)$$

(二) 变量定义

模型（5-1）至模型（5-6）中被解释变量分别为非效率投资（Uei）、过度投资（$Overinv$）和投资不足（$Underinv$）。非效率投资（Uei）取值为模型（4-1）的回归残差绝对值。Uei 数值越大，表示非效率投资越多，说明投资效率会越低，即 Uei 作为投资效率的反向指标。当残差大于0时，变量被定义为过度投资，用 $Overinv$ 表示；当残差小于0时，变量被定义为投资不足，取其绝对值，用 $Underinv$ 表示。解释变量为反收购条款（Atp），包括交错董事会条款（Sb）、限制董事提名权持股比例（Hr）、限制董事提名权持股时间（Ht）以及反收购条款数目（$Atpnum$）。如果公司章程中设置了交错董事会条款，则 Sb 取值为1，否则为0；如果公司章程中董事提名权持股比例要求高于3%，Hr 取值为1，否则为0；如果公司章程中董事提名权持股时间有要求，Ht 取值为1，否则为0；反收购条款的数目则取值为上述3个解释变量之和，即 $Atpnum$ 取值范围为0—3（陈玉罡和石芳，2014）。本书还设置了如下控制变量：Fcf 表示自由现金流，Pay 表示管理层薪酬，Mf 表示管理费用率，Es 表示高管持股，$Shrcr1$ 表示第一大股东持股比例，$Scale$ 表示董事会规模，$Inde$ 表示独立董事比例，$Dual$ 表示"两职合一"，$Shrhfd$ 表示股权集中度，即第一大股东持股比例的平方，Zh 表示股权制衡度，即第二大股东与第一大股东持股比例的比值，$Ownship$ 表示股权性质，当上市公司属于国有性质，则取值为1，否则为0。此外，本书还控制了行业虚拟变量 $Industry$ 和年度虚拟变量 $Year$，用以排除时间和行业的影响。本书采用证监会2012年行业标准，将制造业按二级代码分类，其他按一级代码分类。主要变量定义及计算如表5-1所示。

表 5-1　　　　　　　　　　　　主要变量定义

变量类型	变量符号	变量名称	变量含义
被解释变量	Uei	非效率投资	模型（4-1）估计得到残差的绝对值
	$Overinv$	过度投资	模型（4-1）估计得到残差大于0的数值
	$Underinv$	投资不足	模型（4-1）估计得到残差小于0的数值，取绝对值

续表

变量类型	变量符号	变量名称	变量含义
解释变量	Sb	交错董事会条款	如果章程中设置了该条款,则取值为1,否则为0
	Hr	限制董事提名权持股比例条款	如果章程中董事提名权持股比例要求高于3%,则取值为1,否则为0
	Ht	限制董事提名权持股时间条款	如果章程中董事提名权持股时间有要求,则取值为1,否则为0
	$Atpnum$	反收购条款数目	表示公司章程中反收购条款的数目,值为上述3个解释变量之和,取值范围0~3
控制变量	Fcf	自由现金流	经营性现金净流量与模型(4-1)估计正常投资水平的差额除以平均总资产
	Pay	管理层薪酬	高管前三名薪酬总额的自然对数
	Mf	管理费用率	管理费用除以营业收入
	Es	管理层持股	如果高管持有股份,则取值为1,否则为0
	$Shrcr1$	大股东持股	第一大股东持股比例
	$Scale$	董事会规模	董事会人数
	$Dual$	两职合一	董事长兼任总公司经理取值为1,否则取0
	$Shrhfd$	股权集中度	第一大股东持股比例的平方
	Zh	股权制衡度	第二大股东与第一大股东持股持股比例的比值
	$Ownship$	股权性质	当上市公司属于国有性质,则取值为1,否则为0
	$Inde$	独立董事人数	独立董事占董事总人数的比例
	$Year$	年度虚拟变量	设置9个年度虚拟变量
	$Industry$	行业虚拟变量	证监会2012年行业标准

资料来源:作者整理。

第三节 回归分析

一、反收购条款、股权结构与投资效率

(一)考虑股权集中度的影响

第一,考虑股权集中度对交错董事会条款与投资效率关系的影响,结

果如表 5-2 所示。从调节效应检验结果来看，股权集中度与交错董事会条款的交乘项 $Shrhfd\_Sb$ 系数均为正，特别是当被解释变量为非效率投资和投资不足时，交乘项 $Shrhfd\_Sb$ 系数均在 10% 以上水平上显著，表明股权集中度能够显著弱化交错董事会条款与非效率投资以及投资不足的负向关系。本书还根据股权集中度（$Shrhfd$）中位数高低分组再次检验，结果发现，当被解释变量为非效率投资和投资不足时，交错董事会条款的系数仅在股权集中度较低时显著为负，在股权集中度较高时不显著，而且两组系数差异均存在显著差异；当被解释变量为过度投资时，交错董事会条款的系数也仅在股权集中度较低时显著为负。上述结果说明，只有当股权集中度较低时，交错董事会条款抑制非效率投资作用才较为明显，具体表现为投资不足现象缓解得更加明显。

表 5-2　　交错董事会条款、股权集中度与投资效率

	(1)	(2)	(3)	(4)	(5)	(6)	(7)	(8)	(9)
	Uei	Uei	Uei	Overinv	Overinv	Overinv	Underinv	Underinv	Underinv
	高	低	交乘	高	低	交乘	高	低	交乘
Sb	0.001 (0.446)	-0.005 *** (-2.801)	-0.005 *** (-2.774)	-0.001 (-0.194)	-0.005 * (-1.699)	-0.005 (-1.464)	0.001 (0.550)	-0.005 *** (-2.985)	-0.006 *** (-3.221)
Fcf	0.017 *** (3.122)	0.020 *** (3.305)	0.019 *** (4.716)	0.040 *** (3.702)	0.067 *** (6.085)	0.054 *** (7.086)	-0.000 (-0.068)	-0.016 ** (-2.567)	-0.008 ** (-1.977)
Pay	-0.002 ** (-2.317)	-0.001 ** (-2.068)	-0.002 *** (-3.201)	-0.001 (-0.710)	-0.002 ** (-2.012)	-0.002 ** (-2.178)	-0.002 *** (-3.104)	-0.001 * (-1.832)	-0.002 *** (-3.380)
Mf	0.024 *** (3.361)	0.028 *** (5.821)	0.027 *** (6.951)	0.044 *** (2.800)	0.015 * (1.661)	0.019 ** (2.406)	0.017 ** (2.566)	0.035 *** (7.135)	0.030 *** (8.102)
Es	0.000 (0.506)	-0.001 (-1.208)	-0.000 (-0.388)	0.001 (0.576)	-0.000 (-0.156)	0.001 (0.669)	0.000 (0.178)	-0.002 (-1.482)	-0.001 (-1.141)
$Shrcr1$	-0.002 (-0.348)	0.001 (0.194)	-0.001 (-0.058)	-0.008 (-0.877)	0.007 (0.564)	0.025 (1.380)	0.006 (1.424)	-0.002 (-0.267)	-0.018 * (-1.902)
$Scale$	-0.000 (-0.931)	0.000 (0.746)	-0.000 (-0.029)	-0.000 (-0.825)	0.001 *** (2.634)	0.000 (1.249)	-0.000 (-1.048)	-0.001 ** (-2.242)	-0.000 ** (-2.435)
$Inde$	-0.003 (-0.352)	0.010 (0.979)	0.004 (0.596)	-0.014 (-0.809)	0.036 ** (2.014)	0.012 (0.944)	-0.000 (-0.030)	-0.009 (-0.879)	-0.004 (-0.581)

续表

	(1)	(2)	(3)	(4)	(5)	(6)	(7)	(8)	(9)
	Uei	Uei	Uei	Overinv	Overinv	Overinv	Underinv	Underinv	Underinv
	高	低	交乘	高	低	交乘	高	低	交乘
Dual	0.005***	0.003***	0.004***	0.009***	0.004**	0.007***	0.002**	0.002	0.002**
	(4.498)	(2.699)	(4.984)	(3.813)	(2.199)	(4.405)	(2.121)	(1.285)	(2.333)
Shrhfd_Sb			0.024*			0.016			0.033**
			(1.871)			(0.687)			(2.436)
Shrhfd			-0.003			-0.037			0.022*
			(-0.281)			(-1.609)			(1.854)
_Cons	0.065***	0.039***	0.053***	0.074***	0.027	0.051***	0.057***	0.056***	0.060***
	(6.607)	(3.721)	(7.131)	(3.831)	(1.413)	(3.701)	(6.016)	(5.090)	(8.058)
Industry	Yes	Yes	Yes	Yes	Yes	Yes	Yes	Yes	Yes
Year	Yes	Yes	Yes	Yes	Yes	Yes	Yes	Yes	Yes
N	6748	6854	13602	2862	3046	5908	3884	3807	7691
R^2_a	0.064	0.041	0.048	0.072	0.053	0.059	0.068	0.057	0.060
F	8.57	5.70	11.80	4.64	3.75	6.77	5.66	4.80	8.70
MeanDiff		(1)-(2)			(4)-(5)			(7)-(8)	
P值		0.0346			0.3879			0.0203	

注：***、**、*分别表示在1%、5%、10%水平上显著；_Cons表示截距项，R^2_a为调整后的R^2；表格中带括号数值表示t值，未带括号数值表示系数值。

资料来源：作者整理。

第二，考虑股权集中度对限制董事提名权持股比例条款与投资效率关系的影响，结果如表5-3所示。从调节效应检验结果来看，股权集中度与限制董事提名权持股比例条款的交乘项 Shrhfd_Hr 系数均为正，特别是当被解释变量为非效率投资和投资不足时，交乘项 Shrhfd_Hr 系数均在5%上水平上显著，表明股权集中度越高，越能够显著弱化限制董事提名权持股比例条款与非效率投资以及投资不足的负向关系。本书还根据股权集中度（Shrhfd）中位数高低分组再次检验，结果发现，当被解释变量为非效率投资、过度投资和投资不足时，限制董事提名权持股比例条款的系数仅在股权集中度较低的组别显著为负，而且股权集中度较高的组别其系数并不显著。上述结果说明，只有当股权集中度较低时，限制董事提名权持股比例条款抑制非效率投资的作用才更加明显，在缓解投资不足方面的作用更为显著。

表 5-3　限制董事提名权持股比例条款、股权集中度与投资效率

	(1) Uei 高	(2) Uei 低	(3) Uei 交乘	(4) Overinv 高	(5) Overinv 低	(6) Overinv 交乘	(7) Underinv 高	(8) Underinv 低	(9) Underinv 交乘
Hr	-0.001 (-1.372)	-0.003*** (-3.351)	-0.004*** (-3.637)	-0.002 (-1.088)	-0.005** (-2.425)	-0.005** (-2.160)	-0.001 (-0.896)	-0.003*** (-2.723)	-0.004*** (-3.618)
Fcf	0.017*** (3.155)	0.020*** (3.280)	0.019*** (4.740)	0.040*** (3.702)	0.067*** (6.063)	0.054*** (7.082)	-0.000 (-0.020)	-0.016** (-2.556)	-0.008* (-1.922)
Pay	-0.002** (-2.322)	-0.001** (-2.131)	-0.002*** (-3.223)	-0.001 (-0.765)	-0.002** (-2.002)	-0.002** (-2.194)	-0.002*** (-3.094)	-0.001** (-1.996)	-0.002*** (-3.464)
Mf	0.024*** (3.375)	0.028*** (5.755)	0.027*** (6.885)	0.044*** (2.784)	0.014 (1.548)	0.018** (2.307)	0.017*** (2.604)	0.035*** (7.128)	0.030*** (8.076)
Es	0.000 (0.444)	-0.001 (-1.352)	-0.000 (-0.503)	0.001 (0.560)	-0.001 (-0.296)	0.001 (0.571)	0.000 (0.133)	-0.002 (-1.543)	-0.001 (-1.157)
Shrcr1	-0.002 (-0.403)	0.002 (0.344)	0.003 (0.273)	-0.008 (-0.897)	0.009 (0.697)	0.028 (1.573)	0.006 (1.368)	-0.001 (-0.144)	-0.014 (-1.517)
Scale	-0.000 (-0.921)	0.000 (0.835)	-0.000 (-0.022)	-0.000 (-0.819)	0.001*** (2.627)	0.000 (1.242)	-0.000 (-1.034)	-0.001** (-2.067)	-0.000** (-2.397)
Inde	-0.003 (-0.341)	0.010 (1.039)	0.004 (0.604)	-0.015 (-0.821)	0.036** (2.026)	0.012 (0.932)	-0.000 (-0.008)	-0.008 (-0.790)	-0.003 (-0.533)
Dual	0.005*** (4.407)	0.003** (2.569)	0.004*** (4.847)	0.009*** (3.770)	0.004** (2.082)	0.006*** (4.279)	0.002** (2.052)	0.001 (1.212)	0.002** (2.268)
Shrhfd_Hr			0.012** (2.028)			0.008 (0.773)			0.014** (2.491)
Shrhfd			-0.009 (-0.739)			-0.042* (-1.825)			0.015 (1.286)
_Cons	0.065*** (6.653)	0.039*** (3.735)	0.053*** (7.156)	0.075*** (3.897)	0.027 (1.429)	0.052*** (3.735)	0.057*** (6.045)	0.057*** (5.129)	0.060*** (8.079)
Industry	Yes	Yes	Yes	Yes	Yes	Yes	Yes	Yes	Yes
Year	Yes	Yes	Yes	Yes	Yes	Yes	Yes	Yes	Yes

续表

	(1)	(2)	(3)	(4)	(5)	(6)	(7)	(8)	(9)
	Uei	Uei	Uei	Overinv	Overinv	Overinv	Underinv	Underinv	Underinv
	高	低	交乘	高	低	交乘	高	低	交乘
N	6748	6854	13602	2862	3046	5908	3884	3807	7691
R^2_a	0.064	0.041	0.049	0.072	0.054	0.060	0.068	0.057	0.061
F	8.60	5.76	11.91	4.66	3.80	6.84	5.67	4.77	8.74
MeanDiff		(1) - (2)			(4) - (5)			(7) - (8)	
P 值		0.1357			0.3559			0.1471	

注:***、**、*分别表示在1%、5%、10%水平上显著;_Cons 表示截距项,R^2_a 为调整后的 R^2;表格中带括号数值表示 t 值,未带括号数值表示系数值。

资料来源:作者整理。

第三,考虑股权集中度对限制董事提名权持股时间条款与投资效率关系的影响,结果如表5-4所示。当被解释变量为投资不足时,交乘项 $Shrhfd\_Ht$ 系数均为0.029,t 值为3.051,在1%水平上显著,表明股权集中度越高,越能够显著弱化限制董事提名权持股时间条款与投资不足的负向关系。本书还根据股权集中度($Shrhfd$)中位数高低分组再次检验,结果发现,当被解释变量为投资不足时,限制董事提名权持股时间条款的系数仅在股权集中度较低的组别显著为负(系数为 -0.004,$t = -2.567$),而股权集中度较高的组别其系数为正且不显著,两组系数均值差异也显著($P = 0.0064$)。上述结果均说明,只有当股权集中度较低时,限制董事提名权持股时间条款在缓解投资不足方面更显著。

表5-4　限制董事提名权持股时间条款、股权集中度与投资效率

	(1)	(2)	(3)	(4)	(5)	(6)	(7)	(8)	(9)
	Uei	Uei	Uei	Overinv	Overinv	Overinv	Underinv	Underinv	Underinv
	高	低	交乘	高	低	交乘	高	低	交乘
Ht	-0.000 (-0.234)	-0.002 (-1.217)	-0.003 (-1.641)	-0.003 (-0.924)	0.001 (0.286)	-0.000 (-0.101)	0.002 (1.135)	-0.004** (-2.567)	-0.005*** (-3.128)
Fcf	0.017*** (3.131)	0.020*** (3.304)	0.019*** (4.724)	0.041*** (3.748)	0.066*** (6.036)	0.054*** (7.079)	-0.000 (-0.045)	-0.016** (-2.516)	-0.008* (-1.899)
Pay	-0.002** (-2.285)	-0.002** (-2.204)	-0.002*** (-3.318)	-0.001 (-0.649)	-0.002** (-2.016)	-0.002** (-2.174)	-0.002*** (-3.160)	-0.001** (-2.064)	-0.002*** (-3.587)

续表

	(1)	(2)	(3)	(4)	(5)	(6)	(7)	(8)	(9)
	Uei	Uei	Uei	$Overinv$	$Overinv$	$Overinv$	$Underinv$	$Underinv$	$Underinv$
	高	低	交乘	高	低	交乘	高	低	交乘
Mf	0.024*** (3.349)	0.028*** (5.784)	0.027*** (6.935)	0.044*** (2.801)	0.015 (1.632)	0.019** (2.380)	0.017*** (2.583)	0.035*** (7.111)	0.030*** (8.114)
Es	0.000 (0.517)	-0.001 (-1.111)	-0.000 (-0.280)	0.001 (0.534)	-0.000 (-0.180)	0.001 (0.649)	0.000 (0.180)	-0.001 (-1.341)	-0.001 (-1.012)
$Shrcr1$	-0.002 (-0.370)	0.002 (0.343)	0.002 (0.188)	-0.008 (-0.895)	0.009 (0.696)	0.027 (1.512)	0.006 (1.489)	-0.001 (-0.192)	-0.017* (-1.815)
$Scale$	-0.000 (-0.965)	0.000 (0.792)	-0.000 (-0.021)	-0.000 (-0.823)	0.001** (2.555)	0.000 (1.220)	-0.000 (-1.015)	-0.001** (-2.058)	-0.000** (-2.289)
$Inde$	-0.003 (-0.347)	0.010 (1.026)	0.004 (0.666)	-0.015 (-0.836)	0.036** (1.991)	0.011 (0.926)	-0.000 (-0.033)	-0.008 (-0.753)	-0.003 (-0.433)
$Dual$	0.005*** (4.479)	0.003*** (2.708)	0.004*** (4.973)	0.009*** (3.858)	0.005** (2.227)	0.007*** (4.442)	0.002** (2.073)	0.002 (1.297)	0.002** (2.263)
$Shrhfd\_Ht$			0.012 (1.333)			-0.003 (-0.200)			0.029*** (3.051)
$Shrhfd$			-0.006 (-0.496)			-0.038* (-1.652)			0.020* (1.700)
$\_Cons$	0.065*** (6.596)	0.039*** (3.743)	0.052*** (7.120)	0.073*** (3.792)	0.027 (1.401)	0.051*** (3.657)	0.057*** (6.047)	0.057*** (5.131)	0.060*** (8.097)
Industry	Yes	Yes	Yes	Yes	Yes	Yes	Yes	Yes	Yes
Year	Yes	Yes	Yes	Yes	Yes	Yes	Yes	Yes	Yes
N	6748	6854	13602	2862	3046	5908	3884	3807	7691
R^2_a	0.064	0.040	0.048	0.072	0.052	0.058	0.069	0.057	0.060
F	8.57	5.60	11.71	4.66	3.70	6.73	5.68	4.76	8.70
MeanDiff	(1)-(2)			(4)-(5)			(7)-(8)		
P值	0.5072			0.3634			0.0064		

注：***、**、*分别表示在1%、5%、10%水平上显著；_Cons表示截距项，R^2_a为调整后的R^2；表格中带括号数值表示t值，未带括号数值表示系数值。

资料来源：作者整理。

第四，考虑股权集中度对反收购条款数量与投资效率关系的影响，结果如表 5-5 所示。从调节效应检验结果来看，股权集中度与反收购条款数量的交乘项 Shrhfd_Atpnum 系数均为正，特别是当被解释变量为非效率投资和投资不足时，交乘项 Shrhfd_Atpnum 系数均在 5% 以上水平上显著，表明股权集中度越高，越能够显著弱化反收购条款数量与非效率投资以及投资不足的负向关系。本书还根据股权集中度（Shrhfd）中位数高低分组再次检验，结果发现，当被解释变量为非效率投资和投资不足时，反收购条款数量的系数也仅在股权集中度较低的组别显著为负，而股权集中度较高组别的系数不显著，两组系数均值差异明显。上述结果说明，只有当股权集中度较低时，反收购条款数量越多，抑制非效率投资更加显著，尤其是缓解投资不足的作用更加明显。

表 5-5　　反收购条款数量、股权集中度与投资效率

	(1)	(2)	(3)	(4)	(5)	(6)	(7)	(8)	(9)
	Uei	Uei	Uei	Overinv	Overinv	Overinv	Underinv	Underinv	Underinv
	高	低	交乘	高	低	交乘	高	低	交乘
Atpnum	-0.001 (-0.948)	-0.002*** (-3.548)	-0.003*** (-3.866)	-0.002 (-1.253)	-0.002** (-1.974)	-0.002* (-1.847)	0.000 (0.056)	-0.002*** (-3.799)	-0.003*** (-4.647)
Fcf	0.017*** (3.152)	0.020*** (3.309)	0.019*** (4.736)	0.041*** (3.730)	0.067*** (6.090)	0.055*** (7.113)	-0.000 (-0.056)	-0.016** (-2.566)	-0.008** (-1.969)
Pay	-0.002** (-2.275)	-0.001** (-2.113)	-0.002*** (-3.195)	-0.001 (-0.690)	-0.002** (-2.030)	-0.002** (-2.173)	-0.002*** (-3.102)	-0.001* (-1.910)	-0.002*** (-3.387)
Mf	0.024*** (3.353)	0.028*** (5.780)	0.027*** (6.912)	0.043*** (2.763)	0.015 (1.600)	0.018** (2.346)	0.017** (2.561)	0.035*** (7.137)	0.030*** (8.068)
Es	0.000 (0.487)	-0.001 (-1.254)	-0.000 (-0.384)	0.001 (0.539)	-0.000 (-0.173)	0.001 (0.648)	0.000 (0.207)	-0.002 (-1.545)	-0.001 (-1.112)
Shrcr1	-0.002 (-0.410)	0.001 (0.196)	0.000 (0.042)	-0.008 (-0.904)	0.008 (0.604)	0.026 (1.444)	0.006 (1.402)	-0.002 (-0.320)	-0.017* (-1.869)
Scale	-0.000 (-0.971)	0.000 (0.865)	-0.000 (-0.010)	-0.000 (-0.849)	0.001*** (2.661)	0.000 (1.258)	-0.000 (-1.074)	-0.001** (-2.069)	-0.000** (-2.413)
Inde	-0.003 (-0.340)	0.011 (1.079)	0.004 (0.662)	-0.015 (-0.833)	0.037** (2.047)	0.012 (0.957)	-0.000 (-0.018)	-0.008 (-0.743)	-0.003 (-0.506)

续表

	(1)	(2)	(3)	(4)	(5)	(6)	(7)	(8)	(9)
	Uei	Uei	Uei	Overinv	Overinv	Overinv	Underinv	Underinv	Underinv
	高	低	交乘	高	低	交乘	高	低	交乘
Dual	0.005*** (4.422)	0.003*** (2.585)	0.004*** (4.844)	0.008*** (3.758)	0.004** (2.116)	0.006*** (4.303)	0.002** (2.087)	0.001 (1.195)	0.002** (2.219)
Shrhfd_Atpnum			0.009** (2.270)			0.003 (0.434)			0.015*** (3.560)
Shrhfd			-0.007 (-0.602)			-0.038* (-1.681)			0.017 (1.445)
_Cons	0.065*** (6.618)	0.039*** (3.718)	0.053*** (7.160)	0.074*** (3.855)	0.027 (1.430)	0.051*** (3.718)	0.057*** (6.027)	0.056*** (5.081)	0.060*** (8.104)
Industry	Yes	Yes	Yes	Yes	Yes	Yes	Yes	Yes	Yes
Year	Yes	Yes	Yes	Yes	Yes	Yes	Yes	Yes	Yes
N	6748	6854	13602	2862	3046	5908	3884	3807	7691
R^2_a	0.064	0.041	0.049	0.073	0.053	0.059	0.068	0.059	0.062
F	8.58	5.78	11.93	4.67	3.77	6.82	5.66	4.90	8.88
MeanDiff	(1)-(2)			(4)-(5)			(7)-(8)		
P值	0.0923			0.7773			0.0072		

注：***、**、*分别表示在1%、5%、10%水平上显著；_Cons表示截距项，R^2_a为调整后的R^2；表格中带括号数值表示t值，未带括号数值表示系数值。

资料来源：作者整理。

因此，本书假设H5-1得以证实。结果表明，当股权集中度较低时，随着交错董事会条款和限制董事提名权条款的设置以及反收购条款数量的增加，投资不足得到显著缓解。原因可能在于，对于股权分散的公司而言，当控制权市场竞争威胁被削弱以后，管理层会更敢于承担风险，进行长期价值投资，以弥补投资不足。

（二）考虑股权制衡度的影响

第一，考虑股权制衡度对交错董事会条款与投资效率关系的影响，结果如表5-6所示。从调节效应检验结果来看，股权制衡度与交错董事会条款的交乘项 Zh_Sb 系数均不显著。本书还根据股权制衡度（Zh）中位数高低分组再次检验，结果发现，当被解释变量为非效率投资时，交错董事会条款的系数仅在股权制衡度较高时显著为负（系数为 -0.003，t = -1.779），在股权制衡度较低时的系数不显著，两组系数差异均值并不显著；当被解释变量为过度投资时，交错董事会条款的系数均不显著；当被解释变量为投资不足时，交错董事会条款的系数在股权制衡度较高时显著为负（系数为 -0.004，t = -1.989），而在股权制衡度较低时系数不显著，但是两组系数差异均值也并不显著。上述结果说明，股权制衡度对交错董事会条款与投资效率关系的影响并不明显。

表 5-6 　　　　交错董事会条款、股权制衡度与投资效率

	(1)	(2)	(3)	(4)	(5)	(6)	(7)	(8)	(9)
	Uei	Uei	Uei	Overinv	Overinv	Overinv	Underinv	Underinv	Underinv
	高	低	交乘	高	低	交乘	高	低	交乘
Sb	-0.004*	-0.002	-0.003	-0.005	-0.001	-0.004	-0.004**	-0.002	-0.002
	(-1.690)	(-1.069)	(-1.446)	(-1.349)	(-0.415)	(-1.001)	(-1.989)	(-1.103)	(-0.838)
Fcf	0.017***	0.021***	0.019***	0.059***	0.051***	0.054***	-0.013**	-0.003	-0.008**
	(2.694)	(3.991)	(4.682)	(4.761)	(5.141)	(6.991)	(-2.096)	(-0.530)	(-1.961)
Pay	-0.003***	-0.001	-0.002***	-0.005***	0.000	-0.002**	-0.001**	-0.002***	-0.002***
	(-3.670)	(-1.176)	(-3.384)	(-3.728)	(0.375)	(-2.335)	(-2.045)	(-3.101)	(-3.475)
Mf	0.031***	0.020***	0.027***	0.035***	0.003	0.018**	0.030***	0.029***	0.031***
	(5.615)	(3.626)	(6.932)	(3.069)	(0.253)	(2.347)	(5.667)	(5.360)	(8.204)
Es	0.000	-0.001	-0.000	0.002	-0.000	0.001	-0.000	-0.001	-0.001
	(0.440)	(-1.167)	(-0.331)	(1.049)	(-0.277)	(0.701)	(-0.428)	(-1.014)	(-1.038)
Shrcr1	0.004	-0.001	0.001	0.012	-0.003	0.001	0.002	0.004	0.003
	(0.832)	(-0.173)	(0.341)	(1.343)	(-0.576)	(0.261)	(0.363)	(1.443)	(1.152)
Scale	-0.000	0.000	-0.000	0.001	0.001	0.000	-0.001**	-0.000	-0.000**
	(-0.714)	(0.573)	(-0.144)	(1.084)	(1.082)	(1.113)	(-2.320)	(-1.067)	(-2.414)
Inde	0.010	0.005	0.004	0.033*	0.003	0.011	-0.009	0.006	-0.002
	(0.936)	(0.572)	(0.625)	(1.656)	(0.162)	(0.849)	(-0.788)	(0.704)	(-0.377)
Dual	0.003**	0.005***	0.004***	0.004	0.008***	0.007***	0.001	0.002*	0.002**
	(2.294)	(4.126)	(4.888)	(1.608)	(4.022)	(4.352)	(0.937)	(1.767)	(2.289)

续表

	(1)	(2)	(3)	(4)	(5)	(6)	(7)	(8)	(9)
	Uei	Uei	Uei	Overinv	Overinv	Overinv	Underinv	Underinv	Underinv
	高	低	交乘	高	低	交乘	高	低	交乘
Zh_Sb			0.001 (0.244)			0.001 (0.122)			-0.003 (-0.555)
Zh			0.003* (1.955)			0.003 (1.294)			0.003** (1.971)
_Cons	0.063*** (5.740)	0.043*** (4.595)	0.052*** (7.359)	0.073*** (3.559)	0.034* (1.947)	0.056*** (4.209)	0.061*** (5.528)	0.053*** (5.628)	0.055*** (7.699)
Industry	Yes	Yes	Yes	Yes	Yes	Yes	Yes	Yes	Yes
Year	Yes	Yes	Yes	Yes	Yes	Yes	Yes	Yes	Yes
N	6011	7591	13602	2627	3281	5908	3383	4308	7691
R^2_a	0.040	0.058	0.048	0.061	0.061	0.059	0.044	0.076	0.060
F	4.99	8.59	11.80	3.81	4.45	6.75	3.58	6.78	8.61
MeanDiff	(1)-(2)			(4)-(5)			(7)-(8)		
P值	0.5179			0.4135			0.3729		

注：***、**、*分别表示在1%、5%、10%水平上显著；_Cons 表示截距项，R^2_a 为调整后的 R^2；表格中带括号数值表示 t 值，未带括号数值表示系数值。

资料来源：作者整理。

第二，考虑股权制衡度对限制董事提名权持股比例条款与投资效率关系的影响。结果如表5-7所示。从调节效应检验结果来看，当被解释变量为非效率投资和投资不足时，交乘项 Zh_Hr 系数均在5%以上水平显著均为负，表明股权制衡度越高，越能够显著强化限制董事提名权持股比例条款与非效率投资以及投资不足的负向关系。本书还根据股权制衡度（Zh）中位数高低分组再次检验，结果发现，当被解释变量为投资不足时，限制董事提名权持股比例条款的系数仅在股权制衡度较高的组别显著为负，而股权制衡度较低组别的系数不显著，而且两组系数均值存在显著差异（P=0.0151）。上述结果说明，只有当股权制衡度较高时，限制董事提名权持股比例条款抑制非效率投资才更加明显，尤其是在缓解投资不足方面的作用更显著。

表 5-7　限制董事提名权持股比例条款、股权制衡度与投资效率

	(1) Uei 高	(2) Uei 低	(3) Uei 交乘	(4) Overinv 高	(5) Overinv 低	(6) Overinv 交乘	(7) Underinv 高	(8) Underinv 低	(9) Underinv 交乘
Hr	-0.003*** (-2.673)	-0.001 (-1.574)	-0.001 (-0.798)	-0.003 (-1.370)	-0.003* (-1.944)	-0.002 (-1.280)	-0.004*** (-3.307)	-0.000 (-0.278)	0.000 (0.334)
Fcf	0.017*** (2.658)	0.021*** (4.012)	0.019*** (4.680)	0.058*** (4.683)	0.051*** (5.184)	0.053*** (6.976)	-0.013** (-2.065)	-0.003 (-0.550)	-0.008* (-1.951)
Pay	-0.003*** (-3.726)	-0.001 (-1.211)	-0.002*** (-3.470)	-0.005*** (-3.766)	0.000 (0.363)	-0.002** (-2.422)	-0.002** (-2.096)	-0.002*** (-3.142)	-0.002*** (-3.553)
Mf	0.031*** (5.604)	0.020*** (3.611)	0.027*** (6.847)	0.035*** (3.054)	0.002 (0.193)	0.018** (2.245)	0.031*** (5.715)	0.029*** (5.351)	0.031*** (8.162)
Es	0.000 (0.290)	-0.001 (-1.262)	-0.000 (-0.509)	0.002 (0.944)	-0.000 (-0.300)	0.001 (0.608)	-0.001 (-0.566)	-0.001 (-1.061)	-0.001 (-1.177)
Shrcr1	0.004 (0.917)	-0.000 (-0.130)	0.001 (0.410)	0.013 (1.436)	-0.004 (-0.604)	0.002 (0.318)	0.002 (0.479)	0.005 (1.597)	0.003 (1.268)
Scale	-0.000 (-0.662)	0.000 (0.656)	-0.000 (-0.020)	0.001 (1.086)	0.001 (1.074)	0.000 (1.157)	-0.001** (-2.219)	-0.000 (-0.993)	-0.000** (-2.310)
Inde	0.011 (0.979)	0.005 (0.564)	0.004 (0.625)	0.033* (1.650)	0.003 (0.191)	0.010 (0.832)	-0.007 (-0.647)	0.005 (0.683)	-0.002 (-0.316)
Dual	0.003** (2.178)	0.005*** (4.132)	0.004*** (4.799)	0.003 (1.508)	0.008*** (3.984)	0.006*** (4.257)	0.001 (0.871)	0.002* (1.801)	0.002** (2.272)
Zh_Hr			-0.005** (-1.973)			-0.003 (-0.548)			-0.008*** (-2.967)
Zh			0.004*** (2.625)			0.004 (1.448)			0.004*** (2.921)
_Cons	0.063*** (5.784)	0.043*** (4.630)	0.052*** (7.385)	0.074*** (3.595)	0.035** (1.984)	0.057*** (4.294)	0.061*** (5.520)	0.053*** (5.625)	0.055*** (7.652)
Industry	Yes	Yes	Yes	Yes	Yes	Yes	Yes	Yes	Yes
Year	Yes	Yes	Yes	Yes	Yes	Yes	Yes	Yes	Yes
N	6011	7591	13602	2627	3281	5908	3383	4308	7691
R^2_a	0.040	0.059	0.049	0.061	0.062	0.059	0.046	0.075	0.061
F	5.06	8.61	11.97	3.81	4.52	6.81	3.70	6.76	8.80
MeanDiff		(1)-(2)			(4)-(5)			(7)-(8)	
P值		0.2623			0.8670			0.0151	

注：***、**、* 分别表示在1%、5%、10%水平上显著；_Cons表示截距项，R^2_a 为调整后的 R^2；表格中带括号数值表示 t 值，未带括号数值表示系数值。

资料来源：作者整理。

第三，考虑股权制衡度对限制董事提名权持股时间条款与投资效率关系的影响。结果如表5－8所示。从调节效应检验结果来看，股权制衡度与交错董事会条款的交乘项 Zh_Ht 系数均不显著。本书还根据股权制衡度（Zh）中位数高低分组检验，结果发现，当被解释变量为投资不足时，交错董事会条款的系数在股权制衡度较高时显著为负（系数为 -0.003，t = -1.883），在股权制衡度较低时其系数为正且不显著，但是两组系数均值差异并不显著。上述结果说明，股权制衡度对董事提名权持股时间条款与投资效率关系的影响也不明显。

表 5－8　限制董事提名权持股时间条款、股权制衡度与投资效率

	(1)	(2)	(3)	(4)	(5)	(6)	(7)	(8)	(9)
	Uei	Uei	Uei	$Overinv$	$Overinv$	$Overinv$	$Underinv$	$Underinv$	$Underinv$
	高	低	交乘	高	低	交乘	高	低	交乘
Ht	-0.001 (-0.734)	-0.001 (-0.721)	-0.000 (-0.175)	0.000 (0.100)	-0.003 (-0.960)	-0.001 (-0.403)	-0.003 * (-1.883)	0.000 (0.067)	0.001 (0.396)
Fcf	0.017 *** (2.693)	0.021 *** (3.990)	0.019 *** (4.673)	0.058 *** (4.697)	0.051 *** (5.169)	0.054 *** (6.976)	-0.013 ** (-2.075)	-0.003 (-0.560)	-0.008 * (-1.959)
Pay	-0.003 *** (-3.721)	-0.001 (-1.195)	-0.002 *** (-3.467)	-0.005 *** (-3.722)	0.001 (0.417)	-0.002 ** (-2.368)	-0.002 ** (-2.104)	-0.002 *** (-3.146)	-0.002 *** (-3.569)
Mf	0.032 *** (5.644)	0.020 *** (3.593)	0.027 *** (6.903)	0.035 *** (3.108)	0.002 (0.226)	0.018 ** (2.337)	0.030 *** (5.684)	0.029 *** (5.345)	0.031 *** (8.181)
Es	0.001 (0.506)	-0.001 (-1.180)	-0.000 (-0.304)	0.002 (1.045)	-0.000 (-0.274)	0.001 (0.697)	-0.000 (-0.282)	-0.001 (-1.044)	-0.001 (-0.981)
$Shrcr1$	0.005 (1.025)	-0.000 (-0.098)	0.001 (0.556)	0.014 (1.509)	-0.003 (-0.590)	0.002 (0.417)	0.003 (0.564)	0.005 (1.621)	0.004 (1.388)
$Scale$	-0.000 (-0.716)	0.000 (0.618)	-0.000 (-0.083)	0.001 (1.021)	0.001 (1.109)	0.000 (1.134)	-0.001 ** (-2.231)	-0.000 (-1.003)	-0.000 ** (-2.339)
$Inde$	0.010 (0.969)	0.005 (0.567)	0.004 (0.622)	0.033 * (1.664)	0.003 (0.170)	0.010 (0.838)	-0.008 (-0.681)	0.005 (0.681)	-0.002 (-0.328)
$Dual$	0.003 ** (2.302)	0.005 *** (4.194)	0.004 *** (4.945)	0.004 (1.617)	0.008 *** (4.070)	0.007 *** (4.412)	0.001 (0.941)	0.002 * (1.810)	0.002 ** (2.316)
Zh_Ht			-0.002 (-0.545)			0.002 (0.229)			-0.006 (-1.551)
Zh			0.003 ** (2.250)			0.004 (1.356)			0.003 ** (2.373)

续表

	(1)	(2)	(3)	(4)	(5)	(6)	(7)	(8)	(9)
	Uei	Uei	Uei	Overinv	Overinv	Overinv	Underinv	Underinv	Underinv
	高	低	交乘	高	低	交乘	高	低	交乘
_Cons	0.063 ***	0.043 ***	0.052 ***	0.072 ***	0.034 *	0.056 ***	0.061 ***	0.053 ***	0.055 ***
	(5.719)	(4.585)	(7.345)	(3.521)	(1.901)	(4.196)	(5.450)	(5.621)	(7.657)
Industry	Yes	Yes	Yes	Yes	Yes	Yes	Yes	Yes	Yes
Year	Yes	Yes	Yes	Yes	Yes	Yes	Yes	Yes	Yes
N	6011	7591	13602	2627	3281	5908	3383	4308	7691
R^2_a	0.039	0.058	0.048	0.061	0.061	0.058	0.044	0.075	0.060
F	4.95	8.58	11.76	3.77	4.47	6.72	3.57	6.76	8.61
MeanDiff		(1)-(2)			(4)-(5)			(7)-(8)	
P值		0.9326			0.4838			0.1134	

注：***、**、* 分别表示在1%、5%、10%水平上显著；_Cons 表示截距项，R^2_a 为调整后的 R^2；表格中带括号数值表示 t 值，未带括号数值表示系数值。

资料来源：作者整理。

第四，考虑股权制衡度对反收购条款数量与投资效率关系的影响，结果如表5-9所示。从调节效应检验结果来看，当被解释变量为投资不足时，交乘项 Zh_Atpnum 系数为-0.005，而且在1%水平上显著，表明股权制衡度越高，越能够显著强化化反收购条款数量与投资不足的负向关系。本书还根据股权制衡度（Zh）中位数高低分组再次检验，结果发现，当被解释变量为非效率投资时，反收购条款数量的系数在股权制衡度较高时，显著程度较高，其系数绝对值较大，而在股权制衡度较低时，系数显著程度较低，其系数绝对值也更小，但两组系数均值差异并不显著；当被解释变量为过度投资时，反收购条款数量的系数在股权制衡度较高时并不显著，而在股权制衡度较低时，该系数在10%水平上显著，但两组系数均值差异也不显著；当被解释变量为投资不足时，反收购条款数量的系数在股权制衡度较高时显著为负（系数为-0.003，t=-3.663），在股权制衡度较低时其系数接近于零且不显著，但是均值差异检验表明，高低两组系数存在显著差异（P=0.0086）。上述结果说明，当股权制衡度较高时，反收购条款数量越多，其缓解投资不足的作用更加明显。

表 5-9　　反收购条款数量、股权制衡度与投资效率

	(1)	(2)	(3)	(4)	(5)	(6)	(7)	(8)	(9)
	Uei	Uei	Uei	$Overinv$	$Overinv$	$Overinv$	$Underinv$	$Underinv$	$Underinv$
	高	低	交乘	高	低	交乘	高	低	交乘
$Atpnum$	-0.002***	-0.001*	-0.001	-0.002	-0.002*	-0.002	-0.003***	-0.000	0.000
	(-2.624)	(-1.710)	(-1.084)	(-1.306)	(-1.841)	(-1.370)	(-3.663)	(-0.532)	(0.127)
Fcf	0.017***	0.021***	0.019***	0.059***	0.051***	0.054***	-0.014**	-0.003	-0.008*
	(2.693)	(4.025)	(4.708)	(4.742)	(5.191)	(7.022)	(-2.114)	(-0.541)	(-1.956)
Pay	-0.003***	-0.001	-0.002***	-0.005***	0.001	-0.002**	-0.001**	-0.002***	-0.002***
	(-3.682)	(-1.159)	(-3.397)	(-3.765)	(0.447)	(-2.353)	(-1.978)	(-3.128)	(-3.465)
Mf	0.031***	0.020***	0.027***	0.035***	0.003	0.018**	0.030***	0.029***	0.031***
	(5.600)	(3.621)	(6.864)	(3.063)	(0.233)	(2.283)	(5.694)	(5.356)	(8.166)
Es	0.000	-0.001	-0.000	0.002	-0.000	0.001	-0.001	-0.001	-0.001
	(0.368)	(-1.224)	(-0.407)	(1.003)	(-0.283)	(0.671)	(-0.520)	(-1.059)	(-1.118)
$Shrcr1$	0.004	-0.001	0.001	0.012	-0.004	0.001	0.001	0.005	0.003
	(0.812)	(-0.248)	(0.248)	(1.386)	(-0.692)	(0.211)	(0.300)	(1.525)	(1.113)
$Scale$	-0.000	0.000	-0.000	0.001	0.000	0.000	-0.001**	-0.000	-0.000**
	(-0.620)	(0.607)	(-0.036)	(1.111)	(1.060)	(1.163)	(-2.173)	(-1.009)	(-2.313)
$Inde$	0.011	0.005	0.004	0.033*	0.003	0.011	-0.007	0.006	-0.002
	(0.990)	(0.589)	(0.646)	(1.655)	(0.201)	(0.853)	(-0.629)	(0.692)	(-0.310)
$Dual$	0.003**	0.005***	0.004***	0.003	0.008***	0.006***	0.001	0.002*	0.002**
	(2.181)	(4.124)	(4.808)	(1.531)	(3.971)	(4.285)	(0.822)	(1.795)	(2.229)
Zh_Atpnum			-0.002			-0.000			-0.005***
			(-1.389)			(-0.152)			(-2.796)
ZH			0.003**			0.003			0.004***
			(2.313)			(1.224)			(2.792)
$\_Cons$	0.063***	0.043***	0.052***	0.074***	0.034*	0.056***	0.060***	0.053***	0.054***
	(5.741)	(4.602)	(7.353)	(3.590)	(1.914)	(4.248)	(5.418)	(5.628)	(7.593)
Industry	Yes	Yes	Yes	Yes	Yes	Yes	Yes	Yes	Yes
Year	Yes	Yes	Yes	Yes	Yes	Yes	Yes	Yes	Yes
N	6011	7591	13602	2627	3281	5908	3383	4308	7691
R^2_a	0.040	0.059	0.049	0.061	0.062	0.059	0.047	0.075	0.061
F	5.06	8.62	11.93	3.80	4.51	6.80	3.74	6.76	8.81
MeanDiff	(1)-(2)			(4)-(5)			(7)-(8)		
P值	0.3259			0.8352			0.0086		

注：***、**、*分别表示在1%、5%、10%水平上显著；_Cons 表示截距项，R^2_a 为调整后的 R^2；表格中带括号数值表示 t 值，未带括号数值表示系数值。

资料来源：作者整理。

因此，本书假设 H5-2 部分得到证实。即在股权制衡度较高的情形下，随着限制董事提名权持股比例条款的设置以及反收购条款数量的增加，缓解投资不足的作用更加明显。原因可能在于：当上市公司股权制衡度较高时，公司治理结构较好，各大股东之间相互制衡和监督，有利于减少代理问题，提高资源配置效率；在股权制衡度较高的情形下，公司控制权力较为分散，为了防止控制权被恶意掠夺，上市公司有动机设置反收购条款，维护公司控制权的稳定。由于外部竞争威胁的减弱，管理层短视行为减少，承担风险能力增强，更敢于进行创新和研发，提升价值投资，有效缓解投资不足。

（三）考虑管理层持股的影响

第一，考虑管理层持股对交错董事会条款与投资效率关系的影响。结果如表 5-10 所示。从调节效应检验结果来看，交乘项 Es_Sb 系数虽然都为负数，但均不显著。本书还根据管理层是否持股（Es）再次分组检验，结果发现，当被解释变量为非效率投资时，交错董事会条款的系数仅在管理层持股时显著为负（系数为 -0.004，$t = -2.598$），而管理层不持股时系数接近于 0 且不显著，两组系数均值也存在显著差异（$P = 0.0899$）；当被解释变量为过度投资时，交错董事会条款的系数在管理层持股时显著为负（系数为 -0.007，$t = -2.161$），而管理层不持股时系数却为正且不显著，两组系数均值也存在显著差异（$P = 0.0826$）；当被解释变量为投资不足时，交错董事会条款的系数在管理层持股时显著为负（系数为 -0.003，$t = -2.003$），而管理层不持股时系数虽然也为负，但却不显著，但系数均值差异检验却不显著。上述结果说明，只有当管理层持股时，交错董事会条款的设置才有利于抑制非效率投资，特别是对于过度投资的抑制作用更为显著。

第二，考虑管理层持股对限制董事提名权持股比例条款与投资效率关系的影响。结果如表 5-11 所示。从调节效应检验结果来看，交乘项 Es_Hr 系数均不显著。本书还根据管理层是否持股（Es）再次分组检验，结果发现，不论管理层是否持股，限制董事提名权持股比例条款的系数均显著为负，且组间系数均值差异也不显著，说明不论管理层是否持股，对限制董事提名权持股比例条款与投资效率关系的影响不明显。

表 5-10　　　　交错董事会条款、管理层持股与投资效率

	(1)	(2)	(3)	(4)	(5)	(6)	(7)	(8)	(9)
	Uei	Uei	Uei	Overinv	Overinv	Overinv	Underinv	Underinv	Underinv
	是	否	交乘	是	否	交乘	是	否	交乘
Sb	-0.004***	0.000	0.000	-0.007**	0.002	0.001	-0.003**	-0.001	-0.001
	(-2.598)	(0.195)	(0.010)	(-2.161)	(0.461)	(0.245)	(-2.003)	(-0.410)	(-0.515)
Fcf	0.021***	0.017***	0.019***	0.055***	0.054***	0.054***	-0.007	-0.010	-0.008**
	(3.925)	(2.738)	(4.751)	(5.277)	(4.662)	(7.043)	(-1.363)	(-1.497)	(-1.976)
Pay	-0.002***	-0.001	-0.002***	-0.002*	-0.002	-0.002**	-0.002***	-0.001	-0.002***
	(-2.703)	(-1.583)	(-3.218)	(-1.780)	(-1.221)	(-2.264)	(-3.553)	(-1.037)	(-3.298)
Mf	0.031***	0.021***	0.027***	0.023*	0.013	0.018**	0.035***	0.027***	0.031***
	(5.619)	(3.720)	(6.927)	(1.921)	(1.222)	(2.362)	(6.928)	(4.550)	(8.324)
Shrcr1	-0.001	-0.004	-0.002	0.002	-0.008	-0.003	0.001	-0.000	0.001
	(-0.233)	(-1.204)	(-0.989)	(0.398)	(-1.250)	(-0.615)	(0.539)	(-0.102)	(0.275)
Scale	-0.000	-0.000	-0.000	0.001	0.000	0.000	-0.001**	-0.000	-0.000**
	(-0.003)	(-0.157)	(-0.104)	(1.314)	(0.155)	(1.167)	(-2.492)	(-0.924)	(-2.427)
Inde	0.003	0.005	0.004	0.010	0.008	0.011	-0.008	0.002	-0.003
	(0.303)	(0.449)	(0.578)	(0.585)	(0.382)	(0.862)	(-0.932)	(0.221)	(-0.499)
Dual	0.004***	0.002	0.004***	0.008***	0.004	0.007***	0.002**	0.002	0.002**
	(4.618)	(1.633)	(4.941)	(4.327)	(1.301)	(4.408)	(1.996)	(1.012)	(2.242)
Es_Sb			-0.004			-0.007			-0.003
			(-1.639)			(-1.440)			(-0.982)
Es			0.000			0.001			-0.000
			(0.057)			(1.002)			(-0.737)
_Cons	0.058***	0.047***	0.053***	0.059***	0.054***	0.056***	0.067***	0.042***	0.055***
	(6.128)	(4.239)	(7.440)	(3.237)	(2.685)	(4.254)	(7.209)	(3.544)	(7.748)
Industry	Yes	Yes	Yes	Yes	Yes	Yes	Yes	Yes	Yes
Year	Yes	Yes	Yes	Yes	Yes	Yes	Yes	Yes	Yes
N	7892	5710	13602	3415	2493	5908	4456	3195	7651
R^2_a	0.045	0.053	0.048	0.048	0.073	0.059	0.067	0.048	0.060
F	7.14	6.36	11.97	3.85	4.31	6.86	6.25	3.70	8.78
MeanDiff		(1)-(2)			(4)-(5)			(7)-(8)	
P值		0.0899			0.0826			0.4278	

注：***、**、*分别表示在1%、5%、10%水平上显著；_Cons表示截距项，R^2_a 为调整后的 R^2；表格中带括号数值表示t值，未带括号数值表示系数值。

资料来源：作者整理。

表 5-11　限制董事提名权持股比例条款、管理层持股与投资效率

	(1) Uei 是	(2) Uei 否	(3) Uei 交乘	(4) Overinv 是	(5) Overinv 否	(6) Overinv 交乘	(7) Underinv 是	(8) Underinv 否	(9) Underinv 交乘
Hr	-0.002** (-2.094)	-0.003** (-2.341)	-0.002** (-2.249)	-0.003* (-1.784)	-0.003 (-1.607)	-0.003 (-1.343)	-0.002* (-1.689)	-0.002** (-2.013)	-0.002** (-2.064)
Fcf	0.021*** (3.914)	0.017*** (2.758)	0.019*** (4.752)	0.054*** (5.223)	0.054*** (4.674)	0.054*** (7.016)	-0.007 (-1.333)	-0.010 (-1.485)	-0.008* (-1.953)
Pay	-0.002*** (-2.833)	-0.001 (-1.559)	-0.002*** (-3.323)	-0.002* (-1.879)	-0.002 (-1.200)	-0.002** (-2.332)	-0.002*** (-3.677)	-0.001 (-1.012)	-0.002*** (-3.403)
Mf	0.031*** (5.513)	0.022*** (3.808)	0.027*** (6.903)	0.020* (1.700)	0.013 (1.240)	0.017** (2.229)	0.035*** (6.930)	0.027*** (4.649)	0.032*** (8.384)
$Shrcr1$	-0.000 (-0.084)	-0.004 (-1.239)	-0.002 (-0.904)	0.003 (0.558)	-0.008 (-1.320)	-0.002 (-0.548)	0.002 (0.631)	-0.000 (-0.040)	0.001 (0.395)
$Scale$	0.000 (0.117)	-0.000 (-0.161)	-0.000 (-0.007)	0.001 (1.345)	0.000 (0.122)	0.000 (1.167)	-0.001** (-2.333)	-0.000 (-0.893)	-0.000** (-2.263)
$Inde$	0.003 (0.310)	0.005 (0.492)	0.004 (0.611)	0.010 (0.588)	0.008 (0.404)	0.011 (0.866)	-0.007 (-0.923)	0.003 (0.254)	-0.003 (-0.460)
$Dual$	0.004*** (4.657)	0.002 (1.463)	0.004*** (4.869)	0.008*** (4.346)	0.003 (1.141)	0.007*** (4.340)	0.002** (2.032)	0.001 (0.924)	0.002** (2.212)
Es_Hr			0.000 (0.050)			-0.001 (-0.423)			0.001 (0.350)
Es			-0.000 (-0.483)			0.001 (0.716)			-0.001 (-1.195)
$\_Cons$	0.059*** (6.227)	0.047*** (4.276)	0.054*** (7.588)	0.060*** (3.337)	0.055*** (2.737)	0.058*** (4.374)	0.068*** (7.281)	0.042*** (3.539)	0.056*** (7.850)
Industry	Yes	Yes	Yes	Yes	Yes	Yes	Yes	Yes	Yes
Year	Yes	Yes	Yes	Yes	Yes	Yes	Yes	Yes	Yes
N	7892	5710	13602	3415	2493	5908	4456	3195	7651
R^2_a	0.045	0.054	0.049	0.047	0.074	0.059	0.067	0.050	0.060
F	7.10	6.46	12.03	3.82	4.35	6.89	6.23	3.77	8.82
MeanDiff		(1)-(2)			(4)-(5)			(7)-(8)	
P 值		0.6836			0.9942			0.6169	

注：***、**、*分别表示在1%、5%、10%水平上显著；_Cons 表示截距项，R^2_a 为调整后的 R^2；表格中带括号数值表示 t 值，未带括号数值表示系数值。

资料来源：作者整理。

第三，考虑管理层持股对限制董事提名权持股时间条款与投资效率关系的影响。结果如表 5-12 所示。从调节效应检验结果来看，交乘项 Es_Ht 系数均不显著。本书还根据管理层是否持股（Es）再次分组检验，结果发现，不论管理层是否持股，限制董事提名权持股时间条款的系数均不显著。上述结果说明，不论管理层是否持股，对限制董事提名权持股时间条款与非效率投资的影响均不明显。

表 5-12　　限制董事提名权持股时间条款、管理层持股与投资效率

	(1)	(2)	(3)	(4)	(5)	(6)	(7)	(8)	(9)
	Uei	Uei	Uei	Overinv	Overinv	Overinv	Underinv	Underinv	Underinv
	是	否	交乘	是	否	交乘	是	否	交乘
Ht	-0.001 (-0.464)	-0.000 (-0.198)	-0.001 (-0.631)	-0.001 (-0.272)	0.001 (0.226)	-0.000 (-0.090)	-0.001 (-0.508)	-0.001 (-0.512)	-0.002 (-1.068)
Fcf	0.021*** (3.900)	0.017*** (2.742)	0.019*** (4.739)	0.055*** (5.234)	0.054*** (4.645)	0.054*** (7.015)	-0.007 (-1.360)	-0.010 (-1.506)	-0.008** (-1.989)
Pay	-0.002*** (-2.828)	-0.001 (-1.568)	-0.002*** (-3.302)	-0.002* (-1.842)	-0.002 (-1.213)	-0.002** (-2.297)	-0.002*** (-3.682)	-0.001 (-1.032)	-0.002*** (-3.399)
Mf	0.031*** (5.563)	0.021*** (3.726)	0.027*** (6.906)	0.021* (1.815)	0.013 (1.204)	0.018** (2.311)	0.035*** (6.919)	0.027*** (4.554)	0.031*** (8.326)
$Shrcr1$	-0.000 (-0.035)	-0.004 (-1.241)	-0.002 (-0.874)	0.003 (0.567)	-0.008 (-1.309)	-0.002 (-0.525)	0.002 (0.681)	-0.000 (-0.079)	0.001 (0.376)
$Scale$	0.000 (0.048)	-0.000 (-0.165)	-0.000 (-0.072)	0.001 (1.307)	0.000 (0.148)	0.000 (1.152)	-0.001** (-2.409)	-0.000 (-0.925)	-0.000** (-2.360)
$Inde$	0.003 (0.324)	0.005 (0.456)	0.004 (0.607)	0.010 (0.587)	0.008 (0.395)	0.011 (0.872)	-0.007 (-0.906)	0.003 (0.230)	-0.003 (-0.455)
$Dual$	0.004*** (4.707)	0.002 (1.632)	0.004*** (5.017)	0.008*** (4.420)	0.004 (1.281)	0.007*** (4.475)	0.002** (2.054)	0.002 (1.046)	0.002** (2.316)
Es_Ht			0.000 (0.045)			-0.001 (-0.208)			0.001 (0.416)
Es			-0.000 (-0.318)			0.001 (0.708)			-0.001 (-1.035)
$\_Cons$	0.058*** (6.199)	0.047*** (4.236)	0.053*** (7.510)	0.059*** (3.288)	0.055*** (2.695)	0.057*** (4.306)	0.068*** (7.263)	0.042*** (3.529)	0.056*** (7.802)

续表

	(1)	(2)	(3)	(4)	(5)	(6)	(7)	(8)	(9)
	Uei	Uei	Uei	Overinv	Overinv	Overinv	Underinv	Underinv	Underinv
	是	否	交乘	是	否	交乘	是	否	交乘
Industry	Yes	Yes	Yes	Yes	Yes	Yes	Yes	Yes	Yes
Year	Yes	Yes	Yes	Yes	Yes	Yes	Yes	Yes	Yes
N	7892	5710	13602	3415	2493	5908	4456	3195	7651
R^2_a	0.044	0.053	0.048	0.046	0.073	0.058	0.066	0.048	0.060
F	7.02	6.36	11.87	3.76	4.31	6.79	6.18	3.71	8.72
MeanDiff		(1)-(2)			(4)-(5)			(7)-(8)	
P 值		0.9156			0.7287			0.8738	

注：***、**、*分别表示在1%、5%、10%水平上显著；_Cons 表示截距项，R^2_a 为调整后的 R^2；表格中带括号数值表示 t 值，未带括号数值表示系数值。

资料来源：作者整理。

第四，考虑管理层持股对反收购条款数量与投资效率关系的影响。结果如表5-13所示。从调节效应检验结果来看，交乘项 Es_Atpnum 系数均不显著。本书还根据管理层是否持股（Es）再次分组检验，结果发现，当被解释变量为非效率投资和过度投资，反收购条款数量的系数仅在管理层持股的组别显著为负，而管理层不持股时系数也为负，但却不显著；当被解释变量为投资不足时，不论管理层是否持股，反收购条款数量的系数均显著为负，然而对上述组别系数均值进行差异检验时，都不显著。说明不论管理层是否持股，对反收购条款数量与投资效率关系的影响并不明显。

表5-13　　　　反收购条款数量、管理层持股与投资效率

	(1)	(2)	(3)	(4)	(5)	(6)	(7)	(8)	(9)
	Uei	Uei	Uei	Overinv	Overinv	Overinv	Underinv	Underinv	Underinv
	是	否	交乘	是	否	交乘	是	否	交乘
Atpnum	-0.001**	-0.001	-0.001*	-0.002**	-0.001	-0.001	-0.001**	-0.001*	-0.001**
	(-2.428)	(-1.633)	(-1.806)	(-2.011)	(-0.859)	(-0.881)	(-1.978)	(-1.741)	(-2.033)
Fcf	0.021***	0.017***	0.019***	0.055***	0.054***	0.054***	-0.007	-0.010	-0.008*
	(3.940)	(2.761)	(4.777)	(5.266)	(4.682)	(7.057)	(-1.330)	(-1.496)	(-1.958)
Pay	-0.002***	-0.001	-0.002***	-0.002*	-0.002	-0.002**	-0.002***	-0.001	-0.002***
	(-2.775)	(-1.523)	(-3.240)	(-1.850)	(-1.165)	(-2.279)	(-3.614)	(-0.997)	(-3.332)

续表

	(1)	(2)	(3)	(4)	(5)	(6)	(7)	(8)	(9)
	Uei	Uei	Uei	Overinv	Overinv	Overinv	Underinv	Underinv	Underinv
	是	否	交乘	是	否	交乘	是	否	交乘
Mf	0.031***	0.021***	0.027***	0.021*	0.013	0.018**	0.035***	0.027***	0.031***
	(5.520)	(3.788)	(6.893)	(1.749)	(1.227)	(2.254)	(6.906)	(4.637)	(8.360)
$Shrcr1$	-0.001	-0.005	-0.002	0.002	-0.008	-0.003	0.001	-0.001	0.000
	(-0.227)	(-1.320)	(-1.084)	(0.419)	(-1.332)	(-0.670)	(0.525)	(-0.170)	(0.200)
$Scale$	0.000	-0.000	-0.000	0.001	0.000	0.000	-0.001**	-0.000	-0.000**
	(0.103)	(-0.185)	(-0.034)	(1.378)	(0.131)	(1.199)	(-2.385)	(-0.936)	(-2.334)
$Inde$	0.003	0.005	0.004	0.010	0.008	0.011	-0.007	0.003	-0.003
	(0.340)	(0.496)	(0.644)	(0.615)	(0.401)	(0.888)	(-0.902)	(0.276)	(-0.420)
$Dual$	0.004***	0.002	0.004***	0.008***	0.003	0.007***	0.002**	0.002	0.002**
	(4.608)	(1.551)	(4.862)	(4.303)	(1.236)	(4.336)	(1.998)	(0.967)	(2.196)
Es_Atpnum			-0.000			-0.001			0.000
			(-0.345)			(-0.737)			(0.182)
Es			-0.000			0.001			-0.001
			(-0.194)			(0.929)			(-1.039)
$\_Cons$	0.058***	0.047***	0.053***	0.060***	0.055***	0.057***	0.067***	0.042***	0.056***
	(6.172)	(4.247)	(7.506)	(3.299)	(2.697)	(4.304)	(7.232)	(3.540)	(7.803)
Industry	Yes	Yes	Yes	Yes	Yes	Yes	Yes	Yes	Yes
Year	Yes	Yes	Yes	Yes	Yes	Yes	Yes	Yes	Yes
N	7892	5710	13602	3415	2493	5908	4456	3195	7651
R^2_a	0.045	0.054	0.049	0.047	0.073	0.059	0.067	0.049	0.061
F	7.12	6.41	12.03	3.83	4.32	6.88	6.25	3.75	8.84
MeanDiff		(1)-(2)			(4)-(5)			(7)-(8)	
P值		0.8541			0.5436			0.7961	

注:***、**、*分别表示在1%、5%、10%水平上显著;_Cons表示截距项,R^2_a为调整后的R^2;表格中带括号数值表示t值,未带括号数值表示系数值。

资料来源:作者整理。

因此,本书假设 H5-3 得到部分验证。即当管理层持股时,交错董事会条款抑制过度投资的作用会更为明显。可能的原因在于,交错董事会条款的设置稳固了管理层职位和控制权,有助于引导管理层集中精力合理配置公司资源，避免过度投资，促进公司投资效率提升，而高管持股所具有的激励效应，进一步增强了交错董事会条款对过度投资的治理效应。

（四）考虑股权性质的影响

第一，考虑股权性质对交错董事会条款与投资效率关系的影响。结果如表5-14所示。从调节效应检验结果来看，当被解释变量为非效率投资和投资不足时，股权性质与交错董事会条款的交乘项 Ownship_Sb 系数均显著为正。本书根据股权性质（Ownship）再次分组检验，结果发现，当被解释变量为非效率投资时，交错董事会条款的系数仅在非国有企业中显著为负（系数为 -0.005，t = -2.848），而在国有企业中该系数不显著，且两组系数均值差异在5%水平上显著（P=0.0335）；当被解释变量为过度投资时，交错董事会条款的系数仅在非国有企业中显著为负（系数为 -0.006，t = -1.798），而在国有企业中系数不显著，但是两组系数均值差异并不显著；当被解释变量为投资不足时，交错董事会条款的系数在非国有企业中显著为负（系数为 -0.005，t = -2.831），而在国有企业中该系数却为正且不显著，且两组系数均值差异也在5%水平上显著（P=0.0226）。上述结果说明，当上市公司拥有非国有性质股权时，交错董事会条款的设置抑制非效率投资的作用更加显著，尤其是缓解投资不足的作用更为突出。

表5-14　　　　交错董事会条款、股权性质与投资效率

	(1)	(2)	(3)	(4)	(5)	(6)	(7)	(8)	(9)
	Uei	Uei	Uei	Overinv	Overinv	Overinv	Underinv	Underinv	Underinv
	国有	非国有	交乘	国有	非国有	交乘	国有	非国有	交乘
Sb	-0.000 (-0.007)	-0.005*** (-2.848)	-0.005*** (-2.847)	-0.001 (-0.424)	-0.006* (-1.798)	-0.006* (-1.783)	0.001 (0.303)	-0.005*** (-2.831)	-0.005*** (-2.785)
Fcf	0.023*** (4.095)	0.013** (2.177)	0.018*** (4.528)	0.053*** (4.933)	0.051*** (4.669)	0.053*** (6.936)	-0.002 (-0.388)	-0.015** (-2.564)	-0.009** (-2.141)
Pay	-0.001 (-0.777)	-0.002*** (-2.586)	-0.001*** (-2.845)	0.001 (0.450)	-0.004*** (-2.989)	-0.002* (-1.919)	-0.002** (-2.275)	-0.001** (-2.042)	-0.001*** (-3.063)

续表

	(1)	(2)	(3)	(4)	(5)	(6)	(7)	(8)	(9)
	Uei	Uei	Uei	Overinv	Overinv	Overinv	Underinv	Underinv	Underinv
	国有	非国有	交乘	国有	非国有	交乘	国有	非国有	交乘
Mf	0.018*** (2.927)	0.028*** (5.456)	0.024*** (6.236)	0.007 (0.571)	0.019* (1.837)	0.012 (1.573)	0.024*** (3.849)	0.032*** (6.590)	0.030*** (7.953)
Es	-0.003*** (-2.959)	0.001 (0.635)	-0.001 (-1.107)	-0.002 (-1.351)	0.002 (0.918)	0.000 (0.247)	-0.002** (-2.335)	-0.000 (-0.232)	-0.001* (-1.733)
$Shrcr1$	-0.004 (-1.311)	0.003 (0.829)	0.000 (0.070)	-0.014** (-2.403)	0.010 (1.602)	-0.001 (-0.230)	0.006** (2.066)	-0.001 (-0.298)	0.003 (1.272)
$Scale$	0.000 (1.342)	-0.000 (-0.083)	0.000 (1.097)	0.001 (1.405)	0.001 (1.015)	0.001* (1.892)	-0.000 (-0.704)	-0.000 (-1.354)	-0.000 (-1.421)
$Inde$	0.005 (0.530)	0.000 (0.002)	0.005 (0.807)	0.003 (0.160)	0.018 (0.936)	0.014 (1.152)	0.001 (0.133)	-0.010 (-0.958)	-0.003 (-0.416)
$Dual$	0.000 (0.153)	0.004*** (3.495)	0.003*** (3.674)	0.002 (0.672)	0.006*** (3.365)	0.006*** (3.719)	-0.000 (-0.112)	0.001 (1.003)	0.001 (1.184)
$Ownship\_Sb$			0.005* (1.935)			0.005 (0.993)			0.005* (1.925)
$Ownship$			-0.006*** (-7.695)			-0.006*** (-4.689)			-0.005*** (-6.516)
$\_Cons$	0.039*** (4.029)	0.056*** (5.205)	0.051*** (7.225)	0.026 (1.405)	0.076*** (3.773)	0.053*** (4.023)	0.055*** (5.561)	0.052*** (4.896)	0.055*** (7.718)
Industry	Yes	Yes	Yes	Yes	Yes	Yes	Yes	Yes	Yes
Year	Yes	Yes	Yes	Yes	Yes	Yes	Yes	Yes	Yes
N	6809	6722	13531	2936	2941	5877	3870	3781	7651
R^2_a	0.073	0.039	0.052	0.088	0.046	0.062	0.082	0.058	0.065
F	9.88	5.46	12.61	5.83	3.33	7.04	6.88	4.82	9.34
MeanDiff		(1)-(2)			(4)-(5)			(7)-(8)	
P值		0.0335			0.2830			0.0226	

注：***、**、* 分别表示在1%、5%、10%水平上显著；_Cons 表示截距项，R^2_a 为调整后的 R^2；表格中带括号数值表示t值，未带括号数值表示系数值。

资料来源：作者整理。

第二，考虑股权性质对限制董事提名权持股比例条款与投资效率关系的影响。结果如表5-15所示。从调节效应检验结果来看，交乘项 Ownship_Hr 系数均不显著。本书还根据股权性质（Ownship）再次分组检验，结果发现，当被解释变量为非效率投资时，限制董事提名权持股比例条款系数仅在国有企业中显著为负，而在非国有企业中并不显著；当被解释变量为过度投资时，限制董事提名权持股比例条款的系数也仅在国有企业中显著为负，而在非国有企业中也不显著，且组间系数均值存在显著差异（P = 0.0945）；当被解释变量为投资不足时，限制董事提名权持股比例条款的系数均不显著。上述结果说明，上市公司的国有性质会增强限制董事提名权持股比例条款对过度投资的抑制作用。

表5-15　　限制董事提名权持股比例条款、股权性质与投资效率

	(1)	(2)	(3)	(4)	(5)	(6)	(7)	(8)	(9)
	Uei	Uei	Uei	$Overinv$	$Overinv$	$Overinv$	$Underinv$	$Underinv$	$Underinv$
	国有	非国有	交乘	国有	非国有	交乘	国有	非国有	交乘
Hr	-0.002**	-0.001	-0.002	-0.004**	0.000	-0.001	-0.001	-0.001	-0.002
	(-2.482)	(-0.754)	(-1.571)	(-2.530)	(0.037)	(-0.710)	(-1.490)	(-1.216)	(-1.495)
Fcf	0.023***	0.012**	0.018***	0.054***	0.051***	0.053***	-0.002	-0.015***	-0.009**
	(4.142)	(2.126)	(4.519)	(4.972)	(4.622)	(6.923)	(-0.356)	(-2.589)	(-2.135)
Pay	-0.001	-0.002***	-0.001**	0.001	-0.004***	-0.002**	-0.002**	-0.002**	-0.002***
	(-0.783)	(-2.761)	(-2.973)	(0.444)	(-3.080)	(-1.997)	(-2.271)	(-2.211)	(-3.185)
Mf	0.019***	0.028***	0.024***	0.007	0.019*	0.012	0.024***	0.032***	0.030***
	(2.953)	(5.416)	(6.215)	(0.546)	(1.805)	(1.515)	(3.885)	(6.584)	(7.978)
Es	-0.003***	0.001	-0.001	-0.002	0.002	0.000	-0.002**	-0.000	-0.001*
	(-3.011)	(0.687)	(-1.143)	(-1.342)	(0.998)	(0.280)	(-2.388)	(-0.237)	(-1.790)
$Shrcr1$	-0.004	0.003	0.000	-0.014**	0.011*	-0.001	0.006**	-0.000	0.003
	(-1.349)	(0.985)	(0.122)	(-2.402)	(1.692)	(-0.187)	(2.029)	(-0.144)	(1.356)
$Scale$	0.000	-0.000	0.000	0.001	0.001	0.001*	-0.000	-0.000	-0.000
	(1.401)	(-0.005)	(1.195)	(1.393)	(1.069)	(1.933)	(-0.654)	(-1.281)	(-1.322)
$Inde$	0.005	-0.000	0.005	0.003	0.019	0.014	0.001	-0.010	-0.003
	(0.577)	(-0.000)	(0.816)	(0.208)	(0.960)	(1.173)	(0.161)	(-0.983)	(-0.420)

续表

	(1)	(2)	(3)	(4)	(5)	(6)	(7)	(8)	(9)
	Uei	Uei	Uei	Overinv	Overinv	Overinv	Underinv	Underinv	Underinv
	国有	非国有	交乘	国有	非国有	交乘	国有	非国有	交乘
Dual	0.000 (0.126)	0.004 *** (3.631)	0.003 *** (3.740)	0.002 (0.625)	0.007 *** (3.495)	0.006 *** (3.759)	-0.000 (-0.120)	0.001 (1.108)	0.001 (1.262)
Ownship_Hr			-0.000 (-0.277)			-0.002 (-0.927)			0.000 (0.062)
Ownship			-0.005 *** (-6.338)			-0.005 *** (-3.520)			-0.004 *** (-5.455)
_Cons	0.039 *** (4.043)	0.056 *** (5.260)	0.051 *** (7.257)	0.026 (1.413)	0.076 *** (3.763)	0.053 *** (4.017)	0.055 *** (5.568)	0.053 *** (4.968)	0.055 *** (7.751)
Industry	Yes	Yes	Yes	Yes	Yes	Yes	Yes	Yes	Yes
Year	Yes	Yes	Yes	Yes	Yes	Yes	Yes	Yes	Yes
N	6809	6722	13531	2936	2941	5877	3870	3781	7651
R^2_a	0.073	0.038	0.052	0.090	0.045	0.062	0.083	0.056	0.065
F	9.99	5.33	12.59	5.94	3.27	7.07	6.92	4.71	9.29
MeanDiff	(1)-(2)			(4)-(5)			(7)-(8)		
P值	0.3210			0.0945			0.9919		

注：***、**、* 分别表示在1%、5%、10%水平上显著；_Cons 表示截距项，R^2_a 为调整后的 R^2；表格中带括号数值表示 t 值，未带括号数值表示系数值。

资料来源：作者整理。

第三，考虑股权性质对限制董事提名权持股时间条款与投资效率关系的影响，结果如表5-16所示。从调节效应检验结果来看，交乘项 Ownship_Hr 系数均不显著。本书还根据股权性质（Ownship）再次分组检验，结果发现，当被解释变量为过度投资时，限制董事提名权持股时间条款的系数在国有企业中显著为负，而在非国有企业中，该系数接近于零且不显著，且两组系数均值差异也不显著；当被解释变量为非投资效率和投资不足时，限制董事提名权持股时间条款的系数都不显著。上述结果说明，上市公司的股权性质对限制董事提名权持股时间条款与投资效率关系影响不明显。

表 5-16　限制董事提名权持股时间条款、股权性质与投资效率

	(1)	(2)	(3)	(4)	(5)	(6)	(7)	(8)	(9)
	Uei	Uei	Uei	Overinv	Overinv	Overinv	Underinv	Underinv	Underinv
	国有	非国有	交乘	国有	非国有	交乘	国有	非国有	交乘
Ht	-0.002	-0.001	-0.001	-0.005*	0.000	0.000	-0.001	-0.001	-0.001
	(-1.497)	(-0.447)	(-0.585)	(-1.871)	(0.160)	(0.008)	(-0.479)	(-0.990)	(-0.962)
Fcf	0.023***	0.012**	0.018***	0.053***	0.051***	0.053***	-0.002	-0.015***	-0.009**
	(4.085)	(2.133)	(4.498)	(4.935)	(4.602)	(6.907)	(-0.399)	(-2.592)	(-2.166)
Pay	-0.000	-0.002***	-0.001***	0.001	-0.004***	-0.002*	-0.002**	-0.002**	-0.002***
	(-0.744)	(-2.750)	(-2.929)	(0.501)	(-3.084)	(-1.939)	(-2.261)	(-2.204)	(-3.172)
Mf	0.018***	0.028***	0.024***	0.007	0.019*	0.012	0.024***	0.032***	0.030***
	(2.903)	(5.414)	(6.185)	(0.518)	(1.804)	(1.519)	(3.842)	(6.543)	(7.919)
Es	-0.003***	0.001	-0.001	-0.002	0.002	0.000	-0.002**	-0.000	-0.001
	(-2.855)	(0.739)	(-0.971)	(-1.230)	(1.005)	(0.355)	(-2.290)	(-0.162)	(-1.622)
Shrcr1	-0.004	0.003	0.000	-0.015**	0.010*	-0.001	0.006**	-0.000	0.003
	(-1.471)	(1.037)	(0.112)	(-2.570)	(1.688)	(-0.262)	(1.989)	(-0.079)	(1.367)
Scale	0.000	-0.000	0.000	0.001	0.001	0.001*	-0.000	-0.000	-0.000
	(1.363)	(-0.008)	(1.169)	(1.449)	(1.066)	(1.959)	(-0.716)	(-1.298)	(-1.377)
Inde	0.005	0.000	0.005	0.003	0.019	0.015	0.001	-0.010	-0.003
	(0.565)	(0.003)	(0.829)	(0.191)	(0.961)	(1.188)	(0.147)	(-0.970)	(-0.407)
Dual	0.000	0.004***	0.003***	0.002	0.007***	0.006***	-0.000	0.001	0.001
	(0.191)	(3.648)	(3.822)	(0.740)	(3.501)	(3.850)	(-0.103)	(1.130)	(1.311)
Ownship_Ht			-0.001			-0.004			0.000
			(-0.498)			(-0.955)			(0.092)
Ownship			-0.005***			-0.006***			-0.004***
			(-6.953)			(-4.068)			(-5.988)
_Cons	0.039***	0.056***	0.051***	0.025	0.076***	0.052***	0.055***	0.053***	0.055***
	(3.991)	(5.230)	(7.174)	(1.348)	(3.773)	(3.944)	(5.552)	(4.925)	(7.706)
Industry	Yes	Yes	Yes	Yes	Yes	Yes	Yes	Yes	Yes
Year	Yes	Yes	Yes	Yes	Yes	Yes	Yes	Yes	Yes
N	6809	6722	13531	2936	2941	5877	3870	3781	7651
R^2_a	0.073	0.038	0.052	0.089	0.045	0.061	0.082	0.056	0.064
F	9.92	5.33	12.50	5.89	3.27	7.01	6.88	4.70	9.24
MeanDiff		(1)-(2)			(4)-(5)			(7)-(8)	
P 值		0.4423			0.1314			0.6981	

注：***、**、* 分别表示在 1%、5%、10% 水平上显著；_Cons 表示截距项，R^2_a 为调整后的 R^2；表格中带括号数值表示 t 值，未带括号数值表示系数值。

资料来源：作者整理。

第四，考虑股权性质对反收购条款数量与投资效率关系的影响。结果如表5-17所示。从调节效应检验结果来看，交乘项 Ownship_Atpnum 系数均不显著。本书还根据股权性质（Ownship）再次分组检验，结果发现，当被解释变量为非效率投资时，不论上市公司是否拥有国有股权性质，反收购条款数量的系数均显著为负，且系数均值不存在显著差异；当被解释变量为投资过度时，反收购条款数量的系数仅在国有股权性质的组别显著为负（系数为 -0.003，t = -2.718），在非国有股权性质的组别却不显著；而当被解释变量为投资不足时，反收购条款数量的系数仅在非国有股权性质的组别显著为负（系数为 -0.001，t = -2.176），在国有股权性质的组别却不显著，且上述组别系数均值都不存在显著差异。上述结果说明，上市公司的股权性质对反收购条款数量与投资效率关系的影响总体上不明显。

表5-17　　　　反收购条款数量、股权性质与投资效率

	(1)	(2)	(3)	(4)	(5)	(6)	(7)	(8)	(9)
	Uei	Uei	Uei	Overinv	Overinv	Overinv	Underinv	Underinv	Underinv
	国有	非国有	交乘	国有	非国有	交乘	国有	非国有	交乘
Atpnum	-0.002**	-0.001*	-0.001**	-0.003***	-0.001	-0.001	-0.001	-0.001**	-0.001**
	(-2.368)	(-1.663)	(-2.213)	(-2.718)	(-0.553)	(-1.064)	(-1.130)	(-2.176)	(-2.311)
Fcf	0.023***	0.013**	0.018***	0.054***	0.051***	0.053***	-0.002	-0.015**	-0.009**
	(4.117)	(2.164)	(4.542)	(4.964)	(4.642)	(6.951)	(-0.384)	(-2.569)	(-2.135)
Pay	-0.000	-0.002***	-0.001***	0.001	-0.004***	-0.002*	-0.002**	-0.001***	-0.001***
	(-0.745)	(-2.704)	(-2.891)	(0.484)	(-3.075)	(-1.936)	(-2.253)	(-2.123)	(-3.104)
Mf	0.018***	0.028***	0.024***	0.007	0.019*	0.012	0.024***	0.032***	0.030***
	(2.933)	(5.423)	(6.210)	(0.525)	(1.796)	(1.505)	(3.861)	(6.593)	(7.971)
Es	-0.003***	0.001	-0.001	-0.002	0.002	0.000	-0.002**	-0.000	-0.001*
	(-2.885)	(0.609)	(-1.101)	(-1.212)	(0.946)	(0.327)	(-2.312)	(-0.308)	(-1.767)
Shrcr1	-0.005	0.003	-0.000	-0.015***	0.010*	-0.001	0.006*	-0.001	0.003
	(-1.548)	(0.918)	(-0.048)	(-2.651)	(1.670)	(-0.347)	(1.934)	(-0.257)	(1.190)
Scale	0.000	-0.000	0.000	0.001	0.001	0.001**	-0.000	-0.000	-0.000
	(1.390)	(-0.016)	(1.171)	(1.454)	(1.071)	(1.969)	(-0.699)	(-1.309)	(-1.380)
Inde	0.005	0.000	0.006	0.004	0.018	0.015	0.001	-0.010	-0.002
	(0.601)	(0.013)	(0.852)	(0.243)	(0.954)	(1.198)	(0.165)	(-0.946)	(-0.376)

续表

	(1)	(2)	(3)	(4)	(5)	(6)	(7)	(8)	(9)
	Uei	Uei	Uei	Overinv	Overinv	Overinv	Underinv	Underinv	Underinv
	国有	非国有	交乘	国有	非国有	交乘	国有	非国有	交乘
Dual	0.000 (0.164)	0.004*** (3.561)	0.003*** (3.697)	0.002 (0.680)	0.007*** (3.446)	0.006*** (3.742)	−0.000 (−0.107)	0.001 (1.051)	0.001 (1.219)
Ownship_Atpnum			0.000 (0.071)			−0.001 (−0.841)			0.001 (0.595)
Ownship			−0.005*** (−6.422)			−0.005*** (−3.500)			−0.005*** (−5.638)
_Cons	0.039*** (4.009)	0.056*** (5.255)	0.051*** (7.219)	0.025 (1.372)	0.076*** (3.790)	0.053*** (3.970)	0.055*** (5.556)	0.053*** (4.936)	0.055*** (7.728)
Industry	Yes	Yes	Yes	Yes	Yes	Yes	Yes	Yes	Yes
Year	Yes	Yes	Yes	Yes	Yes	Yes	Yes	Yes	Yes
N	6809	6722	13531	2936	2941	5877	3870	3781	7651
R^2_a	0.073	0.038	0.052	0.091	0.045	0.062	0.083	0.057	0.065
F	9.98	5.37	12.62	5.96	3.28	7.08	6.90	4.76	9.34
MeanDiff	(1)−(2)			(4)−(5)			(7)−(8)		
P值	0.6519			0.1050			0.4147		

注：***、**、* 分别表示在1%、5%、10%水平上显著；_Cons 表示截距项，R^2_a 为调整后的 R^2；表格中带括号数值表示 t 值，未带括号数值表示系数值。

资料来源：作者整理。

综上所述，非国有股权性质能够显著增强交错董事会条款对投资不足的治理效应；国有股权性质会增强限制董事提名权持股比例条款与过度投资的负向关系。可能的原因在于，一方面，对于非国有企业而言，交错董事会条款的设置削弱了控制权市场的竞争威胁，管理层短视行为减少，长期价值投资意愿的增强，有利于缓解投资不足；另一方面，对于国有企业而言，由于其特殊的产权性质，会增加敌意收购的难度，在此情形下，国有企业设置反收购条款的意愿本身就不明显，然而一旦国企管理层自身忧患意识较强，会通过主动设置限制董事提名权持股比例条款，来避免董事会因股东变动而发生的频繁变更，对稳定董事会结构提供额外的保障，有利于引导管理层做出更合理的投资决策，防止过度投资，促进公司资源的有效配置。以上分析表明,产权性质对反收购条款与投资效率关系的影响可能会因反收购条款类型的不同而不同。

二、反收购条款、董事会治理与投资效率

(一) 考虑"两职合一"的影响

第一,考虑"两职合一"对交错董事会条款与投资效率关系的影响,结果如表5-18所示。从调节效应检验结果来看,"两职合一"与交错董事会条款的交乘项 $Dual\_Sb$ 系数均不显著。本书还根据两职是否合一($Dual$)再次分组检验,结果发现,当被解释变量为非效率投资时,交错董事会条款的系数仅在"两职分离"时显著为负,而当"两职合一"时,其系数都不显著,但组间系数均值不存在显著差异。当被解释变量为过度投资和投资不足时,不论两职是否合一,交错董事会条款的系数均不显著。上述结果说明,两职是否合一对交错董事会条款与投资效率关系的影响不明显。

表5-18　　　　　交错董事会条款、"两职合一"与投资效率

	(1)	(2)	(3)	(4)	(5)	(6)	(7)	(8)	(9)
	Uei	Uei	Uei	$Overinv$	$Overinv$	$Overinv$	$Underinv$	$Underinv$	$Underinv$
	合一	分离	交乘	合一	分离	交乘	合一	分离	交乘
Sb	-0.003 (-0.755)	-0.003* (-1.948)	-0.003** (-2.036)	-0.002 (-0.235)	-0.004 (-1.402)	-0.004 (-1.515)	-0.005 (-1.409)	-0.002 (-1.576)	-0.002* (-1.686)
Fcf	0.013 (1.273)	0.019*** (4.354)	0.019*** (4.747)	0.051*** (2.648)	0.052*** (6.232)	0.054*** (7.041)	-0.018* (-1.894)	-0.006 (-1.326)	-0.008* (-1.895)
Pay	-0.002* (-1.737)	-0.002*** (-2.928)	-0.002*** (-3.244)	-0.004 (-1.623)	-0.002* (-1.731)	-0.002** (-2.259)	-0.001 (-1.159)	-0.002*** (-3.222)	-0.002*** (-3.348)
Mf	0.031*** (3.363)	0.026*** (6.093)	0.027*** (6.930)	0.024 (1.182)	0.019** (2.182)	0.018** (2.340)	0.038*** (4.510)	0.029*** (6.861)	0.031*** (8.202)
Es	0.002 (0.980)	-0.001 (-0.970)	-0.000 (-0.339)	0.006* (1.862)	-0.000 (-0.062)	0.001 (0.680)	-0.000 (-0.194)	-0.001 (-1.122)	-0.001 (-1.002)
$Shrcr1$	0.010* (1.833)	-0.004* (-1.717)	-0.002 (-1.025)	0.030*** (2.681)	-0.007 (-1.625)	-0.003 (-0.622)	0.000 (0.054)	0.000 (0.072)	0.000 (0.043)

续表

	(1)	(2)	(3)	(4)	(5)	(6)	(7)	(8)	(9)
	Uei	Uei	Uei	Overinv	Overinv	Overinv	Underinv	Underinv	Underinv
	合一	分离	交乘	合一	分离	交乘	合一	分离	交乘
Scale	0.000 (0.572)	-0.000 (-0.173)	-0.000 (-0.126)	0.001 (0.583)	0.000 (0.898)	0.000 (1.125)	0.000 (0.125)	-0.001 ** (-2.333)	-0.000 ** (-2.435)
Inde	0.009 (0.598)	0.003 (0.395)	0.004 (0.607)	-0.000 (-0.013)	0.014 (0.993)	0.011 (0.877)	0.016 (1.070)	-0.006 (-0.834)	-0.003 (-0.439)
Dual_Sb			0.001 (0.299)			0.003 (0.397)			-0.002 (-0.555)
Dual			0.004 *** (4.767)			0.007 *** (4.229)			0.002 ** (2.368)
_Cons	0.056 *** (3.115)	0.054 *** (6.952)	0.053 *** (7.518)	0.072 ** (2.051)	0.054 *** (3.753)	0.057 *** (4.310)	0.041 ** (2.348)	0.059 *** (7.489)	0.056 *** (7.889)
Industry	Yes	Yes	Yes	Yes	Yes	Yes	Yes	Yes	Yes
Year	Yes	Yes	Yes	Yes	Yes	Yes	Yes	Yes	Yes
N	2626	10976	13602	1168	4740	5908	1457	6234	7691
R^2_a	0.036	0.052	0.048	0.043	0.066	0.059	0.060	0.059	0.059
F	2.65	10.92	11.92	1.88	6.50	6.83	2.59	7.36	8.69
MeanDiff	(1)-(2)			(4)-(5)			(7)-(8)		
P值	0.9876			0.8092			0.5626		

注：***、**、*分别表示在1%、5%、10%水平上显著；_Cons 表示截距项，R^2_a 为调整后的 R^2；表格中带括号数值表示 t 值，未带括号数值表示系数值。

资料来源：作者整理。

第二，考虑"两职合一"对限制董事提名权持股比例条款与投资效率关系的影响，结果如表5-19所示。从调节效应检验结果来看，交乘项 Dual_Hr 系数均不显著。本书还根据两职是否合一（Dual）再次分组检验，结果发现，当被解释变量为非效率投资时不论两职是否合一，限制董事提名权持股比例条款的系数均显著为负，但组间系数均值差异并不显著；当被解释变量为投资过度和投资不足时，限制董事提名权持股比例条款的系数仅在两职分离的组别显著为负，但组间系数均值差异也不显著。上述结果说明，两职是否合一对限制董事提名权持股比例条款与投资效率关系的影响也不明显。

表 5-19　限制董事提名权持股比例条款、"两职合一"与投资效率

	(1)	(2)	(3)	(4)	(5)	(6)	(7)	(8)	(9)
	Uei	Uei	Uei	Overinv	Overinv	Overinv	Underinv	Underinv	Underinv
	合一	分离	交乘	合一	分离	交乘	合一	分离	交乘
Hr	-0.004*	-0.002***	-0.002***	-0.005	-0.003**	-0.003**	-0.002	-0.002**	-0.002**
	(-1.839)	(-2.782)	(-2.588)	(-1.256)	(-2.142)	(-1.980)	(-1.170)	(-2.433)	(-2.389)
Fcf	0.012	0.019***	0.019***	0.050***	0.052***	0.054***	-0.018*	-0.006	-0.008*
	(1.234)	(4.374)	(4.731)	(2.623)	(6.224)	(6.999)	(-1.925)	(-1.281)	(-1.869)
Pay	-0.002*	-0.002***	-0.002***	-0.004	-0.002*	-0.002**	-0.001	-0.002***	-0.002***
	(-1.790)	(-2.997)	(-3.329)	(-1.639)	(-1.803)	(-2.325)	(-1.221)	(-3.257)	(-3.411)
Mf	0.032***	0.026***	0.027***	0.025	0.018**	0.018**	0.038***	0.029***	0.031***
	(3.440)	(6.052)	(6.913)	(1.238)	(2.079)	(2.258)	(4.585)	(6.894)	(8.250)
Es	0.002	-0.001	-0.000	0.006*	-0.000	0.001	-0.000	-0.001	-0.001
	(0.925)	(-1.150)	(-0.514)	(1.878)	(-0.168)	(0.594)	(-0.283)	(-1.304)	(-1.193)
Shrcr1	0.010*	-0.004	-0.002	0.030***	-0.007	-0.002	0.001	0.000	0.000
	(1.914)	(-1.613)	(-0.904)	(2.743)	(-1.566)	(-0.541)	(0.204)	(0.164)	(0.189)
Scale	0.000	-0.000	-0.000	0.001	0.000	0.000	0.000	-0.000**	-0.000**
	(0.608)	(-0.066)	(-0.010)	(0.591)	(0.930)	(1.162)	(0.240)	(-2.194)	(-2.266)
Inde	0.010	0.003	0.004	-0.001	0.014	0.011	0.017	-0.006	-0.003
	(0.609)	(0.395)	(0.599)	(-0.034)	(0.997)	(0.856)	(1.147)	(-0.831)	(-0.406)
Dual_Hr			-0.002			-0.002			-0.000
			(-0.984)			(-0.655)			(-0.099)
Dual			0.004***			0.007***			0.002**
			(4.809)			(4.196)			(2.086)
_Cons	0.057***	0.054***	0.054***	0.073**	0.055***	0.058***	0.042**	0.060***	0.056***
	(3.155)	(7.017)	(7.585)	(2.067)	(3.833)	(4.378)	(2.361)	(7.513)	(7.917)
Industry	Yes	Yes	Yes	Yes	Yes	Yes	Yes	Yes	Yes
Year	Yes	Yes	Yes	Yes	Yes	Yes	Yes	Yes	Yes
N	2626	10976	13602	1168	4740	5908	1457	6234	7691
R^2_a	0.037	0.053	0.049	0.044	0.067	0.059	0.059	0.059	0.060
F	2.70	10.99	12.04	1.91	6.54	6.90	2.58	7.42	8.73
MeanDiff		(1)-(2)			(4)-(5)			(7)-(8)	
P 值		0.4947			0.6606			0.9048	

注：***、**、* 分别表示在1%、5%、10%水平上显著；_Cons 表示截距项，R^2_a 为调整后的 R^2；表格中带括号数值表示 t 值，未带括号数值表示系数值。

资料来源：作者整理。

第三，考虑"两职合一"对限制董事提名权持股时间条款与投资效率关系的影响，结果如表 5-20 所示。从调节效应检验结果来看，当被解释变量为非效率投资和过度投资时，交乘项 $Dual\_Ht$ 系数均在 5% 水平上显著为正，表明"两职合一"会弱化限制董事提名权持股时间条款与过度投资的负向关系。本书还根据管理层是否持股（$Dual$）再次分组检验，结果发现，当被解释变量为非效率投资时，限制董事提名权持股时间条款的系数仅在两职分离的组别显著为负，而当"两职合一"时，其系数为正且不显著，两者系数均值存在显著差异（$P = 0.0705$）；当被解释变量为过度投资时，限制董事提名权持股时间条款的系数在"两职合一"的组别显著为正，而当两职分离时，其系数为负而不显著，两者系数均值存在显著差异（$P = 0.0554$）；当被解释变量为投资不足时，限制董事提名权持股时间条款的系数均不显著。上述结果说明，当"两职合一"时，限制董事提名权持股时间条款抑制过度投资的作用会被弱化；而"两职分离"有助于促进董事提名权持股时间条款对整体投资效率的治理效应。

表 5-20　限制董事提名权持股时间条款、"两职合一"与投资效率

	(1)	(2)	(3)	(4)	(5)	(6)	(7)	(8)	(9)
	Uei	Uei	Uei	$Overinv$	$Overinv$	$Overinv$	$Underinv$	$Underinv$	$Underinv$
	合一	分离	交乘	合一	分离	交乘	合一	分离	交乘
Ht	0.004 (1.403)	-0.002* (-1.705)	-0.002* (-1.753)	0.009* (1.760)	-0.003 (-1.202)	-0.003 (-1.264)	0.000 (0.095)	-0.002 (-1.394)	-0.002 (-1.526)
Fcf	0.012 (1.212)	0.019*** (4.341)	0.019*** (4.715)	0.049** (2.576)	0.052*** (6.232)	0.054*** (7.017)	-0.018* (-1.907)	-0.006 (-1.347)	-0.008* (-1.921)
Pay	-0.002* (-1.673)	-0.002*** (-2.923)	-0.002*** (-3.214)	-0.003 (-1.536)	-0.002* (-1.715)	-0.002** (-2.200)	-0.001 (-1.192)	-0.002*** (-3.230)	-0.002*** (-3.369)
Mf	0.032*** (3.443)	0.026*** (6.075)	0.027*** (6.949)	0.026 (1.268)	0.018** (2.162)	0.019** (2.370)	0.038*** (4.543)	0.029*** (6.854)	0.031*** (8.212)
Es	0.002 (0.996)	-0.001 (-0.913)	-0.000 (-0.265)	0.007* (1.911)	-0.000 (-0.033)	0.001 (0.741)	-0.000 (-0.231)	-0.001 (-1.064)	-0.001 (-0.949)
$Shrcr1$	0.011** (1.983)	-0.004* (-1.653)	-0.002 (-0.936)	0.031*** (2.799)	-0.007 (-1.579)	-0.002 (-0.553)	0.001 (0.236)	0.000 (0.121)	0.000 (0.145)

续表

	(1)	(2)	(3)	(4)	(5)	(6)	(7)	(8)	(9)
	Uei	Uei	Uei	Overinv	Overinv	Overinv	Underinv	Underinv	Underinv
	合一	分离	交乘	合一	分离	交乘	合一	分离	交乘
Scale	0.000 (0.684)	-0.000 (-0.097)	-0.000 (-0.019)	0.001 (0.650)	0.000 (0.953)	0.000 (1.198)	0.000 (0.257)	-0.000 ** (-2.272)	-0.000 ** (-2.333)
Inde	0.010 (0.642)	0.003 (0.407)	0.004 (0.625)	0.000 (0.016)	0.014 (0.986)	0.011 (0.871)	0.017 (1.149)	-0.006 (-0.815)	-0.002 (-0.386)
Dual_Ht			0.005 ** (1.980)			0.010 ** (2.070)			0.002 (0.939)
Dual			0.004 *** (4.150)			0.006 *** (3.654)			0.002 * (1.945)
_Cons	0.054 *** (3.004)	0.053 *** (6.893)	0.053 *** (7.431)	0.068 * (1.935)	0.054 *** (3.713)	0.056 *** (4.231)	0.041 ** (2.312)	0.059 *** (7.442)	0.056 *** (7.829)
Industry	Yes	Yes	Yes	Yes	Yes	Yes	Yes	Yes	Yes
Year	Yes	Yes	Yes	Yes	Yes	Yes	Yes	Yes	Yes
N	2626	10976	13602	1168	4740	5908	1457	6234	7691
R^2_a	0.036	0.052	0.048	0.045	0.066	0.059	0.058	0.059	0.059
F	2.68	10.91	11.93	1.94	6.49	6.86	2.55	7.35	8.66
MeanDiff		(1) - (2)			(4) - (5)			(7) - (8)	
P 值		0.0705			0.0554			0.4981	

注：***、**、* 分别表示在 1%、5%、10% 水平上显著；_Cons 表示截距项，R^2_a 为调整后的 R^2；表格中带括号数值表示 t 值，未带括号数值表示系数值。

资料来源：作者整理。

第四，考虑"两职合一"对反收购条款数量与投资效率关系的影响，结果如表 5-21 所示。从调节效应检验结果来看，交乘项 $Dual\_Atpnum$ 系数均显著为正。本书还根据管理层是否持股（Dual）再次分组检验，结果发现，当被解释变量为非效率投资、投资过度以及投资不足时，反收购条款数量的系数仅在"两职分离"的组别显著为负，而在"两职合一"时却不显著。上述结果说明，在"两职分离"的情形下，反收购条款数量越多，越能够促进整体投资效率的提升，过度投资和投资不足都得到明显改善。

表 5-21　　　　反收购条款数量、"两职合一"与投资效率

	(1)	(2)	(3)	(4)	(5)	(6)	(7)	(8)	(9)
	Uei	Uei	Uei	Overinv	Overinv	Overinv	Underinv	Underinv	Underinv
	合一	分离	交乘	合一	分离	交乘	合一	分离	交乘
Atpnum	-0.001 (-0.752)	-0.002*** (-3.224)	-0.002*** (-3.150)	-0.000 (-0.041)	-0.002** (-2.408)	-0.002** (-2.370)	-0.001 (-1.157)	-0.001*** (-2.728)	-0.001*** (-2.793)
Fcf	0.013 (1.282)	0.020*** (4.395)	0.019*** (4.780)	0.051*** (2.658)	0.053*** (6.279)	0.054*** (7.078)	-0.018* (-1.886)	-0.006 (-1.304)	-0.008* (-1.875)
Pay	-0.002* (-1.789)	-0.002*** (-2.881)	-0.002*** (-3.230)	-0.004 (-1.640)	-0.002* (-1.722)	-0.002** (-2.257)	-0.001 (-1.243)	-0.002*** (-3.162)	-0.002*** (-3.331)
Mf	0.032*** (3.375)	0.026*** (6.078)	0.027*** (6.914)	0.024 (1.191)	0.018** (2.115)	0.018** (2.284)	0.038*** (4.534)	0.029*** (6.895)	0.031*** (8.237)
Es	0.002 (0.952)	-0.001 (-1.064)	-0.000 (-0.431)	0.006* (1.860)	-0.000 (-0.103)	0.001 (0.646)	-0.000 (-0.263)	-0.001 (-1.221)	-0.001 (-1.116)
Shrcr1	0.010* (1.895)	-0.004* (-1.804)	-0.002 (-1.083)	0.030*** (2.735)	-0.008* (-1.682)	-0.003 (-0.652)	0.001 (0.160)	-0.000 (-0.020)	0.000 (0.002)
Scale	0.000 (0.575)	-0.000 (-0.075)	-0.000 (-0.037)	0.001 (0.580)	0.000 (0.954)	0.000 (1.174)	0.000 (0.170)	-0.000** (-2.236)	-0.000** (-2.329)
Inde	0.009 (0.601)	0.003 (0.445)	0.004 (0.654)	-0.001 (-0.018)	0.014 (1.010)	0.011 (0.894)	0.017 (1.116)	-0.006 (-0.776)	-0.002 (-0.360)
Dual_Atpnum			0.004*** (4.074)			0.006*** (3.500)			0.002* (1.877)
Dual			0.001 (0.426)			0.002 (0.694)			0.000 (0.220)
_Cons	0.057*** (3.152)	0.054*** (6.928)	0.053*** (7.523)	0.073** (2.064)	0.054*** (3.772)	0.057*** (4.336)	0.042** (2.394)	0.059*** (7.441)	0.056*** (7.869)
Industry	Yes	Yes	Yes	Yes	Yes	Yes	Yes	Yes	Yes
Year	Yes	Yes	Yes	Yes	Yes	Yes	Yes	Yes	Yes
N	2626	10976	13602	1168	4740	5908	1457	6234	7691
R^2_a	0.036	0.053	0.049	0.043	0.067	0.059	0.059	0.059	0.060
F	2.65	11.04	12.03	1.88	6.56	6.88	2.58	7.45	8.76
MeanDiff	(1)-(2)			(4)-(5)			(7)-(8)		
P值	0.6405			0.4318			0.9897		

注：***、**、*分别表示在1%、5%、10%水平上显著；_Cons表示截距项，R^2_a为调整后的R^2；表格中带括号数值表示t值，未带括号数值表示系数值。

资料来源：作者整理。

因此，本书假设 H5-5 部分得以证实，即"两职合一"会弱化限制董事提名权持股时间条款对过度投资的抑制作用；而"两职分离"强化董事提名权持股时间条款对整体投资效率的抑制作用；并且当"两职分离"时，随着反收购条款数量的增加，整体投资效率的提升越明显，过度投资以及投资不足都得到明显改善。原因可能在于，"两职分离"的管理层权力结构有助于提升董事会治理效率，降低代理成本，有利于管理层作出合理的投资决策，增强反收购条款对投资效率的治理作用；而"两职合一"的权力结构却增加了代理成本，不利于发挥反收购条款的治理效应。

（二）考虑董事规模的影响

第一，考虑董事规模对交错董事会条款与投资效率关系的影响，结果如表 5-22 所示。从调节效应检验结果来看，董事规模与交错董事会条款的交乘项 $Scale\_Sb$ 系数均不显著。本书还根据董事规模（$Scale$）再次分组检验，结果发现，当被解释变量为非效率投资和投资不足时，交错董事会条款的系数仅在董事规模较大的组别时显著为负，而在董事人数较少的组别系数不显著，且组间系数均值存在显著差异（$P=0.0629$；$P=0.0312$）；当被解释变量为过度投资时，交错董事会条款的系数均不显著。上述结果说明，只有当董事规模较大时，交错董事会条款对非效率投资的抑制作用才更加明显，特别是投资不足会得到显著缓解。

表 5-22　　　　交错董事会条款、董事规模与投资效率

	(1)	(2)	(3)	(4)	(5)	(6)	(7)	(8)	(9)
	Uei	Uei	Uei	$Overinv$	$Overinv$	$Overinv$	$Underinv$	$Underinv$	$Underinv$
	大	小	交乘	大	小	交乘	大	小	交乘
Sb	-0.004*** (-2.795)	0.001 (0.479)	0.000 (0.034)	-0.005 (-1.625)	-0.003 (-0.589)	-0.004 (-0.352)	-0.005*** (-2.998)	0.002 (0.839)	0.007 (1.017)
Fcf	0.023*** (4.735)	0.011 (1.497)	0.019*** (4.750)	0.056*** (6.053)	0.049*** (3.467)	0.054*** (7.030)	-0.005 (-0.986)	-0.015** (-2.010)	-0.008* (-1.889)
Pay	-0.001 (-1.552)	-0.003*** (-3.745)	-0.002*** (-3.232)	-0.001 (-0.777)	-0.005*** (-3.022)	-0.002** (-2.252)	-0.001** (-2.242)	-0.003*** (-3.043)	-0.002*** (-3.289)
Mf	0.033*** (6.534)	0.019*** (2.923)	0.027*** (6.927)	0.026*** (2.619)	0.006 (0.479)	0.018** (2.328)	0.035*** (7.354)	0.027*** (4.311)	0.031*** (8.164)

续表

	(1)	(2)	(3)	(4)	(5)	(6)	(7)	(8)	(9)
	Uei	Uei	Uei	Overinv	Overinv	Overinv	Underinv	Underinv	Underinv
	大	小	交乘	大	小	交乘	大	小	交乘
Es	-0.000 (-0.360)	-0.000 (-0.033)	-0.000 (-0.334)	0.001 (0.426)	0.002 (0.779)	0.001 (0.678)	-0.001 (-0.733)	-0.001 (-0.496)	-0.001 (-1.004)
Shrcr1	-0.004* (-1.661)	0.001 (0.361)	-0.002 (-1.047)	-0.004 (-0.875)	-0.001 (-0.141)	-0.003 (-0.630)	-0.001 (-0.467)	0.003 (0.667)	-0.000 (-0.015)
Inde	-0.010 (-1.036)	0.015 (1.344)	0.004 (0.601)	0.001 (0.053)	0.024 (1.100)	0.011 (0.876)	-0.020** (-1.998)	0.007 (0.637)	-0.003 (-0.442)
Dual	0.004*** (3.662)	0.004*** (2.941)	0.004*** (4.953)	0.006*** (3.354)	0.006** (2.269)	0.007*** (4.420)	0.002* (1.798)	0.002 (1.319)	0.002** (2.322)
Scale_Sb			-0.000 (-0.466)			0.000 (0.047)			-0.001 (-1.449)
Scale			-0.000 (-0.014)			0.000 (1.080)			-0.000** (-2.075)
_Cons	0.046*** (5.639)	0.078*** (6.009)	0.053*** (7.472)	0.046*** (2.955)	0.108*** (4.378)	0.057*** (4.300)	0.050*** (6.144)	0.068*** (4.984)	0.055*** (7.769)
Industry	Yes	Yes	Yes	Yes	Yes	Yes	Yes	Yes	Yes
Year	Yes	Yes	Yes	Yes	Yes	Yes	Yes	Yes	Yes
N	9715	3887	13602	4282	1626	5908	5430	2261	7691
R^2_a	0.051	0.046	0.048	0.060	0.049	0.058	0.062	0.066	0.059
F	9.52	4.12	11.93	5.52	2.41	6.82	6.89	3.67	8.72
MeanDiff	(1)-(2)			(4)-(5)			(7)-(8)		
P值	0.0629			0.6993			0.0312		

注:***、**、*分别表示在1%、5%、10%水平上显著;_Cons表示截距项,R^2_a为调整后的R^2;表格中带括号数值表示t值,未带括号数值表示系数值。

资料来源:作者整理。

第二,考虑董事规模对限制董事提名权持股比例条款与投资效率关系的影响,结果如表5-23所示。从调节效应检验结果来看,当被解释变量为过度投资时,交乘项 Scale_Hr 系数显著为负。本书还根据董事规模(Scale)再次分组检验,结果发现,当被解释变量为非效率投资、过度投资和投资不足时,限制董事提名权持股比例条款的系数仅在董事规模较高的组别显著为负,而在董事规模较低的组别不显著。上述结果说明,只有当董事规模较大时,限制董事提名权持股比例条款抑制过度投资的作用才更为显著。

表 5-23　　限制董事提名权持股比例条款、董事规模与投资效率

	(1)	(2)	(3)	(4)	(5)	(6)	(7)	(8)	(9)
	Uei	Uei	Uei	Overinv	Overinv	Overinv	Underinv	Underinv	Underinv
	大	小	交乘	大	小	交乘	大	小	交乘
Hr	-0.002*** (-2.892)	-0.002 (-1.553)	0.001 (0.367)	-0.004** (-2.267)	-0.002 (-0.785)	0.008 (1.186)	-0.002** (-2.218)	-0.002 (-1.399)	-0.003 (-0.722)
Fcf	0.023*** (4.708)	0.011 (1.502)	0.019*** (4.742)	0.055*** (6.018)	0.049*** (3.483)	0.054*** (7.015)	-0.005 (-0.983)	-0.015** (-1.990)	-0.008* (-1.865)
Pay	-0.001 (-1.635)	-0.003*** (-3.723)	-0.002*** (-3.308)	-0.001 (-0.860)	-0.005*** (-3.044)	-0.002** (-2.321)	-0.001** (-2.301)	-0.003*** (-3.005)	-0.002*** (-3.414)
Mf	0.032*** (6.510)	0.019*** (2.926)	0.027*** (6.892)	0.025** (2.516)	0.006 (0.453)	0.017** (2.241)	0.035*** (7.419)	0.028*** (4.381)	0.031*** (8.252)
Es	-0.000 (-0.473)	-0.000 (-0.200)	-0.000 (-0.492)	0.001 (0.380)	0.002 (0.717)	0.001 (0.623)	-0.001 (-0.852)	-0.001 (-0.679)	-0.001 (-1.200)
Shrcr1	-0.004 (-1.424)	0.001 (0.304)	-0.002 (-0.903)	-0.004 (-0.761)	-0.001 (-0.104)	-0.002 (-0.571)	-0.000 (-0.179)	0.002 (0.545)	0.000 (0.187)
Inde	-0.010 (-1.008)	0.015 (1.317)	0.004 (0.659)	0.001 (0.049)	0.023 (1.066)	0.011 (0.913)	-0.019* (-1.956)	0.007 (0.623)	-0.003 (-0.416)
Dual	0.004*** (3.561)	0.004*** (2.855)	0.004*** (4.890)	0.006*** (3.248)	0.006** (2.275)	0.007*** (4.392)	0.002* (1.756)	0.002 (1.250)	0.002** (2.275)
Scale_Hr			-0.000 (-1.044)			-0.001* (-1.709)			0.000 (0.189)
Scale			0.000 (0.505)			0.001* (1.830)			-0.000** (-2.059)
_Cons	0.047*** (5.689)	0.079*** (6.049)	0.052*** (7.316)	0.047*** (3.035)	0.109*** (4.423)	0.055*** (4.112)	0.050*** (6.145)	0.068*** (5.011)	0.057*** (7.819)
Industry	Yes	Yes	Yes	Yes	Yes	Yes	Yes	Yes	Yes
Year	Yes	Yes	Yes	Yes	Yes	Yes	Yes	Yes	Yes
N	9715	3887	13602	4282	1626	5908	5430	2261	7691
R^2_a	0.051	0.047	0.049	0.061	0.050	0.060	0.061	0.067	0.060
F	9.53	4.16	12.05	5.56	2.41	6.94	6.82	3.70	8.73
MeanDiff	(1)-(2)			(4)-(5)			(7)-(8)		
P值	0.8686			0.6110			0.9102		

注：***、**、*分别表示在1%、5%、10%水平上显著；_Cons表示截距项，R^2_a为调整后的R^2；表格中带括号数值表示t值，未带括号数值表示系数值。

资料来源：作者整理。

第三，考虑董事规模对限制董事提名权持股时间条款与投资效率关系的影响，结果如表 5-24 所示。从调节效应检验结果来看，交乘项 *Scale_Ht* 系数均不显著。本书还根据董事规模（*Scale*）再次分组检验，结果发现，当被解释变量为投资不足时，限制董事提名权持股时间条款的系数仅在董事规模较高的组别显著为负，而在董事规模较低的组别系数为正且不显著，但组间系数均值差异并不显著；当被解释变量为非效率投资和过度投资时，限制董事提名权持股时间条款的系数均不显著。上述结果说明，董事规模对限制董事提名权持股时间条款与投资效率的影响不是很明显。

表 5-24　　限制董事提名权持股时间条款、董事规模与投资效率

	(1)	(2)	(3)	(4)	(5)	(6)	(7)	(8)	(9)
	Uei	Uei	Uei	Overinv	Overinv	Overinv	Underinv	Underinv	Underinv
	大	小	交乘	大	小	交乘	大	小	交乘
Ht	-0.002 (-1.417)	0.000 (0.258)	-0.001 (-0.148)	-0.001 (-0.561)	0.000 (0.037)	-0.003 (-0.312)	-0.002* (-1.797)	0.001 (0.483)	0.004 (0.753)
Fcf	0.023*** (4.704)	0.011 (1.492)	0.019*** (4.738)	0.055*** (6.019)	0.049*** (3.477)	0.054*** (7.022)	-0.005 (-1.000)	-0.015** (-1.996)	-0.008* (-1.915)
Pay	-0.001 (-1.598)	-0.003*** (-3.730)	-0.002*** (-3.300)	-0.001 (-0.807)	-0.005*** (-3.050)	-0.002** (-2.297)	-0.001** (-2.285)	-0.003*** (-3.009)	-0.002*** (-3.372)
Mf	0.032*** (6.523)	0.019*** (2.940)	0.027*** (6.907)	0.025** (2.577)	0.006 (0.487)	0.018** (2.318)	0.035*** (7.396)	0.028*** (4.362)	0.031*** (8.183)
Es	-0.000 (-0.316)	-0.000 (-0.028)	-0.000 (-0.317)	0.001 (0.435)	0.002 (0.781)	0.001 (0.668)	-0.001 (-0.663)	-0.001 (-0.484)	-0.001 (-0.949)
$Shrcr1$	-0.004 (-1.430)	0.001 (0.341)	-0.002 (-0.877)	-0.004 (-0.714)	-0.001 (-0.110)	-0.002 (-0.510)	-0.001 (-0.266)	0.003 (0.618)	0.000 (0.127)
$Inde$	-0.010 (-1.022)	0.015 (1.353)	0.004 (0.607)	0.001 (0.036)	0.024 (1.085)	0.011 (0.869)	-0.019* (-1.918)	0.007 (0.663)	-0.003 (-0.391)
$Dual$	0.004*** (3.686)	0.004*** (2.910)	0.004*** (5.014)	0.006*** (3.374)	0.006** (2.322)	0.007*** (4.489)	0.002* (1.827)	0.002 (1.258)	0.002** (2.341)
$Scale\_Ht$			-0.000 (-0.055)			0.000 (0.234)			-0.001 (-1.032)
$Scale$			-0.000 (-0.052)			0.000 (1.028)			-0.000* (-1.958)

续表

	(1)	(2)	(3)	(4)	(5)	(6)	(7)	(8)	(9)
	Uei	Uei	Uei	Overinv	Overinv	Overinv	Underinv	Underinv	Underinv
	大	小	交乘	大	小	交乘	大	小	交乘
_Cons	0.046***	0.078***	0.053***	0.046***	0.109***	0.057***	0.050***	0.067***	0.055***
	(5.607)	(5.997)	(7.473)	(2.948)	(4.403)	(4.311)	(6.076)	(4.956)	(7.733)
Industry	Yes	Yes	Yes	Yes	Yes	Yes	Yes	Yes	Yes
Year	Yes	Yes	Yes	Yes	Yes	Yes	Yes	Yes	Yes
N	9715	3887	13602	4282	1626	5908	5430	2261	7691
R^2_a	0.050	0.046	0.048	0.060	0.049	0.058	0.061	0.066	0.059
F	9.42	4.12	11.87	5.47	2.40	6.79	6.79	3.66	8.66
MeanDiff		(1)-(2)			(4)-(5)			(7)-(8)	
P 值		0.3210			0.7516			0.1534	

注：***、**、*分别表示在1%、5%、10%水平上显著；_Cons 表示截距项，R^2_a 为调整后的 R^2；表格中带括号数值表示 t 值，未带括号数值表示系数值。

资料来源：作者整理。

第四，考虑董事规模对反收购条款数量与投资效率关系的影响，结果如表5-25所示。从调节效应检验结果来看，交乘项 Scale_Atpnum 系数均不显著。本书还根据董事规模（Scale）再次分组检验，结果发现，当被解释变量为非效率投资、过度投资和投资不足时，反收购条款数量的系数仅在董事规模较高的组别显著为负，而董事规模较低的组别不显著，但上述组间系数均值差异都不显著。上述结果说明，董事规模对反收购条款数量与投资效率关系的影响不明显。

表5-25　　　　反收购条款数量、董事规模与投资效率

	(1)	(2)	(3)	(4)	(5)	(6)	(7)	(8)	(9)
	Uei	Uei	Uei	Overinv	Overinv	Overinv	Underinv	Underinv	Underinv
	大	小	交乘	大	小	交乘	大	小	交乘
Atpnum	-0.002***	-0.001	0.001	-0.002**	-0.001	0.002	-0.002***	-0.000	0.000
	(-3.472)	(-0.675)	(0.222)	(-2.304)	(-0.682)	(0.552)	(-3.241)	(-0.337)	(0.182)
Fcf	0.023***	0.011	0.019***	0.056***	0.050***	0.054***	-0.005	-0.015**	-0.008*
	(4.749)	(1.499)	(4.771)	(6.067)	(3.491)	(7.065)	(-0.972)	(-2.003)	(-1.885)

续表

	(1)	(2)	(3)	(4)	(5)	(6)	(7)	(8)	(9)
	Uei	Uei	Uei	Overinv	Overinv	Overinv	Underinv	Underinv	Underinv
	大	小	交乘	大	小	交乘	大	小	交乘
Pay	-0.001 (-1.541)	-0.003*** (-3.710)	-0.002*** (-3.211)	-0.001 (-0.788)	-0.005*** (-3.026)	-0.002** (-2.251)	-0.001** (-2.215)	-0.003*** (-3.000)	-0.002*** (-3.303)
Mf	0.032*** (6.526)	0.019*** (2.930)	0.027*** (6.901)	0.025** (2.556)	0.006 (0.456)	0.018** (2.290)	0.035*** (7.417)	0.028*** (4.357)	0.031*** (8.212)
Es	-0.000 (-0.388)	-0.000 (-0.089)	-0.000 (-0.400)	0.001 (0.438)	0.002 (0.737)	0.001 (0.678)	-0.001 (-0.786)	-0.001 (-0.531)	-0.001 (-1.090)
Shrcr1	-0.004* (-1.648)	0.001 (0.292)	-0.002 (-1.102)	-0.004 (-0.880)	-0.001 (-0.136)	-0.003 (-0.679)	-0.001 (-0.424)	0.002 (0.570)	-0.000 (-0.014)
Inde	-0.010 (-0.987)	0.015 (1.353)	0.004 (0.673)	0.001 (0.029)	0.024 (1.091)	0.011 (0.898)	-0.019* (-1.892)	0.007 (0.655)	-0.002 (-0.332)
Dual	0.004*** (3.516)	0.004*** (2.887)	0.004*** (4.870)	0.006*** (3.226)	0.006** (2.280)	0.007*** (4.363)	0.002* (1.693)	0.002 (1.267)	0.002** (2.257)
Scale_Atpnum		-0.000 (-0.900)			-0.000 (-1.028)			-0.000 (-0.806)	
Scale			0.000 (0.415)			0.001 (1.531)			-0.000 (-1.621)
_Cons	0.046*** (5.641)	0.078*** (5.999)	0.052*** (7.271)	0.047*** (3.003)	0.108*** (4.397)	0.055*** (4.139)	0.050*** (6.092)	0.067*** (4.962)	0.055*** (7.599)
Industry	Yes	Yes	Yes	Yes	Yes	Yes	Yes	Yes	Yes
Year	Yes	Yes	Yes	Yes	Yes	Yes	Yes	Yes	Yes
N	9715	3887	13602	4282	1626	5908	5430	2261	7691
R^2_a	0.051	0.046	0.049	0.061	0.050	0.059	0.062	0.066	0.060
F	9.59	4.13	12.04	5.56	2.41	6.89	6.91	3.66	8.77
MeanDiff	(1)-(2)			(4)-(5)			(7)-(8)		
P值	0.2019			0.5063			0.1885		

注：***、**、*分别表示在1%、5%、10%水平上显著；_Cons 表示截距项，R^2_a 为调整后的 R^2；表格中带括号数值表示 t 值，未带括号数值表示系数值。

资料来源：作者整理。

因此，本书所提假设 H5-6 部分得以证实，即董事规模的适当增加，有助于强化交错董事会条款与投资不足的负向关系以及限制董事提名权持股比例条款与过度投资的负向关系。原因可能在于，当上市公司董事会规模较大时，其所做出的决策相对更为合理，能够反映公司整体的意志，在敌意收购威胁日益增加的情形下，他们更愿意通过设置反收购条款来增强防御能力，从而保证公司长期稳定发展。在隔离控制权市场竞争威胁以后，较大规模的董事会可以充分利用其获取关键资源的能力，来帮助公司提升投资效率。因此，规模较大的董事会有助于强化反收购条款对投资效率的治理作用。

本章小结

本章在第四章的研究基础上，从公司内部治理的角度，实证检验了股权结构特征和董事会特征的异质性对反收购条款与投资效率之间关系的影响，研究结果表明，当上市公司股权结构表现为股权集中度较低、股权制衡度较高以及管理层持股等特征，以及董事会治理结构表现为"两职分离"和较大规模的董事会等特征时，反收购条款对投资效率的正向治理效应发挥得更显著；而上市公司股权性质对反收购条款与投资效率之间关系的影响要视反收购条款类型而定。具体表现在以下方面：（1）当股权集中度较低时，随着交错董事会条款和限制董事提名权条款的设置以及设置的反收购条款数量的增加，投资不足的现象得到有效缓解；（2）在股权制衡度较高的情形下，随着限制董事提名权持股比例条款的设置以及设置的反收购条款数量的增加，投资不足也明显得到缓解；（3）当管理层持股时，交错董事会条款抑制过度投资的作用更为明显；（4）非国有股权性质能够增强交错董事会条款对投资不足的治理效应；而国有股权性质会强化限制董事提名权持股比例条款与过度投资的负向关系；（5）"两职合一"会削弱限制董事提名权持股时间条款对过度投资的抑制作用；而"两职分离"会强化董事提名权持股时间条款对整体投资效率的治理效应；当"两职分离"时，随着设置的反收购条款数量的增加，投资效率的提升越发明显，过度投资以及投资不足都得到明显改善；（6）董事规模的适当扩大，有利于使强化交错董事会条款缓解投资不足的作用以及增强限制董事提名权持股比例条款对过度投资的抑制作用。

上述结果说明，当上市公司股权较为分散时，管理层忧患意识更为强烈，通过设置反收购条款隔离外部市场竞争压力以后，管理层更敢于承担风险，做出有利于长期公司价值的投资行为；随着股权制衡度的提高，公司治理结构明显改善，公司治理效率得到提升，投资决策更为合理；高管持股行为有利于使管理层与股东利益保持一致，减少代理成本，进一步提升投资效率。除此之外，董事长和总经理"两职分离"有利于改善董事会治理结构，提升董事会的独立性，以便更好地监督管理层；而随着董事会规模的适当扩大，公司获取关键资源的能力也会增强，资源配置效率也得到提升。因此，上述股权结构特征和董事会治理特征都有利于反收购条款对投资效率治理作用的发挥。

因此，上市公司可以通过分散股权，改进公司股权结构，使大股东之间相互牵制、相互监督；通过制定股权激励政策，充分发挥管理层持股的激励效应；通过设置"两职分离"的领导权结构，抑制公司领导权力过大所带来的负面影响；适度增加董事会规模，发挥董事资源效应。而上述内部治理措施的改善，将有助于进一步改善反收购条款对投资行为的治理效果。

第六章　反收购条款、外部环境与投资效率

从公司治理的环境和运行机制来看，公司治理机制分为内部治理机制和外部治理机制。内部治理机制是企业内部通过组织程序所明确股东、董事会、监事会等对经营者进行监控的机制。而公司外部治理机制是一系列相关的法律制度、政治和社会规则，包括政治和法律环境、产品市场、生产要素市场以及资本市场等外部治理因素（Jensen，1993），这些因素构成了人类交易行为的激励与约束机制，使得不同的制度安排对相应市场交易成本会产生不同的影响（North，1999）。国内外学者认为，公司治理的外部因素与内部因素是相辅相成和相互依存的关系，公司外部治理机制有助于补充和加强内部治理机制的监管作用，并与内部治理机制共同解决公司治理中存在的问题。文献研究已表明，激烈的产品市场竞争有利于减少公司内部代理问题；投资者法律保护、政府治理、金融市场发展以及市场化水平的提高也会改善公司内部治理效率。那么，上述外部治理因素是否也会影响反收购条款与投资行为之间的关系，这有待进一步深入分析。对此，本章主要从产品市场竞争（行业集中度）和制度环境（包括法律保护、政府治理、金融发展以及市场化进程）两个层面，进一步探讨外部治理因素对反收购条款与投资效率的调节效果。

第一节 理论分析与假设提出

一、反收购条款、产品市场竞争与投资效率

Fama（1980）和 Fama and Jensen（1983）等认为，产品市场竞争是有效的外部治理机制之一，激烈的产品市场竞争能够惩罚经营效率低下的管理层，迫使业绩不佳的公司出局。而加强产品市场竞争，有助于降低行业进入壁垒，解决公司代理问题（姜付秀等，2009）。有文献表明，产品市场竞争程度越高，管理层利用权力实施的寻租行为越少，过度投资现象也越少（谭庆美等，2015），公司现金利用效率越高，创新激励也越有效（杨兴全等，2016）。不仅如此，产品市场竞争程度越强，监督约束机制也越有效（林钟高等，2012），盈余管理越容易受到抑制，信息披露质量也会提高（伊志宏等，2010）。由此可以看出，随着产品市场竞争程度的提高，公司内部代理问题越少，代理效率更高（李寿喜，2007）。然而产品市场竞争还可能产生负面影响。一旦产品市场竞争压力过大，企业会倾向于降低环境信息披露质量，以避免"鞭打快牛"的负面效应（李强和冯波，2015）。而且产品市场竞争程度越高，企业创新可持续性所受的负面影响越明显（李健等，2016），投资协同效应也会显著下降（宋常和赵懿清，2011）。

那么，产品市场竞争对反收购条款与投资效率的关系会产生怎样的影响？本书认为，一方面，产品市场竞争越激烈，行业集中度越低，越有利于公司治理效率的提升，而公司内部治理水平的改善又会进一步促进反收购条款对投资行为的治理效应；另一方面，产品市场竞争越低，行业集中度越高，由于行业内资源稀缺，目标公司更容易受到各路资本的注视，引发管理层短视行为，而一旦外部市场竞争威胁消除以后，管理层会从公司长远发展考虑，做出更为合理有效的投资决策，带来投资效率的提升。上述分析表明，产品市场竞争对反收购条款与投资效率的关系可能产生两种不同的影响。因此，本书提出以下对立假设：

H6-1a：在其他条件不变的情况下，产品市场竞争程度越高，反收购条款对投资效率的治理作用越明显。

H6-1b：在其他条件不变的情况下，产品市场竞争程度越低，反收购条款对投资效率的治理作用越明显。

二、反收购条款、制度环境与投资效率

产权经济学一直强调制度对契约结构的决定性影响，而企业所处的制度环境主导着企业一系列契约的签订，并显著影响企业的投资行为（杨兴全等，2014）。

（一）考虑投资者法律保护的影响

良好的法律环境往往伴随着资本市场环境的改善、股权结构的分散以及资本配置效率的提升（La Porta et al.，2001）。随着投资者法律保护水平的提高，代理问题会得到缓解，内部人攫取私人利益的可能性会降低（郑志刚，2009）。由于国企高管权力过大会导致企业过度投资，而法律体系的完善能够增强对高管的约束，有利于抑制国有企业过度投资行为（董红晔和李小荣，2014）。投资者保护是技术创新的重要制度因素。良好的投资者保护环境将为投资者和企业提供稳定的创新预期，有利于降低投资者的风险，使投资者愿意提供创新资金、企业愿意增加创新投入。因此，投资者法律保护机制建设得越好，技术创新的资金投入和人员投入会越多，创新产出也会增加，创新效率也会得到提升（鲁桐和党印，2015）。由于民营企业较少能够依赖和借助政府的行政力量来保障技术创新的专利成果，因而随着法制环境的改善，民营企业专利转化效率得到明显提升（纪晓丽，2011）。此外，政治关联可能会对公司经营业绩产生负面影响（邓建平和曾勇，2009），而随着法律保护水平的提高，政府与公司在资源配置中的功能与边界也会得到相应的调整（郝颖和刘星，2011），政治关系对公司业绩产生的负面影响也会减轻。

上述分析表明，由于资源禀赋、经济发展的不平衡，我国各地区的外部治理环境存在较大差异，随着法律环境的改善，上市公司过度投资减少，创新支出增加，资本配置效率更高。良好的法律环境还有助于维

护资本市场公平公正的并购秩序,遏制控制权市场恶意收购行为,有利于保障众多利益相关者的利益。在免受外部市场恶意干扰的情况下,管理层会专注于公司长期利益的设计,做出有利于公司长远发展的投资决策,促进公司资源的合理配置,提升投资效率。因此,本书提出以下假设:

H6－2:在其他条件不变的情况下,对投资者的法律保护水平越高,反收购条款与投资效率的正向关系越明显。

(二) 考虑政府干预的影响

各级政府保持为了保持就业稳定,会为许多公司的终身雇佣合约提供隐形担保,在行业发生衰退时,会阻碍劳动密集型企业的及时退出,特别是对于雇员较多的企业,即便没有合适的投资机会,也不会轻易削减投资,这样容易导致企业出现过度投资(黄俊和李增泉,2014)。因此,政府干预会影响企业的投资行为,特别是对于国有企业来说,政府干预所造成的政策性负担会导致国有企业投资过度,政府干预动机越强,国有企业过度投资越严重(白俊和连立帅,2014)。政府干预还会引发国有企业大量增加股权并购和垄断资产投资,而削减技术资产投资,这会从规模和结构分布两方面损害国有企业的投资效率(郝颖和刘星,2011)。此外,地方政府为了迎合国家产业政策的要求,会给本地区相关企业提供资金支持,然而信息不对称可能导致资源配置效率下降,影响产业政策的实施效果(王克敏等,2017)。政府资金扶持虽然具有明显的短期效应,但是从长远来看,可能会扭曲要素价格,导致政府投入对创新效率产生负向影响(成力为和孙玮,2012;冯宗宪等,2011)。而行政环境的改善将有助于减少企业创新的交易成本,引导企业增加创新投入,提高企业创新效率(鲁桐和党印,2015)。随着政府干预程度逐步降低,政治关联对企业的负面影响也会弱化(邓建平和曾勇,2009),上市公司投资效率明显得到改善(李延喜等,2015)。

上述分析表明,政府的社会性目标和官员个人私利会促使政府官员有强烈动机介入企业微观经济活动,进而影响公司投资行为。而随着政府治理水平的提高,政府"拉郎配"现象减少,企业兼并重组的市场环境进一步优化,控制权市场更加透明和公平。政府通过简政放权,减少对企业微观行为的干预，充分发挥企业作为市场主体的地位，这有利于企业自身做出更加合理的投资决策。政府干预程度越低，公司内部治理机制作用的发挥越有效，有助于增强反收购条款对投资效率的治理作用。因此，本书提出以下假设：

H6-3：在其他条件不变的情况下，政府治理水平越高，反收购条款对投资效率的治理作用越强。

（三）考虑金融发展水平的影响

我国上市公司投资和现金流高度敏感，存在着明显的融资约束现象（沈红波等，2010）。由于融资约束的存在，会使得上市公司的投资支出低于最优水平（张宗益和郑志丹，2012），可能导致研发投入不足（刘胜强等，2015）。在我国经济转型的特殊制度背景下，如果要真正地减轻企业的融资约束，必须提高金融发展水平。经验证据表明，金融发展水平的提高能够减轻企业的融资约束程度，降低企业投资对内部现金流的依赖性（朱红军等，2006）。金融发展的深化能够显著提高行业资源配置效率（张前程和龚刚，2016），促进上市公司投资效率（李延喜等，2015）。金融发展水平越高，越会促使更多的资金投资到高边际产出企业（钟娟等，2013）。此外，金融发展还存在熊彼特效应，即金融发展水平的提高有利于降低自由现金流的过度投资行为（杨华军和胡奕明，2007）。不仅如此，金融和信贷市场能够缓解要素市场价格扭曲，使要素价格逼近边际成本前沿面，有助于提升企业家的要素组合效率，提高自主创新配置效率（成力为和孙玮，2012）。随着金融发展水平的提高，公司绩效也会最终得到提升（苏坤，2012）。

上述分析表明，随着金融市场的竞争和发展，上市公司的融资约束得到缓解，公司融资成本会降低，投资不足得到缓解，而且熊彼特效应的存在还会抑制自由现金流所导致的过度投资，提高公司资本的配置效率，改善投资效率，从而有助于进一步促进反收购条款对投资行为的正向治理作用。因此，本书提出以下假设：

H6-4：其他条件不变的情况下，金融发展水平越高，反收购条款提升投资效率的作用越明显。

(四) 考虑市场化水平的影响

市场化水平是对一系列经济、社会、法律乃至政治体制的综合量度。然而由于我国资源禀赋、地理位置以及政策的不同，各地区的市场化程度出现不平衡，进而使我国经济可持续发展受到影响，因此，为了维持我国经济持续稳定增长，还有赖于进一步推进市场化进程（樊纲等，2011）。随着我国市场化程度的持续推进，市场资本配置效率整体上会得到进一步改善（方军雄，2006），政府与企业在资源配置中的功能与边界会得到合理调整（郝颖和刘星，2011），国企与民企之间资本配置效率差异也会逐渐减少（方军雄，2007）。市场化水平的提高将有助于纠正要素市场的价格扭曲，使得要素价格逼近边际成本前沿面，企业家组合要素的效率也会因此提高（成力为和孙玮，2012）。

随着市场化改革的不断推进，投资者法律保护水平逐渐增强，政府职能从"干预型"向"服务型"转化，监管部门的独立性增加，公司内部治理机制也随之改善（夏立军和方轶强，2005）。已有文献表明，市场化改革推动了公司治理结构的动态发展，增强了管理层薪酬与公司业绩的敏感性，发挥了薪酬契约的激励作用，并减少了国有企业管理层在职消费行为（辛清泉和谭伟强，2009），管理层侵占股东利益的行为得到有效抑制（杨兴全等，2014），公司营运资本朝最优化方向进行调整，上市公司也会投入更多的研发资金，研发强度更大（郝颖和刘星，2010），创新技术效率的提升也更为明显（冯宗宪等，2011）。市场化程度越高，公司债务治理作用的发挥越有效（唐松等，2009），内部控制质量的提高也越明显（刘启亮等，2012），超额持有现金的负面效应会减弱（杨兴全等，2014），现金资源配置效率得到提升（王红建等，2014）。

上述理论分析表明，良好的制度环境有助于公司内部治理机制作用的发挥，促进公司资源配置效率。市场化水平越高，要素市场价格越逼近其边际成本，管理层组合要素的效率也会提升，管理层能够充分利用组织优势和信息优势，实现资源配置效率的不断优化。因而本书预期，随着市场化水平的提高，反收购条款对投资效率的治理作用会更明显。因此，本书提出以下假设：

H6-5：其他条件不变的情况下，市场化水平越高，反收购条款对投资效率的治理效应越明显。

第二节 研究设计

一、样本选取与数据来源

自从 2006 年证监会发布《上市公司章程指引》以来,很多上市公司陆续修改公司章程,以提高公司章程的自治效率。特别是近些年,上市公司在公司章程中设置反收购条款的现象越来越多,然而国内尚没有专门提供上市公司设置反收购条款的数据库。为此,本书参照李善民等(2016)的做法,通过从巨潮资讯网、新浪财经网以及证券交易所网站下载上市公司 2006~2015 年历年公司章程,利用关键词"候选"、"更换"等进行搜索,并结合人工判断,查找这些公司章程中是否设置反收购条款。例如,重庆三峡水利电力(集团)(股票代码:600116)2010 年公司章程规定:"董事由股东大会选举或更换,任期三年。董事任期届满,可连选连任。董事的更换每年只能改选董事总数的 1/3(董事会正常换届除外)以内,董事在任期届满以前,股东大会不能无故解除其职务",表明重庆三峡水利电力(集团)2010 年已设置交错董事会条款。又如,珠海港(股票代码:000507)2010 年公司章程规定:"董事、监事候选人名单可由公司现任董事局、监事会、连续 180 天以上单独或合并持有公司股份 5% 以上(不含股票代理权)的股东以书面形式提出。"表明珠海港股份有限公司 2010 年已经分别设置限制董事提名权持股比例和持股时间条款。这些反收购条款的样本数据为后续实证分析奠定了基础。此外,本书中其余变量数据均来自国泰安数据库,且剔除了金融行业、ST 公司以及部分缺漏值的数据。为了克服离群值的影响,本书模型中的主要变量均进行了 1% 和 99% 的双侧缩尾处理。

二、模型设计与变量定义

(一)模型设计

为了检验假设 H6-1、H6-2,本书在第四章模型(4-2)的基础上,加入产品市场竞争程度（Hhi）及其与反收购条款（Atp）的交叉项 Hhi_Atp，以此来考察产品市场竞争程度（Hhi）的调节效应，设计的模型（6-1）如下：

$$\begin{aligned} Uei_{i,t}/Overinv_{i,t}/Underinv_{i,t} = & \beta_0 + \beta_1 Atp_{i,t} + \beta_2 Hhi\_Atp_{i,t} + \beta_3 Hhi_{i,t} \\ & + \beta_4 Fcf_{i,t} + \beta_5 Pay_{i,t} + \beta_6 Mf_{i,t} + \beta_7 Es_{i,t} \\ & + \beta_8 Shrcr1_{i,t} + \beta_9 Scale_{i,t} + \beta_{10} Inde_{i,t} \\ & + \beta_{11} Dual_{i,t} + \sum \beta_j Industry_j \\ & + \sum \beta_k Year_k + \varepsilon_{i,t} \end{aligned} \quad (6-1)$$

为了检验假设 H6-3，本书在第四章模型（4-2）的基础上，加入投资者法律保护（Law）及其与反收购条款（Atp）的交叉项 Law_Atp，以此来考察投资者法律保护（Law）的调节效应，设计的模型（6-2）如下：

$$\begin{aligned} Uei_{i,t}/Overinv_{i,t}/Underinv_{i,t} = & \beta_0 + \beta_1 Atp_{i,t} + \beta_2 Law\_Atp_{i,t} + \beta_3 Law_{i,t} \\ & + \beta_4 Fcf_{i,t} + \beta_5 Pay_{i,t} + \beta_6 Mf_{i,t} + \beta_7 Es_{i,t} \\ & + \beta_8 Shrcr1_{i,t} + \beta_9 Scale_{i,t} + \beta_{10} Inde_{i,t} \\ & + \beta_{11} Dual_{i,t} + \sum \beta_j Industry_j \\ & + \sum \beta_k Year_k + \varepsilon_{i,t} \end{aligned} \quad (6-2)$$

为了检验假设 H6-4，本书在第四章模型（4-2）的基础上，加入政府干预（Gov）及其与反收购条款（Atp）的交叉项 Gov_Atp，以此来考察政府干预（Gov）的调节效应，设计的模型（6-3）如下：

$$\begin{aligned} Uei_{i,t}/Overinv_{i,t}/Underinv_{i,t} = & \beta_0 + \beta_1 Atp_{i,t} + \beta_2 Gov\_Atp_{i,t} + \beta_3 Gov_{i,t} \\ & + \beta_4 Fcf_{i,t} + \beta_5 Pay_{i,t} + \beta_6 Mf_{i,t} + \beta_7 Es_{i,t} \\ & + \beta_8 Shrcr1_{i,t} + \beta_9 Scale_{i,t} + \beta_{10} Inde_{i,t} \\ & + \beta_{11} Dual_{i,t} + \sum \beta_j Industry_j \\ & + \sum \beta_k Year_k + \varepsilon_{i,t} \end{aligned} \quad (6-3)$$

为了检验假设 H6-5，本书在第四章模型（4-2）的基础上，加入金融发展水平（Fin）及其与反收购条款（Atp）的交叉项 Fin_Atp，以此来考察金融发展水平（Fin）的调节效应，设计的模型（6-4）如下：

$$\begin{aligned} Uei_{i,t}/Overinv_{i,t}/Underinv_{i,t} = & \beta_0 + \beta_1 Atp_{i,t} + \beta_2 Fin\_Atp_{i,t} + \beta_3 Fin_{i,t} \\ & + \beta_4 Fcf_{i,t} + \beta_5 Pay_{i,t} + \beta_6 Mf_{i,t} \end{aligned}$$

$$+ \beta_7 Es_{i,t} + \beta_8 Shrcr1_{i,t} + \beta_9 Scale_{i,t}$$
$$+ \beta_{10} Inde_{i,t} + \beta_{11} Dual_{i,t} + \sum \beta_j Industry_j$$
$$+ \sum \beta_k Year_k + \varepsilon_{i,t} \qquad (6-4)$$

为了检验假设 H6-6，本书在第四章模型（4-2）的基础上，加入市场化水平（Mar）及其与反收购条款（Atp）的交叉项 Mar_Atp，以此来考察市场化水平（Mar）的调节效应，设计的模型（6-5）如下：

$$Uei_{i,t}/Overinv_{i,t}/Underinv_{i,t} = \beta_0 + \beta_1 Atp_{i,t} + \beta_2 Mar\_Atp_{i,t} + \beta_3 Mar_{i,t}$$
$$+ \beta_4 Fcf_{i,t} + \beta_5 Pay_{i,t} + \beta_6 Mf_{i,t} + \beta_7 Es_{i,t}$$
$$+ \beta_8 Shrcr1_{i,t} + \beta_9 Scale_{i,t} + \beta_{10} Inde_{i,t}$$
$$+ \beta_{11} Dual_{i,t} + \sum \beta_j Industry_j$$
$$+ \sum \beta_k Year_k + \varepsilon_{i,t} \qquad (6-5)$$

（二）变量定义

模型（6-1）至模型（6-5）中被解释变量分别为非效率投资（Uei）、过度投资（$Overinv$）和投资不足（$Underinv$）。非效率投资（Uei）取值为模型（4-1）的回归残差绝对值。Uei 数值越大，表示非效率投资越多，说明投资效率会越低，即 Uei 作为投资效率的反向指标。当残差大于 0 时，变量被定义为过度投资，用 $Overinv$ 表示；当残差小于 0 时，定义变量被为投资不足，取其绝对值，用 $Underinv$ 表示。解释变量为反收购条款（Atp），包括交错董事会条款（Sb）、限制董事提名权持股比例（Hr）、限制董事提名权持股时间（Ht）以及反收购条款数目（$Atpnum$）。如果公司章程中设置了交错董事会条款，则 Sb 取值为 1，否则为 0；如果公司章程中董事提名权持股比例要求高于 3%，Hr 取值为 1，否则为 0；如果公司章程中董事提名权持股时间有要求，Ht 取值为 1，否则为 0；反收购条款的数目则取值为上述 3 个解释变量之和，即 $Atpnum$ 取值范围为 0~3（陈玉罡和石芳，2014）。本书还设置了如下控制变量：Fcf 表示自由现金流；Pay 表示管理层薪酬；Mf 表示管理费用率；Es 表示高管持股；$Shrcr1$ 表示第一大股东持股比例；$Scale$ 表示董事会规模；$Inde$ 表示独立董事比例；$Dual$ 表示两职合一；Hhi 表示产品市场竞争程度，用各个公司销售收入占行业总销售收入比重的平方来计算，该指标值越大，表示行业集中度越高，产品市场竞争程度越低；Law 表示投资者法律保护水平，用"市场中介组织的发育和法律制度环境"指数衡量，指数值越大，法律保护水平越高；Gov 表示政府干预程度，用"政府与市场的关系"指数衡量，指数值越大，干预程度越小；Fin 表示金融发展水平，用"金融业的市场化"指数来衡量，指数值越大，金融发展水平越高；Mar 表示市场化程度，用地区市场化总指数衡量，指数值越大，市场化水平越高（王小鲁等，2017）。由于地区制度环境具有稳定性和连续性，本书参考李善民（2016）做法，用年度平均增长率来计算制度环境缺失年份的数值。此外，本书还控制了行业虚拟变量 $Industry$ 和年度虚拟变量 $Year$，用以排除时间和行业的影响。本书采用证监会 2012 年行业标准，将制造业按二级代码分类，其他按一级代码分类。主要变量定义及计算如表 6-1 所示。

表 6-1　　　　　　　　　　主要变量定义表

变量类型	变量符号	变量名称	变量含义
被解释变量	Uei	非效率投资	模型（4-1）估计得到残差的绝对值
	$Overinv$	过度投资	模型（4-1）估计得到残差大于 0 的数值
	$Underinv$	投资不足	模型（4-1）估计得到残差小于 0 的数值，取绝对值
解释变量	Sb	交错董事会条款	如果章程中设置了该条款，则取值为 1，否则为 0
	Hr	限制董事提名权持股比例条款	如果章程中董事提名权持股比例要求高于 3%，则取值为 1，否则为 0
	Ht	限制董事提名权持股时间条款	如果章程中董事提名权持股时间有要求，则取值为 1，否则为 0
	$Atpnum$	反收购条款数目	表示公司章程中反收购条款的数目，值为上述 3 个解释变量之和，取值范围 0~3
控制变量	Fcf	自由现金流	经营性现金净流量与模型（6-1）估计正常投资水平的差额除以平均总资产
	Pay	管理层薪酬	高管前三名薪酬总额的自然对数
	Mf	管理费用率	管理费用除以营业收入
	Es	管理层持股	如果高管持有股份，则取值为 1，否则为 0
	$Shrcr1$	大股东持股	第一大股东持股比例
	$Scale$	董事会规模	董事会人数

续表

变量类型	变量符号	变量名称	变量含义
控制变量	Dual	两职合一	董事长兼任总公司经理取值为1,否则取0
	Inde	独立董事人数	独立董事占董事总人数的比例
	Hhi	产品市场竞争	用各公司销售收入占行业总销售收入比重的平方表示,指标值越高,产品市场竞争程度越低
	Law	投资者法律保护水平	用市场中介组织的发育和法律制度环境指数衡量,指数值越大,法律保护水平越高
	Gov	政府干预程度	用政府与市场的关系指数衡量,指数值越大,干预程度越低
	Fin	金融发展水平	用金融业的市场化指数来衡量,指数值越大,金融发展水平越高
	Mar	市场化程度	用地区市场化总指数衡量,指数值越大,市场化水平越高
	Year	年度虚拟变量	设置9个年度虚拟变量
	Industry	行业虚拟变量	证监会2012年行业标准

资料来源:作者整理。

第三节 回归分析

一、反收购条款、产品市场竞争与投资效率

第一,考虑产品市场竞争对交错董事会条款与投资效率的影响,结果如表6-2所示。从调节效应检验结果来看,产品市场竞争与交错董事会条款的交乘项 Hhi_Sb 系数均为负值,特别是当被解释变量为非效率投资和过度投资时,交乘项 Hhi_Sb 系数均在5%水平上显著为负。上述结果表明,产品市场竞争程度越低,越能够显著强化交错董事会条款与非效率投资以及过度投资的负向关系。

表 6-2　　　　交错董事会条款、产品市场竞争与投资效率

	(1)	(2)	(3)	(4)	(5)	(6)	(7)	(8)	(9)
	Uei	Uei	Uei	Overinv	Overinv	Overinv	Underinv	Underinv	Underinv
	低	高	交乘	低	高	交乘	低	高	交乘
Sb	-0.002	-0.001	-0.000	-0.003	-0.002	0.001	-0.002	-0.002	-0.002
	(-1.389)	(-0.615)	(-0.087)	(-0.921)	(-0.471)	(0.285)	(-1.335)	(-0.822)	(-0.959)
Fcf	0.029***	0.036***	0.019***	0.071***	0.069***	0.054***	-0.001	0.007	-0.008*
	(5.589)	(5.764)	(4.726)	(7.142)	(6.084)	(7.064)	(-0.109)	(1.127)	(-1.920)
Pay	-0.002***	-0.003***	-0.002***	-0.003***	-0.003**	-0.002**	-0.001**	-0.004***	-0.002***
	(-3.264)	(-4.739)	(-3.216)	(-2.686)	(-2.473)	(-2.225)	(-2.508)	(-5.386)	(-3.339)
Mf	0.023***	0.020***	0.027***	0.014	0.009	0.019**	0.028***	0.025***	0.031***
	(5.349)	(2.990)	(6.931)	(1.588)	(0.708)	(2.390)	(6.699)	(3.791)	(8.191)
Es	-0.000	-0.001	-0.000	0.000	0.002	0.001	-0.000	-0.002*	-0.001
	(-0.133)	(-0.575)	(-0.461)	(0.125)	(0.942)	(0.561)	(-0.324)	(-1.718)	(-1.057)
Shrcr1	-0.000	-0.004	-0.002	0.001	-0.006	-0.003	0.001	-0.000	0.000
	(-0.185)	(-1.068)	(-1.083)	(0.245)	(-0.911)	(-0.605)	(0.308)	(-0.120)	(0.001)
Scale	0.000	0.001*	-0.000	0.000	0.002***	0.000	-0.000	-0.000	-0.000**
	(0.260)	(1.900)	(-0.087)	(0.329)	(2.719)	(1.165)	(-0.344)	(-0.879)	(-2.412)
Inde	-0.008	0.020*	0.004	-0.011	0.037*	0.011	-0.009	0.007	-0.003
	(-0.995)	(1.883)	(0.594)	(-0.652)	(1.931)	(0.858)	(-1.134)	(0.644)	(-0.424)
Dual	0.003***	0.004***	0.004***	0.008***	0.004*	0.007***	0.000	0.003*	0.002**
	(3.268)	(2.794)	(4.912)	(3.834)	(1.748)	(4.333)	(0.254)	(1.903)	(2.304)
Hhi_Sb			-0.023**			-0.040**			-0.010
			(-2.129)			(-1.992)			(-0.831)
Hhi			-0.026***			-0.051***			-0.012
			(-2.907)			(-3.053)			(-1.294)
_Cons	0.057***	0.072***	0.056***	0.074***	0.064***	0.063***	0.050***	0.087***	0.057***
	(6.778)	(6.625)	(7.840)	(4.458)	(3.262)	(4.678)	(6.085)	(7.646)	(7.992)
Industry	No	No	Yes	No	No	Yes	No	No	Yes
Year	Yes	Yes	Yes	Yes	Yes	Yes	Yes	Yes	Yes
N	8123	5479	13602	3480	2428	5908	4640	3051	7691
R^2_a	0.014	0.028	0.049	0.022	0.035	0.061	0.018	0.039	0.059
F	7.35	9.79	11.97	5.38	5.91	6.95	5.61	7.82	8.59
MeanDiff		(1)-(2)			(4)-(5)			(7)-(8)	
P 值		0.6751			0.8018			0.8463	

注：***、**、* 分别表示在 1%、5%、10% 水平上显著；_Cons 表示截距项，R^2_a 为调整后的 R^2；表格中带括号数值表示 t 值，未带括号数值表示系数值。

资料来源：作者整理。

第二，考虑产品市场竞争对限制董事提名权持股比例条款与投资效率关系的影响，结果如表6-3所示。从调节效应检验结果来看，当被解释变量为非效率投资和投资不足时，产品市场竞争与限制董事提名权持股比例条款的交乘项 Hhi_Hr 系数均在5%水平上显著为负。本书还根据产品市场竞争（Hhi）中位数高低分组再次检验，结果发现，当被解释变量为非效率投资、过度投资以及投资不足时，限制董事提名权持股比例条款的系数仅在行业集中度高的组别显著为负，而在行业集中度较低的组别却不显著。上述结果表明，产品市场竞争程度越低，越能够显著强化限制董事提名权持股比例条款与非效率投资以及投资不足的负向关系。

表6-3 限制董事提名权持股比例条款、产品市场竞争与投资效率

	(1) Uei 低	(2) Uei 高	(3) Uei 交乘	(4) Overinv 低	(5) Overinv 高	(6) Overinv 交乘	(7) Underinv 低	(8) Underinv 高	(9) Underinv 交乘
Hr	-0.002** (-2.528)	-0.002 (-1.536)	-0.001 (-0.939)	-0.004** (-2.181)	-0.002 (-0.930)	-0.002 (-1.056)	-0.002* (-1.914)	-0.002 (-1.299)	-0.000 (-0.408)
Fcf	0.029*** (5.593)	0.036*** (5.791)	0.019*** (4.695)	0.072*** (7.154)	0.069*** (6.087)	0.054*** (7.044)	-0.001 (-0.108)	0.008 (1.165)	-0.008* (-1.935)
Pay	-0.002*** (-3.329)	-0.003*** (-4.764)	-0.002*** (-3.308)	-0.003*** (-2.718)	-0.003** (-2.511)	-0.002** (-2.316)	-0.001*** (-2.577)	-0.004*** (-5.387)	-0.002*** (-3.392)
Mf	0.023*** (5.296)	0.020*** (2.998)	0.026*** (6.788)	0.013 (1.446)	0.009 (0.713)	0.017** (2.173)	0.028*** (6.739)	0.025*** (3.799)	0.031*** (8.138)
Es	-0.000 (-0.261)	-0.001 (-0.670)	-0.000 (-0.627)	0.000 (0.051)	0.002 (0.904)	0.001 (0.524)	-0.000 (-0.438)	-0.002* (-1.830)	-0.001 (-1.306)
Shrcr1	-0.000 (-0.077)	-0.004 (-1.029)	-0.002 (-0.969)	0.002 (0.317)	-0.006 (-0.868)	-0.002 (-0.531)	0.001 (0.429)	-0.000 (-0.072)	0.000 (0.099)
Scale	0.000 (0.326)	0.001* (1.944)	0.000 (0.045)	0.000 (0.369)	0.002*** (2.717)	0.000 (1.202)	-0.000 (-0.267)	-0.000 (-0.800)	-0.000** (-2.260)
Inde	-0.008 (-0.973)	0.020* (1.860)	0.004 (0.615)	-0.011 (-0.658)	0.037* (1.920)	0.011 (0.848)	-0.009 (-1.094)	0.007 (0.604)	-0.003 (-0.405)
Dual	0.003*** (3.152)	0.004*** (2.777)	0.004*** (4.785)	0.007*** (3.716)	0.004* (1.722)	0.006*** (4.233)	0.000 (0.182)	0.003* (1.933)	0.002** (2.221)
Hhi_Hr			-0.013** (-2.017)			-0.013 (-1.046)			-0.015** (-2.150)
Hhi			-0.023** (-2.506)			-0.049*** (-2.837)			-0.008 (-0.820)

续表

	(1)	(2)	(3)	(4)	(5)	(6)	(7)	(8)	(9)
	Uei	Uei	Uei	Overinv	Overinv	Overinv	Underinv	Underinv	Underinv
	低	高	交乘	低	高	交乘	低	高	交乘
_Cons	0.058*** (6.870)	0.073*** (6.679)	0.056*** (7.878)	0.075*** (4.542)	0.065*** (3.314)	0.064*** (4.756)	0.050*** (6.145)	0.087*** (7.674)	0.057*** (7.975)
Industry	No	No	Yes	No	No	Yes	No	No	Yes
Year	Yes	Yes	Yes	Yes	Yes	Yes	Yes	Yes	Yes
N	8123	5479	13602	3480	2428	5908	4640	3051	7691
R^2_a	0.014	0.028	0.049	0.023	0.035	0.061	0.018	0.039	0.060
F	7.61	9.90	12.06	5.60	5.94	6.97	5.72	7.88	8.70
MeanDiff		(1)-(2)			(4)-(5)			(7)-(8)	
P值		0.7129			0.4794			0.9861	

注：***、**、* 分别表示在1%、5%、10%水平上显著；_Cons 表示截距项，R^2_a 为调整后的 R^2；表格中带括号数值表示t值，未带括号数值表示系数值。

资料来源：作者整理。

第三，考虑产品市场竞争对限制董事提名权持股时间条款与投资效率关系的影响，结果如表6-4所示。从调节效应检验结果来看，产品市场竞争与限制董事提名权持股时间条款的交乘项 Hhi_Ht 系数均不显著。本书还根据产品市场竞争（Hhi）中位数高低分组再次检验，结果发现，限制董事提名权持股时间条款的系数也均不显著。结果表明，产品市场竞争程度对限制董事提名权持股时间条款与投资效率的关系影响不明显。

表6-4　限制董事提名权持股时间条款、产品市场竞争与投资效率

	(1)	(2)	(3)	(4)	(5)	(6)	(7)	(8)	(9)
	Uei	Uei	Uei	Overinv	Overinv	Overinv	Underinv	Underinv	Underinv
	低	高	交乘	低	高	交乘	低	高	交乘
Ht	-0.001 (-0.444)	-0.001 (-0.818)	-0.001 (-0.384)	0.001 (0.447)	-0.003 (-1.132)	-0.000 (-0.020)	-0.001 (-1.133)	-0.001 (-0.371)	-0.001 (-0.830)
Fcf	0.029*** (5.588)	0.036*** (5.761)	0.019*** (4.713)	0.071*** (7.129)	0.069*** (6.110)	0.054*** (7.066)	-0.001 (-0.117)	0.007 (1.116)	-0.008* (-1.938)
Pay	-0.002*** (-3.337)	-0.003*** (-4.709)	-0.002*** (-3.304)	-0.003*** (-2.761)	-0.003*** (-2.396)	-0.002*** (-2.289)	-0.001** (-2.540)	-0.004*** (-5.399)	-0.002*** (-3.411)

续表

	(1)	(2)	(3)	(4)	(5)	(6)	(7)	(8)	(9)
	Uei	Uei	Uei	Overinv	Overinv	Overinv	Underinv	Underinv	Underinv
	低	高	交乘	低	高	交乘	低	高	交乘
Mf	0.023*** (5.353)	0.020*** (2.977)	0.027*** (6.860)	0.014 (1.546)	0.009 (0.677)	0.018** (2.276)	0.028*** (6.748)	0.025*** (3.781)	0.031*** (8.175)
Es	-0.000 (-0.099)	-0.001 (-0.553)	-0.000 (-0.369)	0.000 (0.144)	0.002 (0.955)	0.001 (0.630)	-0.000 (-0.301)	-0.002* (-1.712)	-0.001 (-0.991)
$Shrcr1$	-0.000 (-0.035)	-0.004 (-1.068)	-0.002 (-0.897)	0.002 (0.377)	-0.006 (-0.903)	-0.002 (-0.491)	0.001 (0.428)	-0.000 (-0.090)	0.000 (0.164)
$Scale$	0.000 (0.281)	0.001* (1.953)	-0.000 (-0.037)	0.000 (0.337)	0.002*** (2.801)	0.000 (1.162)	-0.000 (-0.323)	-0.000 (-0.842)	-0.000** (-2.333)
$Inde$	-0.008 (-0.975)	0.020* (1.899)	0.004 (0.602)	-0.011 (-0.653)	0.038** (1.964)	0.010 (0.838)	-0.009 (-1.084)	0.007 (0.626)	-0.003 (-0.392)
$Dual$	0.003*** (3.297)	0.004*** (2.830)	0.004*** (4.988)	0.008*** (3.878)	0.004* (1.762)	0.007*** (4.413)	0.000 (0.275)	0.003** (1.965)	0.002** (2.373)
Hhi_Ht			-0.004 (-0.458)			-0.007 (-0.392)			-0.001 (-0.082)
Hhi			-0.028*** (-3.025)			-0.052*** (-3.130)			-0.013 (-1.361)
$\_Cons$	0.058*** (6.801)	0.072*** (6.574)	0.056*** (7.869)	0.075*** (4.497)	0.062*** (3.163)	0.063*** (4.719)	0.050*** (6.070)	0.087*** (7.646)	0.057*** (7.985)
Industry	No	No	Yes	No	No	Yes	No	No	Yes
Year	Yes	Yes	Yes	Yes	Yes	Yes	Yes	Yes	Yes
N	8123	5479	13602	3480	2428	5908	4640	3051	7691
R^2_a	0.014	0.028	0.049	0.022	0.036	0.060	0.017	0.039	0.059
F	7.26	9.80	11.84	5.34	5.97	6.85	5.58	7.79	8.54
MeanDiff		(1)-(2)			(4)-(5)			(7)-(8)	
P 值		0.7155			0.2547			0.7073	

注：***、**、*分别表示在1%、5%、10%水平上显著；_Cons 表示截距项，R^2_a 为调整后的 R^2；表格中带括号数值表示 t 值，未带括号数值表示系数值。

资料来源：作者整理。

第四，考虑产品市场竞争对反收购条款数量与投资效率关系的影响，结果如表6-5所示。从调节效应检验结果来看，当被解释变量为非效率投资时，产品市场竞争与反收购条款数量的交乘项 Hhi_Atpnum 系数在5%水平上显著为负。本书还根据产品市场竞争（Hhi）中位数高低分组再次检验，结果发现，当被解释变量为非效率投资和投资不足时，反收购条款数量的系数仅在产品市场竞争程度较低的组别显著为负，而产品市场竞争程度较高的组别其系数不显著。上述结果说明，在产品市场竞争程度较低的情形下，反收购条款数目越多，对投资效率的治理效应也越明显。

表6-5　　　　反收购条款数量、产品市场竞争与投资效率

	(1)	(2)	(3)	(4)	(5)	(6)	(7)	(8)	(9)
	Uei	Uei	Uei	Overinv	Overinv	Overinv	Underinv	Underinv	Underinv
	低	高	交乘	低	高	交乘	低	高	交乘
Atpnum	-0.001** (-2.315)	-0.001 (-1.559)	-0.001 (-0.937)	-0.002 (-1.542)	-0.002 (-1.276)	-0.001 (-0.696)	-0.001** (-2.210)	-0.001 (-1.277)	-0.001 (-1.075)
Fcf	0.029*** (5.593)	0.036*** (5.789)	0.019*** (4.732)	0.072*** (7.160)	0.070*** (6.113)	0.054*** (7.085)	-0.001 (-0.120)	0.007 (1.139)	-0.008* (-1.916)
Pay	-0.002*** (-3.248)	-0.003*** (-4.718)	-0.002*** (-3.236)	-0.003*** (-2.679)	-0.003** (-2.471)	-0.002** (-2.263)	-0.001** (-2.489)	-0.004*** (-5.363)	-0.002*** (-3.331)
Mf	0.023*** (5.336)	0.020*** (2.981)	0.027*** (6.830)	0.014 (1.540)	0.009 (0.681)	0.017** (2.241)	0.028*** (6.732)	0.025*** (3.795)	0.031*** (8.160)
Es	-0.000 (-0.227)	-0.001 (-0.582)	-0.000 (-0.567)	0.000 (0.090)	0.002 (0.945)	0.001 (0.557)	-0.000 (-0.443)	-0.002* (-1.739)	-0.001 (-1.229)
Shrcr1	-0.001 (-0.224)	-0.004 (-1.112)	-0.003 (-1.153)	0.001 (0.225)	-0.006 (-0.926)	-0.003 (-0.644)	0.001 (0.270)	-0.001 (-0.150)	-0.000 (-0.074)
Scale	0.000 (0.270)	0.001** (1.962)	-0.000 (-0.015)	0.000 (0.337)	0.002*** (2.764)	0.000 (1.203)	-0.000 (-0.333)	-0.000 (-0.814)	-0.000** (-2.338)
Inde	-0.008 (-0.968)	0.020* (1.918)	0.004 (0.638)	-0.011 (-0.652)	0.038* (1.960)	0.011 (0.861)	-0.009 (-1.086)	0.007 (0.659)	-0.002 (-0.374)
Dual	0.003*** (3.183)	0.004*** (2.742)	0.004*** (4.787)	0.007*** (3.762)	0.004* (1.687)	0.006*** (4.240)	0.000 (0.193)	0.003* (1.897)	0.002** (2.218)
Hhi_Atpnum			-0.008** (-2.123)			-0.011 (-1.455)			-0.007 (-1.604)
Hhi			-0.024** (-2.548)			-0.048*** (-2.815)			-0.009 (-0.964)

续表

	(1)	(2)	(3)	(4)	(5)	(6)	(7)	(8)	(9)
	Uei	Uei	Uei	Overinv	Overinv	Overinv	Underinv	Underinv	Underinv
	低	高	交乘	低	高	交乘	低	高	交乘
_Cons	0.058***	0.072***	0.056***	0.075***	0.064***	0.063***	0.050***	0.087***	0.057***
	(6.810)	(6.618)	(7.841)	(4.490)	(3.272)	(4.712)	(6.104)	(7.634)	(7.960)
Industry	No	No	Yes	No	No	Yes	No	No	Yes
Year	Yes	Yes	Yes	Yes	Yes	Yes	Yes	Yes	Yes
N	8123	5479	13602	3480	2428	5908	4640	3051	7691
R^2_a	0.014	0.028	0.049	0.023	0.036	0.061	0.018	0.039	0.060
F	7.55	9.90	12.06	5.46	5.99	6.97	5.79	7.87	8.70
MeanDiff	(1)-(2)			(4)-(5)			(7)-(8)		
P值	0.8097			0.9795			0.7467		

注：***、**、*分别表示在1%、5%、10%水平上显著；_Cons 表示截距项，R^2_a 为调整后的 R^2；表格中带括号数值表示 t 值，未带括号数值表示系数值。

资料来源：作者整理。

因此，本书所提假设 H6-1b 大部分得以证实。即在产品市场竞争较低的情形下，交错董事会条款抑制过度投资的作用更加明显；限制董事提名权持股比例条款缓解投资不足的作用更加明显；而且反收购条款数目越多，对整体投资效率的治理效应也越明显。原因可能在于，产品市场竞争越低，行业集中度越高，表明行业内目标公司资源较稀缺，更容易成为潜在的并购标的，随着目标公司防御措施的增加，其被接管的威胁明显降低，这有助于引导管理层避免短视行为，做出更为合理有效的投资决策，提升公司长期竞争力。

二、反收购条款、制度环境与投资效率

（一）考虑投资者法律保护的影响

第一，考虑投资者法律保护水平对交错董事会条款与投资效率关系的影响，结果如表 6-6 所示。从调节效应检验结果来看，投资者法律保护与交错董事会条款的交乘项 Law_Sb 系数均为负值，当被解释变量为非效率

投资时，交乘项 Law_Sb 系数为 -0.001，在5%水平上显著。本书还根据投资者法律保护（Law）中位数高低分组再次检验，结果发现，当被解释变量为非效率投资、投资过度以及投资不足时，交错董事会条款的系数仅在投资者法律保护水平较高时显著为负，而在投资者法律保护水平较低的组别却不显著。上述结果表明，投资者法律保护能够显著强化交错董事会条款与非效率投资的负向关系。

表6-6　　　　　交错董事会条款、投资者法律保护与投资效率

	(1)	(2)	(3)	(4)	(5)	(6)	(7)	(8)	(9)
	Uei	Uei	Uei	Overinv	Overinv	Overinv	Underinv	Underinv	Underinv
	高	低	交乘	高	低	交乘	高	低	交乘
Sb	-0.004**	-0.001	0.002	-0.006*	-0.001	0.001	-0.004**	-0.002	0.001
	(-2.383)	(-0.620)	(0.661)	(-1.761)	(-0.428)	(0.330)	(-1.969)	(-0.840)	(0.266)
Fcf	0.019***	0.018***	0.019***	0.053***	0.051***	0.054***	-0.004	-0.013*	-0.008*
	(3.472)	(2.921)	(4.768)	(4.886)	(4.638)	(7.039)	(-0.839)	(-1.954)	(-1.875)
Pay	-0.002***	-0.001	-0.001***	-0.003***	-0.000	-0.002**	-0.001**	-0.002***	-0.002***
	(-3.131)	(-1.021)	(-2.891)	(-2.612)	(-0.147)	(-2.010)	(-2.151)	(-3.137)	(-3.314)
Mf	0.024***	0.031***	0.027***	0.019	0.016	0.019**	0.025***	0.038***	0.031***
	(4.470)	(5.353)	(6.912)	(1.634)	(1.491)	(2.368)	(5.046)	(6.547)	(8.151)
Es	0.000	-0.001	-0.000	0.003	-0.002	0.001	-0.001	-0.001	-0.001
	(0.281)	(-1.174)	(-0.129)	(1.395)	(-0.893)	(0.898)	(-1.118)	(-0.516)	(-1.030)
Shrcr1	-0.001	-0.003	-0.002	0.002	-0.009	-0.002	-0.002	0.002	-0.000
	(-0.445)	(-0.930)	(-0.870)	(0.286)	(-1.459)	(-0.439)	(-0.560)	(0.666)	(-0.005)
Scale	-0.000	-0.000	-0.000	0.001	0.000	0.000	-0.001*	-0.000	-0.000**
	(-0.062)	(-0.305)	(-0.175)	(0.997)	(0.273)	(1.098)	(-1.882)	(-1.270)	(-2.354)
Inde	0.005	0.001	0.003	0.015	0.004	0.010	-0.003	-0.003	-0.003
	(0.551)	(0.089)	(0.484)	(0.821)	(0.247)	(0.775)	(-0.399)	(-0.330)	(-0.432)
Dual	0.004***	0.004***	0.004***	0.005***	0.008***	0.007***	0.003***	0.000	0.002**
	(3.782)	(2.830)	(4.989)	(2.631)	(3.399)	(4.475)	(2.690)	(0.248)	(2.234)
Law_Sb			-0.001**			-0.001			-0.000
			(-2.158)			(-1.397)			(-1.604)
Law			-0.000			-0.000			0.000
			(-1.160)			(-1.237)			(0.746)
_Cons	0.066***	0.041***	0.051***	0.071***	0.041**	0.055***	0.065***	0.059***	0.056***
	(6.316)	(3.875)	(7.206)	(3.534)	(2.111)	(4.091)	(6.246)	(5.449)	(7.797)

续表

	(1)	(2)	(3)	(4)	(5)	(6)	(7)	(8)	(9)
	Uei	Uei	Uei	Overinv	Overinv	Overinv	Underinv	Underinv	Underinv
	高	低	交乘	高	低	交乘	高	低	交乘
Industry	Yes	Yes	Yes	Yes	Yes	Yes	Yes	Yes	Yes
Year	Yes	Yes	Yes	Yes	Yes	Yes	Yes	Yes	Yes
N	7519	6083	13588	3152	2756	5900	4365	3326	7685
R^2_a	0.043	0.056	0.049	0.041	0.078	0.059	0.061	0.061	0.059
F	6.44	7.00	11.85	3.17	4.89	6.79	5.59	4.61	8.58
MeanDiff		(1)-(2)			(4)-(5)			(7)-(8)	
P值		0.2002			0.2517			0.4671	

注：***、**、* 分别表示在1%、5%、10%水平上显著；_Cons表示截距项，R^2_a 为调整后的 R^2；表格中带括号数值表示 t 值，未带括号数值表示系数值。

资料来源：作者整理。

第二，考虑投资者法律保护水平对限制董事提名权持股比例条款与投资效率关系的影响，结果如表6-7所示。从调节效应检验结果来看，投资者法律保护与限制董事提名权持股比例条款的交乘项 Law_Hr 系数都不显著。本书还根据投资者法律保护（Law）中位数高低分组再次检验，结果发现，当被解释变量为过度投资和投资不足时，限制董事提名权持股比例条款的系数仅在投资者法律保护水平较高时显著为负，而在投资者法律保护水平较低的组别却不显著，但组间系数均值不存在显著差异。上述结果表明，投资者法律保护水平对限制董事提名权持股比例条款与投资效率关系的影响不明显。

表6-7　限制董事提名权持股比例条款、投资者法律保护与投资效率

	(1)	(2)	(3)	(4)	(5)	(6)	(7)	(8)	(9)
	Uei	Uei	Uei	Overinv	Overinv	Overinv	Underinv	Underinv	Underinv
	高	低	交乘	高	低	交乘	高	低	交乘
Hr	-0.003*** (-2.646)	-0.002* (-1.910)	-0.002 (-1.625)	-0.004** (-1.962)	-0.003 (-1.607)	-0.003 (-1.232)	-0.002** (-2.056)	-0.001 (-1.317)	-0.002* (-1.654)
Fcf	0.019*** (3.510)	0.018*** (2.914)	0.019*** (4.787)	0.054*** (4.929)	0.051*** (4.606)	0.054*** (7.053)	-0.004 (-0.815)	-0.013* (-1.937)	-0.008* (-1.863)

续表

	(1)	(2)	(3)	(4)	(5)	(6)	(7)	(8)	(9)
	Uei	Uei	Uei	Overinv	Overinv	Overinv	Underinv	Underinv	Underinv
	高	低	交乘	高	低	交乘	高	低	交乘
Pay	-0.002*** (-3.304)	-0.001 (-0.950)	-0.001*** (-2.964)	-0.003*** (-2.712)	-0.000 (-0.092)	-0.002** (-2.038)	-0.001** (-2.310)	-0.002*** (-3.079)	-0.002*** (-3.398)
Mf	0.024*** (4.489)	0.031*** (5.350)	0.027*** (6.926)	0.018 (1.558)	0.016 (1.450)	0.018** (2.279)	0.026*** (5.136)	0.038*** (6.557)	0.031*** (8.247)
Es	0.000 (0.099)	-0.001 (-1.271)	-0.000 (-0.382)	0.002 (1.275)	-0.002 (-0.941)	0.001 (0.755)	-0.001 (-1.273)	-0.001 (-0.601)	-0.001 (-1.245)
Shrcr1	-0.001 (-0.293)	-0.003 (-0.863)	-0.002 (-0.748)	0.002 (0.353)	-0.008 (-1.389)	-0.002 (-0.382)	-0.001 (-0.390)	0.002 (0.722)	0.000 (0.171)
Scale	0.000 (0.010)	-0.000 (-0.265)	-0.000 (-0.074)	0.001 (0.997)	0.000 (0.282)	0.000 (1.118)	-0.000* (-1.768)	-0.000 (-1.202)	-0.000** (-2.218)
Inde	0.005 (0.593)	0.000 (0.040)	0.003 (0.502)	0.015 (0.828)	0.003 (0.200)	0.009 (0.757)	-0.003 (-0.331)	-0.004 (-0.364)	-0.003 (-0.399)
Dual	0.004*** (3.763)	0.004*** (2.778)	0.004*** (4.968)	0.005*** (2.632)	0.008*** (3.280)	0.007*** (4.436)	0.003*** (2.676)	0.000 (0.264)	0.002** (2.249)
Law_Hr			-0.000 (-0.233)			-0.000 (-0.208)			0.000 (0.297)
Law			-0.000 (-1.552)			-0.000 (-1.470)			0.000 (0.148)
_Cons	0.067*** (6.449)	0.041*** (3.847)	0.052*** (7.320)	0.073*** (3.642)	0.040** (2.095)	0.056*** (4.177)	0.066*** (6.335)	0.059*** (5.412)	0.057*** (7.893)
Industry	Yes	Yes	Yes	Yes	Yes	Yes	Yes	Yes	Yes
Year	Yes	Yes	Yes	Yes	Yes	Yes	Yes	Yes	Yes
N	7519	6083	13588	3152	2756	5900	4365	3326	7685
R^2_a	0.043	0.056	0.049	0.041	0.079	0.059	0.061	0.062	0.059
F	6.47	7.06	11.89	3.18	4.94	6.83	5.60	4.63	8.59
MeanDiff	(1)-(2)			(4)-(5)			(7)-(8)		
P值	0.6829			0.7863			0.6941		

注：***、**、*分别表示在1%、5%、10%水平上显著；_Cons表示截距项，R^2_a 为调整后的 R^2；表格中带括号数值表示t值，未带括号数值表示系数值。

资料来源：作者整理。

第三，考虑投资者法律保护水平对限制董事提名权持股时间条款与投资效率的影响，结果如表6-8所示。从调节效应检验结果来看，投资者法律保护与限制董事提名权持股时间条款的交乘项 Law_Ht 系数均为负数，但不显著。本书还根据投资者法律保护（Law）中位数高低分组再次检验，结果发现，限制董事提名权持股时间条款的系数均不显著。上述结果说明，投资者法律保护水平高低对限制董事提名权持股时间条款与投资效率关系的影响不明显。

表 6-8　限制董事提名权持股时间条款、投资者法律保护与投资效率

	(1)	(2)	(3)	(4)	(5)	(6)	(7)	(8)	(9)
	Uei	Uei	Uei	Overinv	Overinv	Overinv	Underinv	Underinv	Underinv
	高	低	交乘	高	低	交乘	高	低	交乘
Ht	-0.002 (-1.507)	0.001 (0.360)	0.002 (0.808)	-0.004 (-1.329)	0.002 (0.663)	0.002 (0.484)	-0.001 (-0.621)	-0.001 (-0.793)	0.000 (0.240)
Fcf	0.018*** (3.440)	0.018*** (2.905)	0.019*** (4.751)	0.053*** (4.891)	0.051*** (4.598)	0.054*** (7.028)	-0.005 (-0.877)	-0.013* (-1.932)	-0.008* (-1.894)
Pay	-0.002*** (-3.189)	-0.001 (-1.046)	-0.001*** (-2.953)	-0.003*** (-2.580)	-0.000 (-0.182)	-0.002** (-2.019)	-0.001** (-2.274)	-0.002*** (-3.140)	-0.002*** (-3.410)
Mf	0.024*** (4.511)	0.031*** (5.340)	0.027*** (6.939)	0.019 (1.631)	0.016 (1.491)	0.018** (2.339)	0.026*** (5.101)	0.037*** (6.508)	0.031*** (8.209)
Es	0.000 (0.252)	-0.001 (-1.180)	-0.000 (-0.205)	0.002 (1.354)	-0.002 (-0.908)	0.001 (0.826)	-0.001 (-1.130)	-0.000 (-0.468)	-0.001 (-1.054)
Shrcr1	-0.001 (-0.238)	-0.003 (-0.859)	-0.002 (-0.710)	0.003 (0.442)	-0.008 (-1.379)	-0.001 (-0.337)	-0.001 (-0.343)	0.002 (0.687)	0.000 (0.153)
Scale	-0.000 (-0.073)	-0.000 (-0.285)	-0.000 (-0.150)	0.001 (0.963)	0.000 (0.253)	0.000 (1.096)	-0.001* (-1.859)	-0.000 (-1.231)	-0.000** (-2.304)
Inde	0.005 (0.517)	0.001 (0.078)	0.003 (0.487)	0.014 (0.778)	0.004 (0.254)	0.009 (0.759)	-0.003 (-0.408)	-0.003 (-0.293)	-0.003 (-0.400)
Dual	0.004*** (3.875)	0.004*** (2.846)	0.004*** (5.091)	0.005*** (2.694)	0.008*** (3.415)	0.007*** (4.562)	0.003*** (2.785)	0.000 (0.275)	0.002** (2.322)
Law_Ht			-0.000 (-1.583)			-0.000 (-0.851)			-0.000 (-1.021)
Law			-0.000 (-1.115)			-0.000 (-1.255)			0.000 (0.710)
_Cons	0.066*** (6.347)	0.041*** (3.877)	0.051*** (7.226)	0.071*** (3.517)	0.041** (2.119)	0.055*** (4.094)	0.066*** (6.308)	0.059*** (5.418)	0.056*** (7.826)

续表

	(1)	(2)	(3)	(4)	(5)	(6)	(7)	(8)	(9)
	Uei	Uei	Uei	Overinv	Overinv	Overinv	Underinv	Underinv	Underinv
	高	低	交乘	高	低	交乘	高	低	交乘
Industry	Yes	Yes	Yes	Yes	Yes	Yes	Yes	Yes	Yes
Year	Yes	Yes	Yes	Yes	Yes	Yes	Yes	Yes	Yes
N	7519	6083	13588	3152	2756	5900	4365	3326	7685
R^2_a	0.043	0.056	0.048	0.041	0.078	0.059	0.060	0.061	0.059
F	6.39	7.00	11.76	3.15	4.90	6.73	5.53	4.61	8.51
MeanDiff		(1)-(2)			(4)-(5)			(7)-(8)	
P 值		0.1825			0.1497			0.8631	

注：***、**、* 分别表示在1%、5%、10%水平上显著；_Cons 表示截距项，R^2_a 为调整后的 R^2；表格中带括号数值表示 t 值，未带括号数值表示系数值。

资料来源：作者整理。

第四，考虑投资者法律保护水平对反收购条款数量与投资效率的影响，结果如表6-9所示。从调节效应检验结果来看，投资者法律保护与反收购条款数量的交乘项 Law_Atpnum 系数均为负数，而且当被解释变量为非效率投资时，交乘项 Law_Atpnum 系数在10%水平上显著。本书还根据投资者法律保护（Law）中位数高低分组再次检验，结果发现，当被解释变量为过度投资以及投资不足时，反收购条款数量的系数仅在投资者法律保护水平较高的组别显著为负，而投资者法律保护水平较低的组别其系数不显著，但组间系数均值不存在显著差异。上述结果说明，在投资者法律保护水平较高的情形下，反收购条款数目越多，对整体投资效率的治理效应越明显。

表6-9　　　　反收购条款数量、投资者法律保护与投资效率

	(1)	(2)	(3)	(4)	(5)	(6)	(7)	(8)	(9)
	Uei	Uei	Uei	Overinv	Overinv	Overinv	Underinv	Underinv	Underinv
	高	低	交乘	高	低	交乘	高	低	交乘
Atpnum	-0.002*** (-3.227)	-0.001 (-1.264)	-0.000 (-0.422)	-0.003** (-2.494)	-0.001 (-0.870)	-0.001 (-0.492)	-0.001** (-2.296)	-0.000 (-1.479)	-0.001 (-0.786)
Fcf	0.019*** (3.512)	0.018*** (2.938)	0.019*** (4.811)	0.054*** (4.947)	0.051*** (4.645)	0.054*** (7.087)	-0.004 (-0.831)	-0.013* (-1.931)	-0.008* (-1.855)

续表

	(1)	(2)	(3)	(4)	(5)	(6)	(7)	(8)	(9)
	Uei	Uei	Uei	Overinv	Overinv	Overinv	Underinv	Underinv	Underinv
	高	低	交乘	高	低	交乘	高	低	交乘
Pay	-0.002***	-0.001	-0.001***	-0.003***	-0.000	-0.002**	-0.001**	-0.002***	-0.002***
	(-3.159)	(-0.980)	(-2.886)	(-2.632)	(-0.120)	(-1.992)	(-2.193)	(-3.080)	(-3.326)
Mf	0.024***	0.031***	0.027***	0.018	0.016	0.018**	0.026***	0.038***	0.031***
	(4.491)	(5.349)	(6.916)	(1.585)	(1.474)	(2.301)	(5.110)	(6.559)	(8.219)
Es	0.000	-0.001	-0.000	0.002	-0.002	0.001	-0.001	-0.001	-0.001
	(0.173)	(-1.196)	(-0.274)	(1.341)	(-0.899)	(0.826)	(-1.211)	(-0.552)	(-1.169)
Shrcr1	-0.001	-0.003	-0.002	0.002	-0.009	-0.002	-0.002	0.002	-0.000
	(-0.470)	(-0.943)	(-0.947)	(0.277)	(-1.466)	(-0.491)	(-0.547)	(0.648)	(-0.036)
Scale	-0.000	-0.000	-0.000	0.001	0.000	0.000	-0.001*	-0.000	-0.000**
	(-0.022)	(-0.286)	(-0.102)	(0.987)	(0.291)	(1.140)	(-1.819)	(-1.249)	(-2.277)
Inde	0.005	0.001	0.004	0.015	0.004	0.010	-0.003	-0.003	-0.002
	(0.608)	(0.087)	(0.550)	(0.847)	(0.230)	(0.793)	(-0.341)	(-0.318)	(-0.355)
Dual	0.004***	0.004***	0.004***	0.005***	0.008***	0.007***	0.003***	0.000	0.002**
	(3.715)	(2.809)	(4.935)	(2.582)	(3.356)	(4.424)	(2.655)	(0.260)	(2.213)
Law_Atpnum			-0.000*			-0.000			-0.000
			(-1.659)			(-1.012)			(-0.895)
Law			-0.000			-0.000			0.000
			(-0.865)			(-1.069)			(0.662)
_Cons	0.066***	0.041***	0.051***	0.072***	0.041**	0.055***	0.065***	0.059***	0.056***
	(6.342)	(3.854)	(7.195)	(3.565)	(2.102)	(4.092)	(6.262)	(5.413)	(7.794)
Industry	Yes	Yes	Yes	Yes	Yes	Yes	Yes	Yes	Yes
Year	Yes	Yes	Yes	Yes	Yes	Yes	Yes	Yes	Yes
N	7519	6083	13588	3152	2756	5900	4365	3326	7685
R^2_a	0.044	0.056	0.049	0.042	0.078	0.059	0.062	0.062	0.060
F	6.52	7.02	11.93	3.22	4.90	6.83	5.62	4.64	8.62
MeanDiff	(1)-(2)			(4)-(5)			(7)-(8)		
P值	0.1646			0.1862			0.6332		

注：***、**、* 分别表示在1%、5%、10%水平上显著；_Cons表示截距项，R^2_a 为调整后的 R^2；表格中带括号数值表示t值，未带括号数值表示系数值。

资料来源：作者整理。

因此，本书假设 H6-2 部分得以证实。即在投资者法律保护水平较高的情形下，交错董事会条款的设置以及反收购条款数量的增加对提升整体投资效率的作用更加明显。原因可能在于，随着法律制度环境的改善，控制权市场敌意收购行为得到有效遏制，在公平竞争的市场环境下，管理层眼光长远，进而更加注重公司资源的配置效率，做出有利于公司价值的投资行为。

（二）考虑政府干预的影响

第一，考虑政府干预对交错董事会条款与投资效率关系的影响，结果如表 6-10 所示。从调节效应检验结果来看，政府干预与交错董事会条款的交乘项 Gov_Sb 系数均为负值，当被解释变量为投资不足时，交乘项 Gov_Sb 系数为 -0.001，在 10% 水平上显著。本书还根据政府干预（Gov）中位数高低分组再次检验，结果发现，当被解释变量为非效率投资和投资不足时，交错董事会条款的系数仅在政府干预程度较低时显著为负，而在政府干预程度较低的组别却不显著。上述结果表明，政府干预程度越低，越能够显著强化交错董事会条款与非效率投资以及投资不足的负向关系。

表 6-10　　交错董事会条款、政府干预与投资效率

	(1)	(2)	(3)	(4)	(5)	(6)	(7)	(8)	(9)
	Uei	Uei	Uei	Overinv	Overinv	Overinv	Underinv	Underinv	Underinv
	低	高	交乘	低	高	交乘	低	高	交乘
Sb	-0.003*	-0.002	0.004	-0.005	-0.002	0.002	-0.003*	-0.001	0.005
	(-1.772)	(-0.979)	(0.955)	(-1.494)	(-0.674)	(0.276)	(-1.805)	(-0.558)	(1.062)
Fcf	0.014***	0.025***	0.019***	0.049***	0.057***	0.054***	-0.011**	-0.005	-0.008*
	(2.598)	(3.770)	(4.726)	(4.851)	(4.797)	(6.993)	(-2.118)	(-0.706)	(-1.887)
Pay	-0.001**	-0.002**	-0.001***	-0.002	-0.001	-0.002*	-0.001**	-0.003***	-0.002***
	(-2.202)	(-2.191)	(-2.899)	(-1.487)	(-0.993)	(-1.771)	(-2.138)	(-3.455)	(-3.482)
Mf	0.031***	0.023***	0.027***	0.016	0.018	0.017**	0.034***	0.029***	0.031***
	(5.775)	(4.034)	(6.860)	(1.408)	(1.628)	(2.225)	(6.548)	(5.197)	(8.234)
Es	0.000	-0.001	-0.000	0.002	-0.002	0.001	-0.001	-0.000	-0.001
	(0.315)	(-1.364)	(-0.179)	(1.404)	(-1.134)	(0.928)	(-1.343)	(-0.135)	(-1.126)
Shrcr1	0.000	-0.004	-0.002	0.001	-0.007	-0.002	0.001	0.000	0.000
	(0.011)	(-1.192)	(-0.909)	(0.139)	(-1.066)	(-0.425)	(0.279)	(0.144)	(0.001)
Scale	-0.000	0.000	-0.000	0.001	0.000	0.000	-0.001***	-0.000	-0.000**
	(-0.425)	(0.226)	(-0.202)	(1.017)	(0.260)	(0.955)	(-2.665)	(-0.149)	(-2.288)

续表

	(1)	(2)	(3)	(4)	(5)	(6)	(7)	(8)	(9)
	Uei	Uei	Uei	Overinv	Overinv	Overinv	Underinv	Underinv	Underinv
	低	高	交乘	低	高	交乘	低	高	交乘
Inde	0.006 (0.660)	0.002 (0.235)	0.004 (0.540)	0.027 (1.543)	-0.003 (-0.138)	0.009 (0.754)	-0.010 (-1.099)	0.007 (0.672)	-0.002 (-0.331)
Dual	0.004 *** (3.598)	0.004 *** (3.273)	0.004 *** (5.036)	0.006 *** (2.989)	0.008 *** (3.140)	0.007 *** (4.574)	0.002 * (1.783)	0.002 (1.352)	0.002 ** (2.177)
Gov_Sb			-0.001 (-1.621)			-0.001 (-0.778)			-0.001 * (-1.654)
Gov				-0.000 * (-1.736)		-0.001 *** (-3.165)			0.000 * (1.784)
_Cons	0.055 *** (5.757)	0.052 *** (4.722)	0.054 *** (7.568)	0.051 *** (2.864)	0.057 *** (2.733)	0.062 *** (4.631)	0.061 *** (6.302)	0.058 *** (5.258)	0.054 *** (7.462)
Industry	Yes	Yes	Yes	Yes	Yes	Yes	Yes	Yes	Yes
Year	Yes	Yes	Yes	Yes	Yes	Yes	Yes	Yes	Yes
N	7832	5770	13588	3346	2562	5900	4484	3207	7685
R^2_a	0.048	0.051	0.049	0.051	0.066	0.061	0.069	0.053	0.060
F	7.32	6.23	11.86	3.89	4.06	6.94	6.38	4.02	8.61
MeanDiff		(1)-(2)			(4)-(5)			(7)-(8)	
P 值		0.5894			0.5422			0.3844	

注：***、**、* 分别表示在 1%、5%、10% 水平上显著；_Cons 表示截距项，R^2_a 为调整后的 R^2；表格中带括号数值表示 t 值，未带括号数值表示系数值。

资料来源：作者整理。

第二，考虑政府干预对限制董事提名权持股比例条款与投资效率关系的影响，结果如表 6-11 所示。从调节效应检验结果来看，政府干预与限制董事提名权持股比例条款的交乘项 Gov_Hr 系数都不显著。本书还根据政府干预（Gov）中位数高低分组再次检验，结果发现，当被解释变量为非效率投资、过度投资以及投资不足时，限制董事提名权持股比例条款的系数仅在政府干预程度较低时显著为负，而在政府干预程度较高的组别却不显著，但组间系数均值差异并不显著。上述结果表明，政府干预程度对限制董事提名权持股比例条款与投资效率关系的影响并不明显。

表 6-11　限制董事提名权持股比例条款、政府干预与投资效率

	(1)	(2)	(3)	(4)	(5)	(6)	(7)	(8)	(9)
	Uei	Uei	Uei	Overinv	Overinv	Overinv	Underinv	Underinv	Underinv
	低	高	交乘	低	高	交乘	低	高	交乘
Hr	-0.003***	-0.001	0.000	-0.004**	-0.003	0.002	-0.002**	-0.001	-0.000
	(-3.082)	(-1.344)	(0.082)	(-2.121)	(-1.519)	(0.308)	(-2.530)	(-0.684)	(-0.049)
Fcf	0.014***	0.025***	0.019***	0.049***	0.057***	0.054***	-0.011**	-0.005	-0.008*
	(2.607)	(3.787)	(4.748)	(4.844)	(4.799)	(6.991)	(-2.107)	(-0.689)	(-1.856)
Pay	-0.001**	-0.002**	-0.001***	-0.002	-0.001	-0.002*	-0.001**	-0.003***	-0.002***
	(-2.348)	(-2.172)	(-3.006)	(-1.632)	(-0.953)	(-1.871)	(-2.256)	(-3.451)	(-3.561)
Mf	0.031***	0.023***	0.027***	0.015	0.018	0.017**	0.035***	0.029***	0.031***
	(5.790)	(4.017)	(6.848)	(1.381)	(1.576)	(2.154)	(6.614)	(5.202)	(8.274)
Es	0.000	-0.002	-0.000	0.002	-0.002	0.001	-0.001	-0.000	-0.001
	(0.131)	(-1.448)	(-0.375)	(1.280)	(-1.188)	(0.833)	(-1.510)	(-0.196)	(-1.310)
Shrcr1	0.000	-0.004	-0.002	0.001	-0.007	-0.001	0.001	0.001	0.000
	(0.025)	(-1.087)	(-0.804)	(0.185)	(-0.997)	(-0.340)	(0.327)	(0.205)	(0.113)
Scale	-0.000	0.000	-0.000	0.001	0.000	0.000	-0.001***	-0.000	-0.000**
	(-0.417)	(0.301)	(-0.115)	(0.994)	(0.280)	(0.959)	(-2.630)	(-0.085)	(-2.162)
Inde	0.006	0.002	0.003	0.027	-0.003	0.009	-0.009	0.007	-0.002
	(0.684)	(0.220)	(0.514)	(1.550)	(-0.168)	(0.720)	(-1.078)	(0.665)	(-0.333)
Dual	0.004***	0.004***	0.004***	0.006***	0.008***	0.007***	0.002*	0.002	0.002**
	(3.530)	(3.260)	(4.980)	(2.960)	(3.058)	(4.494)	(1.739)	(1.365)	(2.177)
Gov_Hr			-0.000			-0.001			-0.000
			(-0.877)			(-0.915)			(-0.559)
Gov			-0.000*			-0.001***			0.000
			(-1.663)			(-2.760)			(1.394)
_Cons	0.056***	0.052***	0.055***	0.054***	0.056***	0.063***	0.062***	0.058***	0.055***
	(5.918)	(4.706)	(7.709)	(3.015)	(2.722)	(4.722)	(6.426)	(5.252)	(7.571)
Industry	Yes	Yes	Yes	Yes	Yes	Yes	Yes	Yes	Yes
Year	Yes	Yes	Yes	Yes	Yes	Yes	Yes	Yes	Yes
N	7832	5770	13588	3346	2562	5900	4484	3207	7685
R^2_a	0.048	0.051	0.049	0.051	0.067	0.061	0.070	0.053	0.060
F	7.43	6.24	11.95	3.93	4.10	7.02	6.44	4.03	8.62
MeanDiff	(1)-(2)			(4)-(5)			(7)-(8)		
P值	0.3195			0.8089			0.2600		

注：***、**、*分别表示在1%、5%、10%水平上显著；_Cons 表示截距项，R^2_a 为调整后的 R^2；表格中带括号数值表示 t 值，未带括号数值表示系数值。

资料来源：作者整理。

第三，考虑政府干预对限制董事提名权持股时间条款与投资效率关系的影响，结果如表6-12所示。从调节效应检验结果来看，当被解释变量为非效率投资和投资不足时，政府干预与限制董事提名权持股时间条款的交乘项 Gov_Ht 系数都在5%水平上显著。本书还根据政府干预（Gov）中位数高低分组再次检验，结果发现，当被解释变量为非效率投资时，限制董事提名权持股时间条款的系数仅在政府干预程度较低显著为负，而在政府干预程度较高的组别却不显著。上述结果说明，政府干预程度越低，限制董事提名权持股时间条款与非效率投资以及投资不足的负向关系越明显。

表6-12　限制董事提名权持股时间条款、政府干预与投资效率

	(1)	(2)	(3)	(4)	(5)	(6)	(7)	(8)	(9)
	Uei	Uei	Uei	Overinv	Overinv	Overinv	Underinv	Underinv	Underinv
	低	高	交乘	低	高	交乘	低	高	交乘
Ht	-0.003* (-1.801)	0.001 (0.460)	0.008* (1.845)	-0.003 (-1.144)	0.001 (0.323)	0.002 (0.293)	-0.002 (-1.324)	-0.000 (-0.268)	0.008* (1.807)
Fcf	0.013** (2.573)	0.025*** (3.753)	0.019*** (4.718)	0.049*** (4.843)	0.057*** (4.775)	0.054*** (6.992)	-0.011** (-2.155)	-0.005 (-0.697)	-0.008* (-1.898)
Pay	-0.001** (-2.234)	-0.002** (-2.198)	-0.001*** (-2.960)	-0.002 (-1.520)	-0.001 (-1.006)	-0.002* (-1.814)	-0.001** (-2.209)	-0.003*** (-3.464)	-0.002*** (-3.538)
Mf	0.032*** (5.822)	0.023*** (4.022)	0.027*** (6.891)	0.016 (1.454)	0.018 (1.617)	0.017** (2.232)	0.034*** (6.584)	0.029*** (5.180)	0.031*** (8.260)
Es	0.000 (0.304)	-0.001 (-1.355)	-0.000 (-0.155)	0.002 (1.384)	-0.002 (-1.137)	0.001 (0.927)	-0.001 (-1.365)	-0.000 (-0.107)	-0.001 (-1.095)
$Shrcr1$	0.000 (0.093)	-0.004 (-1.055)	-0.002 (-0.741)	0.001 (0.247)	-0.006 (-0.969)	-0.001 (-0.291)	0.001 (0.379)	0.001 (0.186)	0.000 (0.132)
$Scale$	-0.000 (-0.434)	0.000 (0.275)	-0.000 (-0.135)	0.001 (0.986)	0.000 (0.264)	0.000 (0.969)	-0.001*** (-2.653)	-0.000 (-0.116)	-0.000** (-2.211)
$Inde$	0.006 (0.661)	0.002 (0.249)	0.004 (0.570)	0.027 (1.522)	-0.002 (-0.115)	0.009 (0.735)	-0.010 (-1.103)	0.007 (0.686)	-0.002 (-0.286)
$Dual$	0.004*** (3.650)	0.004*** (3.314)	0.004*** (5.116)	0.006*** (3.041)	0.008*** (3.170)	0.007*** (4.641)	0.002* (1.847)	0.002 (1.371)	0.002** (2.263)

续表

	(1)	(2)	(3)	(4)	(5)	(6)	(7)	(8)	(9)
	Uei	Uei	Uei	Overinv	Overinv	Overinv	Underinv	Underinv	Underinv
	低	高	交乘	低	高	交乘	低	高	交乘
Gov_Ht			-0.001** (-2.188)			-0.000 (-0.475)			-0.001** (-2.145)
Gov			-0.000 (-1.392)			-0.001*** (-3.149)			0.000** (2.031)
$\_Cons$	0.055*** (5.778)	0.051*** (4.679)	0.054*** (7.474)	0.052*** (2.903)	0.056*** (2.711)	0.062*** (4.644)	0.062*** (6.341)	0.057*** (5.244)	0.053*** (7.370)
Industry	Yes	Yes	Yes	Yes	Yes	Yes	Yes	Yes	Yes
Year	Yes	Yes	Yes	Yes	Yes	Yes	Yes	Yes	Yes
N	7832	5770	13588	3346	2562	5900	4484	3207	7685
R^2_a	0.048	0.051	0.049	0.051	0.066	0.060	0.069	0.053	0.060
F	7.32	6.21	11.84	3.87	4.06	6.90	6.36	4.02	8.60
MeanDiff		(1)-(2)			(4)-(5)			(7)-(8)	
P值		0.1128			0.2977			0.4642	

注：***、**、*分别表示在1%、5%、10%水平上显著；$\_Cons$表示截距项，R^2_a为调整后的R^2；表格中带括号数值表示t值，未带括号数值表示系数值。

资料来源：作者整理。

第四，考虑政府干预对反收购条款数量与投资效率关系的影响，结果如表6-13所示。从调节效应检验结果来看，当被解释变量为非效率投资和投资不足时，政府干预与反收购条款数量的交乘项 Gov_Atpnum 系数显著为负。本书还根据政府干预（Gov）中位数高低分组再次检验，结果发现，当被解释变量为非效率投资、投资过度和投资不足时，反收购条款数量的系数仅在政府干预程度较低显著为负，而当政府干预程度较高时却不显著，而且当被解释变量为非效率投资，组间系数均值存在显著差异（P=0.0768）。上述结果说明，在政府干预程度较低的情形下，反收购条款数目越多，对整体投资效率的治理效应越明显。

表 6-13　　反收购条款数量、政府干预与投资效率

	(1)	(2)	(3)	(4)	(5)	(6)	(7)	(8)	(9)
	Uei	Uei	Uei	Overinv	Overinv	Overinv	Underinv	Underinv	Underinv
	低	高	交乘	低	高	交乘	低	高	交乘
Atpnum	-0.002***	-0.001	0.002	-0.003**	-0.001	0.002	-0.002***	-0.001	0.002
	(-3.493)	(-0.965)	(1.301)	(-2.469)	(-1.018)	(0.479)	(-2.914)	(-0.735)	(1.183)
Fcf	0.014***	0.025***	0.019***	0.050***	0.058***	0.054***	-0.011**	-0.005	-0.008*
	(2.628)	(3.792)	(4.763)	(4.886)	(4.820)	(7.030)	(-2.114)	(-0.690)	(-1.865)
Pay	-0.001**	-0.002**	-0.001***	-0.002	-0.001	-0.002*	-0.001**	-0.003***	-0.002***
	(-2.165)	(-2.184)	(-2.902)	(-1.532)	(-0.967)	(-1.781)	(-2.075)	(-3.459)	(-3.483)
Mf	0.031***	0.023***	0.027***	0.015	0.018	0.017**	0.034***	0.029***	0.031***
	(5.783)	(4.013)	(6.865)	(1.381)	(1.596)	(2.182)	(6.597)	(5.195)	(8.273)
Es	0.000	-0.001	-0.000	0.002	-0.002	0.001	-0.001	-0.000	-0.001
	(0.237)	(-1.386)	(-0.251)	(1.357)	(-1.149)	(0.903)	(-1.428)	(-0.167)	(-1.208)
Shrcr1	-0.000	-0.004	-0.002	0.001	-0.007	-0.002	0.000	0.001	-0.000
	(-0.138)	(-1.155)	(-0.994)	(0.113)	(-1.072)	(-0.448)	(0.148)	(0.157)	(-0.079)
Scale	-0.000	0.000	-0.000	0.001	0.000	0.000	-0.001***	-0.000	-0.000**
	(-0.405)	(0.270)	(-0.119)	(1.000)	(0.286)	(0.995)	(-2.623)	(-0.123)	(-2.195)
Inde	0.007	0.002	0.004	0.028	-0.003	0.010	-0.009	0.007	-0.002
	(0.756)	(0.236)	(0.618)	(1.591)	(-0.157)	(0.776)	(-1.010)	(0.673)	(-0.237)
Dual	0.004***	0.004***	0.004***	0.006***	0.008***	0.007***	0.002*	0.002	0.002**
	(3.483)	(3.272)	(4.948)	(2.909)	(3.105)	(4.482)	(1.705)	(1.357)	(2.140)
Gov_Atpnum			-0.001**			-0.001			-0.000*
			(-2.236)			(-1.168)			(-1.954)
Gov			-0.000			-0.001**			0.001**
			(-0.921)			(-2.497)			(2.073)
_Cons	0.055***	0.052***	0.053***	0.052***	0.056***	0.062***	0.061***	0.058***	0.053***
	(5.736)	(4.712)	(7.396)	(2.919)	(2.725)	(4.567)	(6.242)	(5.266)	(7.294)
Industry	Yes	Yes	Yes	Yes	Yes	Yes	Yes	Yes	Yes
Year	Yes	Yes	Yes	Yes	Yes	Yes	Yes	Yes	Yes
N	7832	5770	13588	3346	2562	5900	4484	3207	7685
R^2_a	0.049	0.051	0.049	0.052	0.066	0.061	0.070	0.053	0.060
F	7.47	6.23	12.02	3.95	4.07	7.02	6.47	4.03	8.70
MeanDiff		(1)-(2)			(4)-(5)			(7)-(8)	
P 值		0.0768			0.2891			0.1363	

注：***、**、* 分别表示在 1%、5%、10% 水平上显著；_Cons 表示截距项，R^2_a 为调整后的 R^2；表格中带括号数值表示 t 值，未带括号数值表示系数值。

资料来源：作者整理。

因此，本书假设 H6-4 大部分得以证实。政府干预程度越低，越能够显著强化交错董事会条款和限制董事提名权持股时间条款与非效率投资的负向关系，对投资不足的缓解作用尤为明显；在政府干预程度较低的情形下，反收购条款数目越多，对整体投资效率的治理效应越明显。原因可能在于，政府治理水平越高，政府干预公司投资的行为越少，公司管理层越能够发挥自主能动性，有助于管理层审时度势，作出有利于公司长期价值的投资决策，因此，政府治理水平的提高能够正面促进反收购条款与投资效率的正向关系。

（三）考虑金融发展水平的影响

第一，考虑金融发展水平对交错董事会条款与投资效率关系的影响，结果如表6-14所示。从调节效应检验结果来看，金融发展水平与交错董事会条款的交乘项 Fin_Sb 系数均为负值，特别是当被解释变量为非效率投资和投资不足时，交乘项 Fin_Sb 系数均为 -0.002，而且在5%水平上显著。本书根据金融发展水平（Fin）中位数高低分组再次检验，结果发现，当被解释变量为非效率投资和投资不足时，交错董事会条款的系数仅在金融发展水平较高时显著为负，而在金融发展水平较低的组别却不显著。上述结果表明，金融发展水平越高，越能够显著强化交错董事会条款与非效率投资以及投资不足的负向关系。

表6-14　　　　　交错董事会条款、金融发展与投资效率

	(1)	(2)	(3)	(4)	(5)	(6)	(7)	(8)	(9)
	Uei	Uei	Uei	$Overinv$	$Overinv$	$Overinv$	$Underinv$	$Underinv$	$Underinv$
	高	低	交乘	高	低	交乘	高	低	交乘
Sb	-0.004**	-0.002	0.009*	-0.006	-0.003	0.007	-0.004**	-0.001	0.009*
	(-2.200)	(-0.821)	(1.939)	(-1.636)	(-0.786)	(0.862)	(-2.178)	(-0.399)	(1.840)
Fcf	0.019***	0.018***	0.019***	0.049***	0.057***	0.054***	-0.004	-0.012*	-0.008*
	(3.595)	(2.847)	(4.696)	(4.805)	(4.865)	(7.006)	(-0.782)	(-1.856)	(-1.927)
Pay	-0.001**	-0.002**	-0.002***	-0.002	-0.002	-0.002**	-0.002***	-0.002***	-0.002***
	(-2.233)	(-2.550)	(-3.263)	(-1.478)	(-1.526)	(-2.186)	(-2.541)	(-2.662)	(-3.471)
Mf	0.032***	0.024***	0.027***	0.016	0.022**	0.018***	0.036***	0.027***	0.031***
	(5.871)	(4.199)	(6.904)	(1.426)	(1.983)	(2.276)	(7.066)	(4.762)	(8.272)

续表

	(1)	(2)	(3)	(4)	(5)	(6)	(7)	(8)	(9)
	Uei	Uei	Uei	Overinv	Overinv	Overinv	Underinv	Underinv	Underinv
	高	低	交乘	高	低	交乘	高	低	交乘
Es	0.001 (0.724)	-0.002** (-2.062)	-0.000 (-0.352)	0.003* (1.912)	-0.003* (-1.697)	0.001 (0.762)	-0.001 (-1.256)	-0.001 (-0.818)	-0.001 (-1.160)
Shrcr1	-0.000 (-0.057)	-0.006* (-1.845)	-0.002 (-0.951)	0.002 (0.341)	-0.012* (-1.913)	-0.002 (-0.582)	-0.000 (-0.032)	-0.000 (-0.011)	0.000 (0.084)
Scale	0.000 (0.145)	0.000 (0.147)	0.000 (0.013)	0.001 (1.432)	0.000 (0.402)	0.000 (1.133)	-0.001** (-2.315)	-0.000 (-0.574)	-0.000** (-2.207)
Inde	0.012 (1.349)	-0.002 (-0.244)	0.005 (0.698)	0.030* (1.719)	-0.005 (-0.286)	0.011 (0.870)	-0.004 (-0.492)	0.001 (0.086)	-0.002 (-0.251)
Dual	0.004*** (3.990)	0.003** (2.034)	0.004*** (4.825)	0.007*** (3.427)	0.005** (2.060)	0.007*** (4.384)	0.002* (1.711)	0.001 (0.924)	0.002** (2.124)
Fin_Sb			-0.002*** (-2.606)			-0.001 (-1.342)			-0.002** (-2.469)
Fin			0.000 (1.347)			-0.000 (-0.255)			0.000*** (2.761)
_Cons	0.060*** (6.153)	0.055*** (5.058)	0.051*** (7.205)	0.064*** (3.470)	0.060*** (2.989)	0.057*** (4.234)	0.063*** (6.493)	0.054*** (4.920)	0.053*** (7.440)
Industry	Yes	Yes	Yes	Yes	Yes	Yes	Yes	Yes	Yes
Year	Yes	Yes	Yes	Yes	Yes	Yes	Yes	Yes	Yes
N	7853	5749	13588	3389	2519	5900	4462	3229	7685
R^2_a	0.050	0.051	0.049	0.058	0.068	0.059	0.068	0.055	0.060
F	7.61	6.35	11.84	4.35	4.15	6.75	6.22	4.24	8.72
MeanDiff		(1)-(2)			(4)-(5)			(7)-(8)	
P 值		0.3271			0.4945			0.2283	

注：***、**、*分别表示在1%、5%、10%水平上显著；_Cons 表示截距项，R^2_a 为调整后的 R^2；表格中带括号数值表示 t 值，未带括号数值表示系数值。

资料来源：作者整理。

第二，考虑金融发展水平对限制董事提名权持股比例条款与投资效率关系的影响，结果如表6-15所示。从调节效应检验结果来看，金融发展水平与限制董事提名权持股比例条款的交乘项 *Fin_Hr* 系数都不显著。本书还根据金融发展水平（*Fin*）中位数高低分组再次检验，结果发现，当被解释变量为非效率投资时，高低两组的限制董事提名权持股比例条款的系数均显著为负;当被解释变量为过度投资和投资不足时,限制董事提名权持股比例条款的系数仅在金融发展水平较低时显著为负,而在金融发展水平较高的组别却不显著,但上述组间系数均值不存在显著差异。结果表明,金融发展水平对限制董事提名权持股比例条款与投资效率关系的影响并不明显。

表 6 – 15　　限制董事提名权持股比例条款、金融发展与投资效率

	(1)	(2)	(3)	(4)	(5)	(6)	(7)	(8)	(9)
	Uei	Uei	Uei	Overinv	Overinv	Overinv	Underinv	Underinv	Underinv
	高	低	交乘	高	低	交乘	高	低	交乘
Hr	-0.002**	-0.002**	-0.000	-0.003	-0.004*	0.001	-0.002	-0.002**	-0.003
	(-2.339)	(-2.192)	(-0.100)	(-1.638)	(-1.782)	(0.292)	(-1.577)	(-1.988)	(-1.261)
Fcf	0.019***	0.019***	0.019***	0.049***	0.058***	0.054***	-0.004	-0.012*	-0.008*
	(3.545)	(2.913)	(4.727)	(4.750)	(4.903)	(7.017)	(-0.808)	(-1.780)	(-1.893)
Pay	-0.001**	-0.002**	-0.002***	-0.002	-0.002	-0.002**	-0.002***	-0.002***	-0.002***
	(-2.362)	(-2.519)	(-3.384)	(-1.567)	(-1.522)	(-2.304)	(-2.668)	(-2.606)	(-3.548)
Mf	0.032***	0.024***	0.027***	0.017	0.021*	0.017**	0.036***	0.027***	0.031***
	(5.887)	(4.186)	(6.908)	(1.450)	(1.891)	(2.218)	(7.088)	(4.820)	(8.354)
Es	0.000	-0.002**	-0.000	0.003*	-0.003*	0.001	-0.001	-0.001	-0.001
	(0.506)	(-2.186)	(-0.618)	(1.771)	(-1.746)	(0.615)	(-1.456)	(-1.004)	(-1.435)
Shrcr1	0.000	-0.006*	-0.002	0.002	-0.012*	-0.002	0.000	-0.000	0.000
	(0.014)	(-1.797)	(-0.931)	(0.409)	(-1.861)	(-0.576)	(0.074)	(-0.003)	(0.214)
Scale	0.000	0.000	0.000	0.001	0.000	0.000	-0.001**	-0.000	-0.000**
	(0.154)	(0.236)	(0.052)	(1.417)	(0.420)	(1.149)	(-2.290)	(-0.462)	(-2.147)
Inde	0.012	-0.003	0.004	0.029*	-0.006	0.011	-0.004	0.001	-0.002
	(1.325)	(-0.281)	(0.638)	(1.682)	(-0.317)	(0.851)	(-0.506)	(0.058)	(-0.304)
Dual	0.004***	0.003*	0.004***	0.007***	0.005*	0.007***	0.002*	0.001	0.002**
	(4.071)	(1.880)	(4.849)	(3.496)	(1.895)	(4.368)	(1.798)	(0.816)	(2.131)
Fin_Hr			-0.000			-0.001			0.000
			(-0.808)			(-1.025)			(0.610)
Fin			0.000			-0.000			0.000
			(0.853)			(-0.201)			(1.614)
_Cons	0.061***	0.055***	0.053***	0.066***	0.060***	0.058***	0.064***	0.054***	0.055***
	(6.298)	(5.063)	(7.439)	(3.581)	(3.014)	(4.364)	(6.613)	(4.912)	(7.726)

续表

	(1)	(2)	(3)	(4)	(5)	(6)	(7)	(8)	(9)
	Uei	Uei	Uei	Overinv	Overinv	Overinv	Underinv	Underinv	Underinv
	高	低	交乘	高	低	交乘	高	低	交乘
Industry	Yes	Yes	Yes	Yes	Yes	Yes	Yes	Yes	Yes
Year	Yes	Yes	Yes	Yes	Yes	Yes	Yes	Yes	Yes
N	7853	5749	13588	3389	2519	5900	4462	3229	7685
R^2_a	0.050	0.052	0.049	0.058	0.069	0.059	0.067	0.056	0.060
F	7.62	6.42	11.85	4.35	4.20	6.81	6.18	4.31	8.66
MeanDiff		(1)-(2)			(4)-(5)			(7)-(8)	
P值		0.9620			0.8401			0.6705	

注：***、**、*分别表示在1%、5%、10%水平上显著；_Cons 表示截距项，R^2_a 为调整后的 R^2；表格中带括号数值表示 t 值，未带括号数值表示系数值。

资料来源：作者整理。

第三，考虑金融发展水平对限制董事提名权持股时间条款与投资效率关系的影响。结果如表6-16所示。从调节效应检验结果来看，金融发展水平与限制董事提名权持股时间条款的交乘项 Fin_Ht 系数均显著为负。本书还根据金融发展水平（Fin）中位数高低分组再次检验，结果发现，当被解释变量为非效率投资和投资不足时，限制董事提名权持股时间条款的系数仅在金融发展水平较高时显著为负，而在金融发展水平较低的组别却不显著，而且当被解释变量为非效率投资时，其组间系数均值差异在5%水平上显著（P=0.0173）。上述结果说明，金融发展水平越高，限制董事提名权持股时间条款与非效率投资、过度投资以及投资不足的负向关系会越明显。

表6-16　　限制董事提名权持股时间条款、金融发展与投资效率

	(1)	(2)	(3)	(4)	(5)	(6)	(7)	(8)	(9)
	Uei	Uei	Uei	Overinv	Overinv	Overinv	Underinv	Underinv	Underinv
	高	低	交乘	高	低	交乘	高	低	交乘
Ht	-0.003**	0.002	0.011***	-0.004	0.003	0.011	-0.002*	-0.000	0.008**
	(-2.293)	(1.074)	(2.885)	(-1.598)	(1.184)	(1.571)	(-1.758)	(-0.078)	(2.069)
Fcf	0.019***	0.018***	0.019***	0.050***	0.057***	0.054***	-0.004	-0.012*	-0.008*
	(3.622)	(2.834)	(4.717)	(4.859)	(4.836)	(7.010)	(-0.796)	(-1.856)	(-1.909)

续表

	(1)	(2)	(3)	(4)	(5)	(6)	(7)	(8)	(9)
	Uei	Uei	Uei	Overinv	Overinv	Overinv	Underinv	Underinv	Underinv
	高	低	交乘	高	低	交乘	高	低	交乘
Pay	-0.001**	-0.002***	-0.002***	-0.002	-0.002	-0.002**	-0.002**	-0.002***	-0.002***
	(-2.218)	(-2.589)	(-3.286)	(-1.477)	(-1.599)	(-2.246)	(-2.552)	(-2.677)	(-3.462)
Mf	0.032***	0.024***	0.027***	0.017	0.022**	0.018**	0.036***	0.027***	0.031***
	(5.908)	(4.191)	(6.944)	(1.490)	(1.965)	(2.294)	(7.079)	(4.756)	(8.323)
Es	0.001	-0.002**	-0.000	0.003*	-0.003*	0.001	-0.001	-0.001	-0.001
	(0.652)	(-2.062)	(-0.479)	(1.863)	(-1.721)	(0.697)	(-1.345)	(-0.790)	(-1.278)
Shrcr1	-0.000	-0.006*	-0.002	0.002	-0.011*	-0.002	0.000	0.000	0.000
	(-0.015)	(-1.677)	(-0.827)	(0.403)	(-1.763)	(-0.448)	(0.027)	(0.040)	(0.159)
Scale	0.000	0.000	-0.000	0.001	0.000	0.000	-0.001**	-0.000	-0.000**
	(0.174)	(0.199)	(-0.007)	(1.432)	(0.393)	(1.084)	(-2.271)	(-0.549)	(-2.172)
Inde	0.012	-0.002	0.004	0.030*	-0.004	0.011	-0.004	0.001	-0.002
	(1.386)	(-0.221)	(0.687)	(1.726)	(-0.208)	(0.851)	(-0.454)	(0.092)	(-0.241)
Dual	0.004***	0.003**	0.004***	0.007***	0.005**	0.007***	0.002*	0.001	0.002**
	(4.080)	(2.075)	(4.979)	(3.486)	(2.115)	(4.489)	(1.812)	(0.934)	(2.254)
Fin_Ht			-0.002***			-0.002*			-0.001**
			(-3.267)			(-1.758)			(-2.482)
Fin			0.000*			0.000			0.001***
			(1.775)			(0.023)			(2.956)
_Cons	0.059***	0.054***	0.051***	0.064***	0.060***	0.057***	0.063***	0.054***	0.053***
	(6.112)	(5.030)	(7.136)	(3.463)	(2.991)	(4.244)	(6.458)	(4.910)	(7.344)
Industry	Yes	Yes	Yes	Yes	Yes	Yes	Yes	Yes	Yes
Year	Yes	Yes	Yes	Yes	Yes	Yes	Yes	Yes	Yes
N	7853	5749	13588	3389	2519	5900	4462	3229	7685
R^2_a	0.050	0.051	0.049	0.058	0.068	0.059	0.067	0.055	0.060
F	7.61	6.35	11.86	4.34	4.16	6.74	6.19	4.24	8.68
MeanDiff	(1)-(2)			(4)-(5)			(7)-(8)		
P值	0.0173			0.0474			0.2444		

注：***、**、*分别表示在1%、5%、10%水平上显著；_Cons表示截距项，R^2_a为调整后的R^2；表格中带括号数值表示t值，未带括号数值表示系数值。

资料来源：作者整理。

第四，考虑金融发展水平对反收购条款数量与投资效率关系的影响，结果如表 6-17 所示。从调节效应检验结果来看，金融发展水平与反收购条款数量的交乘项 Fin_Atpnum 系数均显著为负。本书根据金融发展水平（Fin）中位数高低分组再次检验，结果发现，当被解释变量为非效率投资、过度投资以及投资不足时，反收购条款数量的系数仅在金融发展水平较高的组别显著为负，而金融发展水平较低的组别其系数不显著。上述结果说明，在金融发展水平较高的情形下，反收购条款数目越多，对投资效率的治理效应越明显，不仅有助于抑制过度投资，还能够缓解投资不足。

表 6-17　反收购条款数量、金融发展与投资效率

	(1)	(2)	(3)	(4)	(5)	(6)	(7)	(8)	(9)
	Uei	Uei	Uei	$Overinv$	$Overinv$	$Overinv$	$Underinv$	$Underinv$	$Underinv$
	高	低	交乘	高	低	交乘	高	低	交乘
$Atpnum$	-0.002*** (-3.383)	-0.001 (-1.185)	0.003* (1.959)	-0.003** (-2.399)	-0.001 (-0.876)	0.004 (1.200)	-0.002*** (-2.623)	-0.001 (-1.411)	0.001 (0.846)
Fcf	0.019*** (3.604)	0.018*** (2.872)	0.019*** (4.724)	0.049*** (4.821)	0.057*** (4.878)	0.054*** (7.035)	-0.004 (-0.787)	-0.012* (-1.826)	-0.008* (-1.912)
Pay	-0.001** (-2.219)	-0.002** (-2.543)	-0.002*** (-3.290)	-0.002 (-1.505)	-0.002 (-1.525)	-0.002** (-2.242)	-0.002** (-2.525)	-0.002*** (-2.640)	-0.002*** (-3.467)
Mf	0.032*** (5.861)	0.024*** (4.186)	0.027*** (6.875)	0.016 (1.410)	0.021* (1.943)	0.017** (2.223)	0.036*** (7.081)	0.027*** (4.783)	0.031*** (8.291)
Es	0.001 (0.608)	-0.002** (-2.083)	-0.000 (-0.487)	0.003* (1.833)	-0.003* (-1.698)	0.001 (0.697)	-0.001 (-1.378)	-0.001 (-0.897)	-0.001 (-1.314)
$Shrcr1$	-0.000 (-0.172)	-0.006* (-1.847)	-0.002 (-1.112)	0.002 (0.293)	-0.012* (-1.894)	-0.003 (-0.639)	0.000 (-0.102)	-0.000 (-0.084)	-0.000 (-0.045)
$Scale$	0.000 (0.200)	0.000 (0.178)	0.000 (0.050)	0.001 (1.448)	0.000 (0.423)	0.000 (1.162)	-0.001** (-2.250)	-0.000 (-0.573)	-0.000** (-2.182)
$Inde$	0.013 (1.438)	-0.002 (-0.256)	0.005 (0.742)	0.031* (1.776)	-0.006 (-0.302)	0.011 (0.911)	-0.004 (-0.425)	0.001 (0.076)	-0.002 (-0.234)
$Dual$	0.004*** (3.999)	0.003** (1.978)	0.004*** (4.852)	0.007*** (3.428)	0.005** (2.009)	0.007*** (4.350)	0.002* (1.746)	0.001 (0.867)	0.002** (2.167)

续表

	(1)	(2)	(3)	(4)	(5)	(6)	(7)	(8)	(9)
	Uei	Uei	Uei	Overinv	Overinv	Overinv	Underinv	Underinv	Underinv
	高	低	交乘	高	低	交乘	高	低	交乘
Fin_Atpnum			-0.001*** (-2.981)			-0.001** (-1.969)			-0.000* (-1.681)
Fin			0.000* (1.932)			0.000 (0.296)			0.001*** (2.670)
_Cons	0.060*** (6.141)	0.055*** (5.064)	0.051*** (7.085)	0.065*** (3.507)	0.060*** (2.994)	0.056*** (4.184)	0.063*** (6.460)	0.055*** (4.945)	0.053*** (7.392)
Industry	Yes	Yes	Yes	Yes	Yes	Yes	Yes	Yes	Yes
Year	Yes	Yes	Yes	Yes	Yes	Yes	Yes	Yes	Yes
N	7853	5749	13588	3389	2519	5900	4462	3229	7685
R^2_a	0.050	0.051	0.049	0.059	0.068	0.060	0.068	0.056	0.061
F	7.72	6.36	11.98	4.40	4.15	6.84	6.26	4.27	8.73
MeanDiff		(1)-(2)			(4)-(5)			(7)-(8)	
P值		0.1157			0.2449			0.4268	

注：***、**、*分别表示在1%、5%、10%水平上显著；_Cons表示截距项，R^2_a为调整后的R^2；表格中带括号数值表示t值，未带括号数值表示系数值。

资料来源：作者整理。

因此，本书假设H6-5基本上得以证实。在金融发展水平较高的情形下，交错董事会条款的设置对非效率投资的抑制作用更加明显，特别是有助于缓解投资不足；限制董事提名权持股时间条款的设置以及反收购条款数目的增加，对整体投资效率的治理作用更加明显，在抑制过度投资和缓解投资不足方面均更加显著。原因可能在于，良好的金融市场环境能够缓解融资约束程度，降低融资成本，设置反收购条款的公司进行价值投资的意愿更加明显，从而进一步促进反收购条款与投资效率的正向关系。

（四）考虑市场化水平的影响

第一，考虑市场化水平对交错董事会条款与投资效率关系的影响，结果如表6-18所示。从调节效应检验结果来看，当被解释变量为非效率投资、过度投资以及投资不足时,市场化水平与交错董事会条款的交乘项 Mar_Sb 系数均显著为负值。本书根据市场化水平(Mar)中位数高低分组再次检验,结果发现,交错董事会条款的系数仅在市场化水平较高时显著为负,而在市场化水平较低的组别却不显著。上述结果表明,市场化水平越高,越能够显著强化交错董事会条款与非效率投资、过度投资以及投资不足的负向关系。

表 6 – 18　　　　交错董事会条款、市场化水平与投资效率

	(1)	(2)	(3)	(4)	(5)	(6)	(7)	(8)	(9)
	Uei	Uei	Uei	$Overinv$	$Overinv$	$Overinv$	$Underinv$	$Underinv$	$Underinv$
	高	低	交乘	高	低	交乘	高	低	交乘
Sb	-0.004** (-2.403)	-0.002 (-0.812)	0.009* (1.911)	-0.007** (-2.061)	-0.002 (-0.446)	0.011 (1.255)	-0.003* (-1.646)	-0.002 (-0.987)	0.007 (1.388)
Fcf	0.015*** (2.895)	0.022*** (3.411)	0.019*** (4.745)	0.050*** (4.696)	0.055*** (4.861)	0.054*** (7.012)	-0.007 (-1.373)	-0.011 (-1.574)	-0.008* (-1.878)
Pay	-0.001* (-1.713)	-0.002*** (-2.928)	-0.001*** (-2.762)	-0.001 (-1.210)	-0.002* (-1.742)	-0.002* (-1.750)	-0.001** (-2.074)	-0.003*** (-3.653)	-0.002*** (-3.454)
Mf	0.029*** (5.579)	0.023*** (3.805)	0.027*** (6.877)	0.023** (2.133)	0.008 (0.654)	0.018** (2.308)	0.028*** (5.707)	0.033*** (5.709)	0.031*** (8.178)
Es	0.001 (0.644)	-0.001 (-1.310)	-0.000 (-0.047)	0.003* (1.925)	-0.002 (-1.174)	0.001 (1.052)	-0.001 (-1.480)	0.000 (0.016)	-0.001 (-1.095)
$Shrcr1$	-0.001 (-0.422)	-0.002 (-0.728)	-0.002 (-0.843)	0.001 (0.226)	-0.008 (-1.268)	-0.002 (-0.367)	-0.002 (-0.576)	0.003 (0.874)	-0.000 (-0.027)
$Scale$	0.000 (0.388)	-0.000 (-0.628)	-0.000 (-0.205)	0.001 (1.512)	-0.000 (-0.237)	0.000 (0.988)	-0.000* (-1.742)	-0.000 (-1.503)	-0.000** (-2.272)
$Inde$	0.006 (0.625)	-0.000 (-0.002)	0.003 (0.490)	0.020 (1.135)	0.001 (0.062)	0.009 (0.733)	-0.008 (-0.880)	0.000 (0.008)	-0.002 (-0.363)
$Dual$	0.004*** (3.937)	0.004*** (2.781)	0.004*** (5.004)	0.006*** (2.883)	0.008*** (3.267)	0.007*** (4.528)	0.003*** (2.669)	0.000 (0.337)	0.002** (2.170)
Mar_Sb			-0.002*** (-2.585)			-0.002* (-1.753)			-0.001** (-1.984)

续表

	(1)	(2)	(3)	(4)	(5)	(6)	(7)	(8)	(9)
	Uei	Uei	Uei	Overinv	Overinv	Overinv	Underinv	Underinv	Underinv
	高	低	交乘	高	低	交乘	高	低	交乘
Mar			-0.000 (-1.475)			-0.001** (-2.256)			0.000 (1.559)
_Cons	0.051*** (5.144)	0.061*** (5.625)	0.052*** (7.337)	0.048** (2.508)	0.072*** (3.587)	0.056*** (4.241)	0.062*** (6.236)	0.063*** (5.771)	0.055*** (7.691)
Industry	Yes	Yes	Yes	Yes	Yes	Yes	Yes	Yes	Yes
Year	Yes	Yes	Yes	Yes	Yes	Yes	Yes	Yes	Yes
N	7616	5986	13588	3203	2705	5900	4411	3280	7685
R^2_a	0.048	0.052	0.049	0.046	0.071	0.060	0.070	0.052	0.060
F	7.19	6.42	11.91	3.51	4.45	6.89	6.34	4.02	8.62
MeanDiff	(1)-(2)			(4)-(5)			(7)-(8)		
P值	0.2439			0.1787			0.6599		

注：***、**、* 分别表示在1%、5%、10%水平上显著；_Cons表示截距项，R^2_a为调整后的R^2；表格中带括号数值表示t值，未带括号数值表示系数值。

资料来源：作者整理。

第二，考虑市场化水平对限制董事提名权持股比例条款与投资效率关系的影响。结果如表6-19所示。从调节效应检验结果来看，市场化水平与限制董事提名权持股比例条款的交乘项 Mar_Hr 系数都不显著。本书还根据市场化水平（Mar）中位数高低分组再次检验，结果发现，当被解释变量为非效率投资时，市场化水平高低两组的限制董事提名权持股比例条款的系数均显著为负；当被解释变量为过度投资时，限制董事提名权持股比例条款的系数仅在市场化水平较低时显著为负，而在市场化水平较高的组别却不显著；当被解释变量为投资不足时，限制董事提名权持股比例条款的系数仅在市场化水平较高时显著为负，而在市场化水平较低的组别却不显著，但上述组间系数均值都不存在显著差异。结果说明，市场化水平的高低对限制董事提名权持股比例条款与投资效率关系的影响不明显。

表 6–19　限制董事提名权持股比例条款、市场化水平与投资效率

	(1)	(2)	(3)	(4)	(5)	(6)	(7)	(8)	(9)
	Uei	Uei	Uei	Overinv	Overinv	Overinv	Underinv	Underinv	Underinv
	高	低	交乘	高	低	交乘	高	低	交乘
Hr	-0.002**	-0.002**	-0.002	-0.003	-0.004*	-0.002	-0.002*	-0.002	-0.002
	(-2.246)	(-2.222)	(-0.576)	(-1.566)	(-1.855)	(-0.330)	(-1.698)	(-1.643)	(-0.786)
Fcf	0.016***	0.022***	0.019***	0.050***	0.055***	0.054***	-0.007	-0.011	-0.008*
	(2.948)	(3.384)	(4.775)	(4.736)	(4.828)	(7.044)	(-1.329)	(-1.583)	(-1.867)
Pay	-0.001*	-0.002***	-0.001***	-0.002	-0.002*	-0.002*	-0.001**	-0.003***	-0.002***
	(-1.896)	(-2.846)	(-2.848)	(-1.315)	(-1.684)	(-1.806)	(-2.216)	(-3.576)	(-3.533)
Mf	0.029***	0.023***	0.027***	0.023**	0.007	0.017**	0.029***	0.033***	0.031***
	(5.608)	(3.798)	(6.883)	(2.096)	(0.590)	(2.225)	(5.777)	(5.732)	(8.257)
Es	0.000	-0.001	-0.000	0.003*	-0.002	0.001	-0.001	-0.000	-0.001
	(0.468)	(-1.426)	(-0.312)	(1.803)	(-1.237)	(0.897)	(-1.622)	(-0.089)	(-1.321)
Shrcr1	-0.001	-0.002	-0.002	0.002	-0.007	-0.001	-0.001	0.003	0.000
	(-0.268)	(-0.628)	(-0.736)	(0.328)	(-1.181)	(-0.312)	(-0.450)	(0.959)	(0.129)
Scale	0.000	-0.000	-0.000	0.001	-0.000	0.000	-0.000*	-0.000	-0.000**
	(0.429)	(-0.569)	(-0.132)	(1.507)	(-0.227)	(0.993)	(-1.675)	(-1.407)	(-2.167)
Inde	0.006	-0.001	0.003	0.020	0.000	0.009	-0.007	-0.000	-0.002
	(0.641)	(-0.059)	(0.472)	(1.106)	(0.013)	(0.693)	(-0.830)	(-0.036)	(-0.358)
Dual	0.004***	0.004***	0.004***	0.006***	0.008***	0.007***	0.003***	0.000	0.002**
	(3.958)	(2.702)	(5.002)	(2.929)	(3.131)	(4.507)	(2.674)	(0.330)	(2.194)
Mar_Hr			-0.000			-0.000			0.000
			(-0.270)			(-0.327)			(0.162)
Mar			-0.000*			-0.001**			0.000
			(-1.938)			(-2.437)			(0.814)
_Cons	0.052***	0.061***	0.054***	0.050***	0.072***	0.059***	0.063***	0.062***	0.056***
	(5.293)	(5.599)	(7.570)	(2.624)	(3.573)	(4.407)	(6.323)	(5.730)	(7.889)
Industry	Yes	Yes	Yes	Yes	Yes	Yes	Yes	Yes	Yes
Year	Yes	Yes	Yes	Yes	Yes	Yes	Yes	Yes	Yes
N	7616	5986	13588	3203	2705	5900	4411	3280	7685
R^2_a	0.048	0.052	0.049	0.046	0.072	0.060	0.070	0.053	0.060
F	7.17	6.50	11.92	3.48	4.51	6.92	6.35	4.05	8.60
MeanDiff	(1)-(2)			(4)-(5)			(7)-(8)		
P 值	0.8917			0.7884			0.9291		

注：***、**、* 分别表示在 1%、5%、10% 水平上显著；_Cons 表示截距项，R^2_a 为调整后的 R^2；表格中带括号数值表示 t 值，未带括号数值表示系数值。

资料来源：作者整理。

第三，考虑市场化水平对限制董事提名权持股时间条款与投资效率关系的影响，结果如表6-20所示。从调节效应检验结果来看，当被解释变量为非效率投资和投资不足时，市场化水平与限制董事提名权持股时间条款的交乘项 Mar_Ht 系数均显著为负数。本书根据市场化水平（Mar）中位数高低分组再次检验，结果发现，当被解释变量为非效率投资时，限制董事提名权持股时间条款的系数仅在市场化水平较高时显著为负，而在市场化水平较低的组别却不显著，而且组间系数均值差异明显（$P=0.0405$）。上述结果说明，市场化水平越高，限制董事提名权持股时间条款与非效率投资以及投资不足的负向关系越明显。

表6-20　限制董事提名权持股时间条款、市场化水平与投资效率

	(1) Uei 高	(2) Uei 低	(3) Uei 交乘	(4) $Overinv$ 高	(5) $Overinv$ 低	(6) $Overinv$ 交乘	(7) $Underinv$ 高	(8) $Underinv$ 低	(9) $Underinv$ 交乘
Ht	-0.003** (-2.146)	0.001 (0.749)	0.008** (1.993)	-0.005 (-1.572)	0.002 (0.782)	0.006 (0.891)	-0.002 (-1.234)	-0.001 (-0.467)	0.006 (1.480)
Fcf	0.015*** (2.879)	0.022*** (3.376)	0.019*** (4.745)	0.050*** (4.729)	0.055*** (4.813)	0.054*** (7.028)	-0.007 (-1.409)	-0.010 (-1.561)	-0.008* (-1.889)
Pay	-0.001* (-1.748)	-0.002*** (-2.960)	-0.001*** (-2.835)	-0.001 (-1.190)	-0.002* (-1.781)	-0.002* (-1.778)	-0.001** (-2.142)	-0.003*** (-3.670)	-0.002*** (-3.539)
Mf	0.029*** (5.632)	0.022*** (3.781)	0.027*** (6.922)	0.023** (2.144)	0.007 (0.649)	0.018** (2.300)	0.029*** (5.758)	0.033*** (5.667)	0.031*** (8.248)
Es	0.001 (0.590)	-0.001 (-1.322)	-0.000 (-0.123)	0.003* (1.863)	-0.002 (-1.194)	0.001 (0.979)	-0.001 (-1.508)	0.000 (0.064)	-0.001 (-1.132)
$Shrcr1$	-0.001 (-0.280)	-0.002 (-0.620)	-0.001 (-0.686)	0.002 (0.389)	-0.007 (-1.178)	-0.001 (-0.254)	-0.001 (-0.472)	0.003 (0.933)	0.000 (0.109)
$Scale$	0.000 (0.373)	-0.000 (-0.595)	-0.000 (-0.182)	0.001 (1.478)	-0.000 (-0.254)	0.000 (0.986)	-0.000* (-1.736)	-0.000 (-1.447)	-0.000** (-2.232)
$Inde$	0.005 (0.611)	-0.000 (-0.010)	0.003 (0.485)	0.019 (1.088)	0.001 (0.077)	0.009 (0.707)	-0.008 (-0.872)	0.000 (0.029)	-0.002 (-0.347)
$Dual$	0.004*** (4.025)	0.004*** (2.810)	0.004*** (5.123)	0.006*** (2.968)	0.008*** (3.297)	0.007*** (4.630)	0.003*** (2.739)	0.000 (0.368)	0.002** (2.274)

续表

	(1)	(2)	(3)	(4)	(5)	(6)	(7)	(8)	(9)
	Uei	Uei	Uei	Overinv	Overinv	Overinv	Underinv	Underinv	Underinv
	高	低	交乘	高	低	交乘	高	低	交乘
Mar_Ht			-0.001** (-2.348)			-0.001 (-1.075)			-0.001* (-1.829)
Mar			-0.000 (-1.308)			-0.001** (-2.274)			0.000* (1.649)
_Cons	0.051*** (5.161)	0.061*** (5.618)	0.052*** (7.348)	0.047** (2.497)	0.072*** (3.593)	0.057*** (4.271)	0.063*** (6.273)	0.063*** (5.745)	0.055*** (7.699)
Industry	Yes	Yes	Yes	Yes	Yes	Yes	Yes	Yes	Yes
Year	Yes	Yes	Yes	Yes	Yes	Yes	Yes	Yes	Yes
N	7616	5986	13588	3203	2705	5900	4411	3280	7685
R^2_a	0.048	0.052	0.049	0.046	0.071	0.059	0.070	0.052	0.059
F	7.17	6.42	11.84	3.48	4.46	6.83	6.32	4.01	8.57
MeanDiff	(1)-(2)			(4)-(5)			(7)-(8)		
P值	0.0405			0.0913			0.6134		

注：***、**、*分别表示在1%、5%、10%水平上显著；_Cons表示截距项，R^2_a为调整后的R^2；表格中带括号数值表示t值，未带括号数值表示系数值。

资料来源：作者整理。

第四，考虑市场化水平对反收购条款数量与投资效率关系的影响，结果如表6-21所示。从调节效应检验结果来看，市场化水平与反收购条款数量的交乘项 Mar_Atpnum 系数均为负数，而且当被解释变量为非效率投资时，交乘项 Mar_Atpnum 系数在5%水平上显著。本书根据市场化水平 (Mar) 中位数高低分组再次检验，结果发现，当被解释变量为非效率投资、过度投资以及投资不足时，反收购条款数量的系数仅在市场化水平较高的组别显著为负，而市场化水平较低的组别其系数不显著。上述结果说明，市场化水平越高，反收购条款数目越多，对整体投资效率的治理效应越明显。

表6-21　　　反收购条款数量、市场化水平与投资效率

	(1)	(2)	(3)	(4)	(5)	(6)	(7)	(8)	(9)
	Uei	Uei	Uei	Overinv	Overinv	Overinv	Underinv	Underinv	Underinv
	高	低	交乘	高	低	交乘	高	低	交乘
Atpnum	-0.002***	-0.001	0.002	-0.003**	-0.001	0.002	-0.001**	-0.001	0.001
	(-3.280)	(-1.344)	(1.285)	(-2.471)	(-0.963)	(0.684)	(-2.235)	(-1.583)	(0.729)
Fcf	0.016***	0.022***	0.019***	0.051***	0.055***	0.054***	-0.007	-0.011	-0.008*
	(2.957)	(3.421)	(4.803)	(4.762)	(4.870)	(7.080)	(-1.341)	(-1.568)	(-1.854)
Pay	-0.001*	-0.002***	-0.001***	-0.002	-0.002*	-0.002*	-0.001**	-0.003***	-0.002***
	(-1.741)	(-2.891)	(-2.774)	(-1.242)	(-1.713)	(-1.752)	(-2.086)	(-3.601)	(-3.466)
Mf	0.029***	0.023***	0.027***	0.023**	0.007	0.018**	0.029***	0.033***	0.031***
	(5.592)	(3.799)	(6.874)	(2.090)	(0.631)	(2.248)	(5.752)	(5.728)	(8.226)
Es	0.000	-0.001	-0.000	0.003*	-0.002	0.001	-0.001	-0.000	-0.001
	(0.524)	(-1.331)	(-0.179)	(1.856)	(-1.181)	(0.983)	(-1.577)	(-0.024)	(-1.224)
Shrcr1	-0.001	-0.002	-0.002	0.001	-0.008	-0.002	-0.002	0.003	-0.000
	(-0.485)	(-0.720)	(-0.954)	(0.226)	(-1.274)	(-0.425)	(-0.628)	(0.883)	(-0.096)
Scale	0.000	-0.000	-0.000	0.001	-0.000	0.000	-0.000*	-0.000	-0.000**
	(0.419)	(-0.601)	(-0.137)	(1.502)	(-0.220)	(1.027)	(-1.696)	(-1.473)	(-2.206)
Inde	0.006	-0.000	0.004	0.020	0.001	0.009	-0.007	0.000	-0.002
	(0.693)	(-0.010)	(0.556)	(1.151)	(0.043)	(0.754)	(-0.810)	(0.006)	(-0.294)
Dual	0.004***	0.004***	0.004***	0.006***	0.008***	0.007***	0.003***	0.000	0.002**
	(3.880)	(2.752)	(4.962)	(2.858)	(3.215)	(4.475)	(2.630)	(0.334)	(2.164)
Mar_Atpnum			-0.001**			-0.001			-0.000
			(-2.241)			(-1.397)			(-1.492)
Mar			-0.000			-0.001*			0.000
			(-0.981)			(-1.895)			(1.558)
_Cons	0.051***	0.061***	0.052***	0.048**	0.072***	0.056***	0.062***	0.063***	0.055***
	(5.159)	(5.611)	(7.266)	(2.554)	(3.579)	(4.224)	(6.219)	(5.750)	(7.635)
Industry	Yes	Yes	Yes	Yes	Yes	Yes	Yes	Yes	Yes
Year	Yes	Yes	Yes	Yes	Yes	Yes	Yes	Yes	Yes
N	7616	5986	13588	3203	2705	5900	4411	3280	7685
R^2_a	0.049	0.052	0.049	0.047	0.071	0.061	0.070	0.053	0.060
F	7.27	6.44	12.00	3.54	4.47	6.94	6.38	4.05	8.66
MeanDiff		(1)-(2)			(4)-(5)			(7)-(8)	
P值		0.1722			0.2286			0.7048	

注：***、**、*分别表示在1%、5%、10%水平上显著；_Cons表示截距项，R^2_a为调整后的R^2；表格中带括号数值表示t值，未带括号数值表示系数值。

资料来源：作者整理。

因此，本书假设 H6-6 基本上得以证实。在市场化水平较高的情形下，交错董事会条款的设置对投资效率有正向影响，其在抑制过度投资和缓解投资不足方面都较为显著；而且市场化水平越高，限制董事提名权持股时间条款对投资效率的正向影响也更加明显，尤其能够明显缓解投资不足；随着反收购条款数目的增加，其对投资效率的治理作用也更佳。结果说明，市场化程度越高，越能够促进公司内部治理机制作用的发挥，并不断促进公司资源配置最优化的实现，在此情形下，反收购条款对投资效率的治理作用也会更明显。

本章小结

本章在第四章的研究基础上，从公司外部治理环境的角度，实证检验了行业竞争和制度环境的异质性对反收购条款与投资效率之间关系的影响，结果表明，当上市公司处于集中度较高的行业环境以及良好的外部制度环境时，反收购条款对投资效率的正向治理效应更为突出。具体表现在以下方面：(1) 在产品市场竞争程度较低的情形下，交错董事会条款抑制过度投资的作用更加明显；限制董事提名权持股比例条款缓解投资不足的作用更加明显；而且设置的反收购条款数目越多，其对整体投资效率的治理效应也越明显；(2) 在投资者法律保护水平较高的情形下，交错董事会条款的设置以及反收购条款数量的增加对提升整体投资效率的作用更加明显；(3) 政府干预程度越低，越能够显著强化交错董事会条款和限制董事提名权持股时间条款与非效率投资的负向关系，对投资不足的缓解作用尤为明显；在政府干预较低的情形下，设置的反收购条款数目越多，其对整体投资效率的治理效应越明显；(4) 在金融发展水平较高的情形下，交错董事会条款对非效率投资的抑制作用更加明显，特别是有助于缓解投资不足；随着限制董事提名权持股时间条款的设置以及设置的反收购条款数目的增加，其对整体投资效率的治理作用更加明显，在抑制过度投资和缓解投资不足方面均更加显著；(5) 在市场化水平较高的情形下，交错董事会条款对投资效率有正向治理作用，在抑制过度投资和缓解投资不足方面都较为显著；而且市场化水平越高，限制董事提名权持股时间条款对投资效率的正向影响也更加明显，尤其能够明显缓解投资不足；随着设置的反收购条款数目的增加，其对投资效率的治理作用也更佳。

上述结果说明，在集中度较高的行业环境中，行业内资源标的稀缺，因此容易受到并购资金的关注，而设置反收购条款以后，有助于消除外部市场的干扰和降低公司被接管的威胁，公司管理层可以专注于经营，使得短视行为减少，投资决策也更为合理，投资效率得到提升；而外部制度环境是公司治理的基础，外部制度环境的改善有利于公司内部治理机制作用的发挥，在投资者法律保护越完善、政府干预程度越低、金融发展水平越高以及市场化进程越快的地区，反收购条款的设置对投资效率的提升作用越明显。

因此，本书建议监管部门还应通过制定政策，引导处在行业集中度较高的公司合理设置反收购条款，以降低被恶意收购的威胁，维护公司控制权的稳定，长期来看，有助于资源配置效率的提升。此外，由于制度环境的好坏会直接影响公司治理效率的高低，因此监管部门在引导和鼓励上市公司设置合理的反收购条款的同时，也要着力改善地区制度环境。立法机构需要不断完善法律体系，保障投资者的合法权益，降低代理成本，抑制管理层谋取私人利益的投资行为。政府机构需要简政放权，充分发挥市场主体资源配置功能，减少对企业投资的干预。各地方政府还需要不断推进金融发展与市场化改革，因为良好的金融发展和市场化环境不仅能够从宏观上促进经济持续增长，还能在微观上改进公司治理水平，提升公司内部反收购条款的自治效率。

第七章 结　　语

第一节　研究结论

第一，在控制权市场制度尚不健全的情形下，上市公司自主设置反收购条款是利是弊，不能一概而论，需要通过实证研究提供经验证据。近期控制权市场股权争夺事件越演越烈，为了稳定公司控制权，上市公司纷纷设置反收购条款予以应对。由于目前我国控制权市场尚未建立公平公正的并购秩序，反收购制度供给严重不足，导致自主设置反收购条款的合法性广受质疑。然而反收购条款的设置能否产生价值？现有理论观点也存争议。控制权市场理论认为，收购是一种有效的公司外部监督机制，能够约束不作为的管理层，优化市场资源配置效率。委托代理理论认为，反收购条款的设置会弱化控制权市场惩戒作用，增加管理层防御，加剧代理冲突，损害股东利益。而利益相关者理论认为，上市公司不仅仅要为股东利益着想，而且还需要考虑众多利益相关者的利益，反收购条款的设置有利于增强对抗恶意接管的能力，维护公司各利益相关者的权益，为社会创造价值。不同理论的观点看法不一。因此，在我国反收购制度供给不能满足反收购实践需求的情形下，监管当局不宜仅从形式上判断，进而对上市公司自主设置反收购条款行为持有否定态度，反收购条款的设置是否有利，需要后续经验证据予以证明。

第二，本书通过梳理国内外相关文献发现，反收购条款具有两种不同的效应：堑壕效应和价值创造效应。前者认为，反收购条款会降低公司被接管的概率，削弱控制权市场治理机制的效果，使管理层与股东之间的代理冲突加剧，管理层防御效应显现，出现建造"帝国"或者享受"安静"生活倾向，对股东财富产生负面影响；而后者则认为，反收购条款的设置有利于隔离外部市场的恶意干扰，引导管理层注重公司长期利益的设计，并集中精力投入更多的专用性资产，专注于长期价值投资，为公司利益相关者持续创造价值。

第三，本书实证检验了反收购条款与投资效率之间的关系，结果表明，反收购条款的设置对投资效率产生正面治理效应。具体表现在：（1）交错董事会条款的设置有助于抑制非效率投资，缓解投资不足；（2）限制董事提名权比例条款能够抑制非效率投资，不仅有助于抑制过度投资，还能够缓解投资不足；（3）反收购条款数目设置得越多，越能促进投资效率的上升，过度投资和投资不足越能得到明显减轻；（4）随着时间往后推移，限制董事提名权持股时间条款对非效率投资的抑制作用逐渐显现，尤其是缓解投资不足的作用更加明显；而交错董事会条款和限制董事提名权比例条款对投资效率的治理作用也更为明显。上述经验证据表明，反收购条款具有"价值创造效应"，能够促进投资效率的提升。原因可能在于，反收购条款的设置能够降低外部市场竞争压力，有利于管理层集中精力专心经营，注重公司长期经营战略规划，审时度势，做出有利于公司长远发展的投资决策，合理配置公司资源，提升投资效率。

第四，本书从公司内部治理的角度，实证检验了股权结构和董事会特征对反收购条款与投资效率之间关系的调节效果，结果表明，当上市公司表现出股权集中度较低、股权制衡度较高、管理层持股、两职分离、董事会规模较大等特征时，反收购条款对投资效率的正向治理效应更佳；而股权性质的调节效果要视反收购条款类型而定。具体表现如下：（1）当股权集中度较低时，随着交错董事会条款和限制董事提名权条款的设置以及反收购条款设置数量的增加，会使投资不足得到明显缓解；（2）在股权制衡度较高时，随着限制董事提名权持股比例条款的设置以及反收购条款数量的增加，投资不足也得到显著改善；（3）当管理层持股时，交错董事会条款抑制过度投资的作用表现更佳；（4）公司的非国有股权性质能够增强交错董事会条款对投资不足的治理效应；而国有股权性质会强化限制董事提名权持股比例条款对过度投资的抑制作用；（5）"两职合一"会削弱限制董事提名权持股时间条款对过度投资的抑制作用；而两职分离则会增强董事提名权持股时间条款对投资效率的促进作用；当两职分离时，设置的反收购条款数量越多，投资效率提升得越发明显，过度投资以及投资不足都得到明显改善；（6）适当扩大董事规模，有利于强化交错董事会条款缓解投资不足的作用以及增强限制董事提名权持股比例条款对过度投资的抑制作用。上述结果说明，当上市公司股权较为分散时，管理层忧患意识较强，更倾向于设立反收购条款以增强防御能力，此举有利于降低外部市场并购威胁，使管理层更敢于承担风险，进行长期价值投资；随着股权制衡度的提高，公司治理结构得到改善，大股东之间相互监督和牵制，有利于公司做出合理的投资决策；高管持股行为使得管理层利益与股东利益保持一致，代理问题减少，激励效应增加；董事长和总经理两职分离的职权结构能够增强董事会的独立性，提升监督能力；较大规模的董事会能够发挥资源效应和学习效应，有助于提升公司资源配置效率。以上股权结构和董事会治理特征都能够增强反收购条款对投资行为的正面治理效果。

第五，本书从公司外部治理环境的角度，实证检验了产品市场竞争和制度环境对反收购条款与投资效率之间关系的影响，结果表明，当上市公司处于集中度较高的行业环境以及良好的外部制度环境时，反收购条款对投资效率的正向治理效应更为突出。具体表现如下：（1）当产品市场竞争程度较低时，交错董事会条款对过度投资的抑制作用更加明显；而限制董事提名权持股比例条款缓解投资不足的效果更加显著；设置的反收购条款数目越多，对整体投资效率的治理效应也越明显；（2）当投资者法律保护水平较高时，随着交错董事会条款的设置以及反收购条款数量的增加，促进整体投资效率的作用会更加明显；（3）政府干预程度越低，越能够强化交错董事会条款和限制董事提名权持股时间条款对非效率投资的治理效应，缓解投资不足的作用尤为明显；反收购条款数目设置得越多，抑制非效率投资的效果越好；（4）当金融发展水平较高时，交错董事会条款对非效率投资的抑制作用更加明显，特别是有助于缓解投资不足；随着限制董事提名权持股时间条款的设置以及反收购条款数目的增加，对整体投资效率的治理作用也更加明显，过度投资和投资不足均有明显改善；（5）当市场化水平较高时，交错董事会条款对投资效率的正向治理作用越明显，过度投资和投资不足都得到有效改善；限制董事提名权持股时间条款对投资效率的促进作用也更佳，尤其能够缓解投资不足；随着设置的反收购条款数目的增加，其对投资效率的治理作用也越明显。上述结果说明，当产品市场竞争程度较低时，行业集中度较高，目标公司资源稀缺，容易引起并购资本的注意，并购威胁增加，此类公司设置反收购条款的意愿更加明显，而控制权市场竞争威胁减弱以后，管理层更关注公司长期竞争力的提升，资源配置更加合理，投资效率上升明显；而法律保护、政府治理、金融发展以及市场化水平的提高，外部制度环境得到明显改善，进而公司内部治理效率得到提升，都有利于充分发挥反收购条款对投资效率的治理作用。

第二节 政策建议

第一，监管当局亟须完善控制权市场制度，营造公平公正的并购秩序。目前我国控制权市场制度建设相对滞后，存在法律规范模糊、解释存在分歧、立法存在空白地带等情形。现行立法仍然强调股东优先主义，这严格限制了目标公司管理层进行反收购活动的法律空间。然而近期资本市场敌意收购盛行，现行反收购制度供给却远不能满足反收购活动需求，导致收购与反收购之间的矛盾出现激化。为此，一方面，建议监管当局为并购交易建立有效的司法诉讼机制，利用司法的力量维护并购交易各方主体的权益，在判例中建立和发展并购交易规则；另一方面，从西方成熟资本市场发展趋势来看，公司治理结构已经从以股东大会为中心向以董事会为中心进行转移。在我国，上市公司股权分散已逐渐成为未来的发展趋势，在此情形下，我国《公司法》应当适时进行调整，需要为以董事会为中心的治理结构预留制度空间。为了构建公平、公正以及有效的控制权市场竞争机制，监管当局未来可考虑建立授权资本制度和表决权信托制度，以及允许上市公司设置双重股权结构，为管理层进行反收购活动提供制度空间，有利于形成公平竞争的市场环境，推动资本市场持续健康发展。

第二，立法机构亟需提供可供参考的合法的反收购条款示范文本。在控制权市场制度尚未完善之前，监管当局不宜对上市公司自主设置反收购条款行为盲目定性，或者全盘否定，当务之急是需要提供可供选择的合法的反收购条款清单，合理引导上市公司设置反收购条款，在增强公司抵御敌意收购能力的同时，避免公司股东利益受到侵害，自始至终要以维护目标公司整体利益为核心。国外文献已经表明，合理设置反收购条款不仅有利于维护公司控制权的稳定，降低公司被接管给利益相关者所带来的风险，减少与利益相关者之间的契约成本，还有利于引导管理层规避短视行为，激励管理层投入更多的专属资本，注重公司长期利益的设计，提升公司长期竞争力。国内学者也证实，合理设置反收购条款有利于保护中小投资者利益，降低控股股东的掏空风险，提升公司经营绩效。本书的实证研究结果也表明，交错董事会和限制董事提名权条款在一定程度上能够促进投资效率的提升，起到正面治理效果，而且随着时间的推移，治理效应更加明显，这也为立法机构制定反收购制度提供了借鉴。

第三，上市公司还应着力改善内部治理机制，以充分发挥反收购条款正面治理效应。由于上市公司内部治理结构不同，设置反收购条款的动机各异，这导致反收购条款经济后果也不尽相同。当上市公司股权结构较为分散时，管理层忧患意识较为明显，设立反收购条款的意愿较强，上市公司抵抗敌意收购的能力增强以后，管理层更敢于进行长期价值投资；当上市公司股权集中度较高时，反收购条款的设置更可能是为了维护大股东控制权的私利；当股权制衡度逐步提高时，大股东之间相互牵制能力增强，有助于改善公司治理水平，进而促进反收购条款治理作用的发挥；当管理层持股水平较高时，高管自我激励和约束增强，寻租行为减少，此时设置反收购条款，会进一步减少管理层短视行为；当董事长和总经理两职分离时，领导权力减小，董事会独立性提高，监督经理层能力增强；而董事会规模人数的增加，有利于协调与利益相关者之间的关系，帮助公司获取外部关键资源，进一步增强反收购条款的治理效果。因此，上市公司可以适度分散股权，改进股权结构，提高股权制衡能力；制定高管股权激励计划，充分发挥管理层持股的激励效应；实行董事长与总经理两职分离，使得公司决策控制权与执行权分开；适度扩大董事会规模，发挥董事会资源效应，而上述内部治理机制的改善将有助于增强反收购条款对投资行为的治理效果。

第四，反收购条款治理效应的发挥还依赖于行业环境和制度环境。当行业集中度较高时，行业内目标公司资源稀缺，对并购资本的吸引力较大，目标公司被接管的威胁增加，管理层防御意识会增强，通过设置反收购条款来稳定公司控制权和保障公司长期稳定发展的动机更为明显，而外部威胁的减弱，有助于管理层做出合理的投资决策，增强公司长期竞争力。为此，监管部门应该允许行业集中度较高的上市公司合理设置反收购条款，以强化反收购条款的治理效应。此外，外部制度环境的好坏会直接影响公司内部治理效率的高低。随着法律体系的逐步完善，控制权市场恶意竞争得到有效抑制，这有利于管理层做出眼光长远的投资行为；政府部门对上市公司投资决策干预越少，越能有效发挥管理层配置资源的主观能动性；随着金融环境的改善，上市公司融资约束得到缓解，投资效率也会得到提升；在市场化进程不断推进的过程中，市场资源配置不断优化，内部治理机制有效性也会提升。上述制度环境的改善都将有利于提高反收购条款的治理效果，因此，监管部门在引导上市公司合理设置反收购条款的同时，还要着力改善地区制度环境，不断完善法律保护体系、提高政府治理水平、推动金融市场不断发展以及提高市场化水平，以充分发挥反收购条款对投资效率的正面治理效应。

第三节　研究贡献

第一，首次利用国内数据实证检验了反收购条款与投资行为之间的关系。反收购条款会产生什么经济后果？国外学者对此进行了大量研究，成果较为丰富，相比之下，国内在此领域的实证研究刚起步。目前国内学者主要关注了反收购条款对并购概率、并购溢价、高管变更、大股东"掏空"、公司绩效和公司价值等方面的影响，其研究视域仍有进一步拓宽的空间。反收购条款对公司投资行为会产生什么影响？国内学者尚未关注，且国外文献研究结论也不一致。为此，本书通过梳理反收购条款经济后果相关文献，探究了反收购条款影响投资行为的作用机理，通过实证研究，找到了反收购条款影响投资效率的经验证据，也补充了国内反收购条款经济后果相关文献。

第二，系统分析了反收购条款影响投资效率的治理机制。反收购条款作为自治类型的章程条款，其设置动机及治理效应会受到公司内外部治理环境的影响，为此，本书从公司股权结构和董事会治理等内部治理以及产品市场竞争和制度环境等外部治理，分别探究了反收购条款影响投资效率的途径。特别是对于从制度环境视角分析反收购条款与投资行为的关系，国外相关文献甚少，国内对此也尚未研究，本书对此进行了有益的尝试，找到了相关证据，证实了存在反收购条款影响投资行为的外部渠道。

第三，为立法机构制定反收购制度提供了借鉴。近期资本市场掀起新一轮敌意收购浪潮，目标公司管理当局忧心忡忡，纷纷设立反收购条款予以应对，然而由于在现行制度环境下，反收购法律制度供给远不能满足反收购活动需求，致使反收购行为的合法性受到诸多质疑。上市公司自主设置反收购条款是会损害公司及股东利益，还是有利于公司长远发展，在控制权市场制度尚未完善之前，不宜盲目定性，需要经验证据予以佐证。对此，本书通过实证检验反收购条款与投资效率之间的关系，获取了可靠的经验证据，为立法机构制定反收购制度提供了借鉴与参考。

第四节 研究局限与后续研究

第一，由于不同上市公司设置的反收购条款类型各不相同，很难搜集到所有上市公司各类反收购条款的完整数据，而且本书的样本数据没有及时更新至2017年，导致样本数据的完整性和及时性存在一定的缺陷，对此，作者后续将继续研究以尽力弥补缺憾。本书仅以常见的交错董事会条款、限制董事提名权持股时间以及持股比例条款为例，研究反收购条款与投资效率之间的关系，其他反收购条款对投资效率是否会产生同样的效果，有待后续研究进一步验证。

第二，本书主要检验反收购条款与投资效率之间的关系，被解释变量分别为非效率投资、过度投资以及投资不足，然而这些指标较为笼统，不足以体现上市公司资本性支出的具体内容。因此，后续可进一步研究反收购条款对创新投入、研发支出或者并购支出等方面的影响。

第三，反收购条款经济后果所涉及领域较为广泛，本书仅仅研究了反收购条款对上市公司投资行为的影响，研究视域可以进一步拓宽，反收购条款是否还会影响公司的融资决策、盈余管理以及会计稳健性，有待进一步深入挖掘。

第四，内生性问题是实证研究中难以避免的问题。虽然本书做了各种稳健性检验，但内生性问题仍然需要密切关注。

参 考 文 献

[1] 安灵,刘星,白艺昕. 股权制衡、终极所有权性质与上市企业非效率投资 [J]. 管理工程学报,2008 (2):122-129.

[2] 白俊,连立帅. 国企过度投资溯因:政府干预抑或管理层自利? [J]. 会计研究,2014 (2):41-48.

[3] 布莱尔. 共同的"所有权" [J]. 经济社会体制比较,1996 (3):38-41.

[4] 曹清清. 公司章程反收购条款——以价值判断与效力剖析为视角 [J]. 学术交流,2016 (11):92-98.

[5] 陈冬华,梁上坤. 在职消费、股权制衡及其经济后果——来自中国上市公司的经验证据 [J]. 会计与经济研究,2010 (1):19-27.

[6] 陈宏辉,贾生华. 利益相关者理论与企业伦理管理的新发展 [J]. 社会科学,2002 (6):54-58.

[7] 陈信元,黄俊. 政府干预、多元化经营与公司业绩 [J]. 管理世界,2007 (1):92-97.

[8] 陈玉罡,石芳. 反收购条款、并购概率与公司价值 [J]. 会计研究,2014 (2):34-40.

[9] 陈玉罡,许金花,李善民. 对累积投票制的强制性规定有效吗? [J]. 管理科学学报,2016 (3):34-47.

[10] 陈玉罡. 累积投票制、利益侵占与公司绩效 [J]. 财贸研究,2015 (1):134-142.

[11] 陈运森,谢德仁. 网络位置、独立董事治理与投资效率 [J]. 管理世界,2011 (7):113-127.

[12] 陈志军,薛光红. 股权结构与企业集团多元化战略关系研究

[J]. 财贸研究, 2010, 21 (5): 126-131.

[13] 陈志军, 赵月皎, 刘洋. 不同制衡股东类型下股权制衡与研发投入——基于双重代理成本视角的分析 [J]. 经济管理, 2016 (3): 57-66.

[14] 成力为, 孙玮. 市场化程度对自主创新配置效率的影响——基于 Cost-Malmquist 指数的高技术产业行业面板数据分析 [J]. 中国软科学, 2012 (5): 128-137.

[15] 崔之元. 美国二十九个州公司法变革的理论背景 [J]. 经济研究, 1996 (4): 35-40, 60.

[16] 邓建平, 曾勇. 政治关联能改善民营企业的经营绩效吗 [J]. 中国工业经济, 2009 (2): 98-108.

[17] 董红晔, 李小荣. 国有企业高管权力与过度投资 [J]. 经济管理, 2014 (10): 75-87.

[18] 窦炜, 刘星, 安灵. 股权集中、控制权配置与公司非效率投资行为——兼论大股东的监督抑或合谋? [J]. 管理科学学报, 2011 (11): 81-96.

[19] 杜兴强, 雷宇. 企业利益相关者的利益关系: 冲突还是融合 [J]. 山西财经大学学报, 2009 (6): 59-65.

[20] 樊纲, 王小鲁, 马光荣. 中国市场化进程对经济增长的贡献 [J]. 经济研究, 2011 (9): 4-16.

[21] 方军雄, 于传荣, 王若琪, 等. 高管业绩敏感型薪酬契约与企业创新活动 [J]. 产业经济研究, 2016 (4): 51-60.

[22] 方军雄. 市场化进程与资本配置效率的改善 [J]. 经济研究, 2006 (5): 50-61.

[23] 方军雄. 所有制、市场化进程与资本配置效率 [J]. 管理世界, 2007 (11): 27-35.

[24] 冯根福. 双重委托代理理论: 上市公司治理的另一种分析框架——兼论进一步完善中国上市公司治理的新思路 [J]. 经济研究, 2004 (12): 16-25.

[25] 冯宗宪, 王青, 侯晓辉. 政府投入、市场化程度与中国工业企业的技术创新效率 [J]. 数量经济技术经济研究, 2011 (4): 3-17.

[26] 傅穹. 敌意收购的法律立场 [J]. 中国法学, 2017 (3): 226-243.

[27] 韩鹏. 高管变更影响研发投资吗？[J]. 财经问题研究, 2013 (11): 128-133.

[28] 郝颖, 刘星. 市场化进程与上市公司 R&D 投资: 基于产权特征视角 [J]. 科研管理, 2010 (4): 81-90.

[29] 郝颖, 刘星. 政府干预、资本投向与结构效率 [J]. 管理科学学报, 2011 (4): 52-73.

[30] 胡国柳, 周德建. 股权制衡、管理者过度自信与企业投资过度的实证研究 [J]. 商业经济与管理, 2012 (9): 47-55.

[31] 胡鸿高, 赵丽梅. 论目标公司反收购行为的决定权及其规制 [J]. 中国法学, 2001 (2): 123-132.

[32] 华生. 我为什么不支持大股东意见 [N]. 上海证券报. 2016-6-27 (1).

[33] 华生. 怎样建设一个强大的资本市场 [N]. 上海证券报. 2016-10-21 (12).

[34] 黄俊, 李增泉. 政府干预、企业雇员与过度投资 [J]. 金融研究, 2014 (8): 118-130.

[35] 纪晓丽. 市场化进程、法制环境与技术创新 [J]. 科研管理, 2011 (5): 8-16.

[36] 贾生华, 陈宏辉. 利益相关者的界定方法述评 [J]. 外国经济与管理, 2002 (5): 13-18.

[37] 简建辉, 黄毅勤. 外部治理机制与企业过度投资——来自中国 A 股的经验证据 [J]. 经济与管理研究, 2011 (5): 63-71.

[38] 姜付秀, 黄继承. CEO 财务经历与资本结构决策 [J]. 会计研究, 2013 (5): 27-34, 95.

[39] 姜付秀, 黄磊, 张敏. 产品市场竞争、公司治理与代理成本 [J]. 世界经济, 2009 (10): 46-59.

[40] 姜凌, 曹瑜强, 廖东声. 治理结构与投资效率关系研究——基于国有与民营上市公司的分析 [J]. 财经问题研究, 2015 (10): 104-110.

[41] 金宇超, 靳庆鲁, 宣扬. "不作为" 或 "急于表现": 企业投资

中的政治动机 [J]. 经济研究, 2016 (10): 126-139.

[42] 雷兴虎, 胡桂霞. 论董事行使职权的事前、事中和事后制衡机制 [J]. 政法论坛, 2001 (2): 83-90.

[43] 李春林, 朱圆. 反收购的价值分析 [J]. 当代财经, 2005 (6): 73-77.

[44] 李芬芬. 2014年以来上市公司收购与反收购情况探析 [J]. 证券市场导报, 2017 (12): 32-40.

[45] 李海凤, 史燕平. 投资者保护、政府干预与资本配置效率 [J]. 经济经纬, 2014 (3): 139-144.

[46] 李强, 冯波. 企业会"低调"披露环境信息吗？——竞争压力下企业环保投资与环境信息披露质量关系研究 [J]. 中南财经政法大学学报, 2015 (4): 141-148.

[47] 李善民, 许金花, 张东, 等. 公司章程设立的反收购条款能保护中小投资者利益吗——基于我国A股上市公司的经验证据 [J]. 南开管理评论, 2016 (4): 49-62.

[48] 李善民, 许金花, 张东. 分层董事会制度与公司价值——基于公司章程的视角 [J]. 厦门大学学报（哲学社会科学版）, 2016 (2): 111-121.

[49] 李寿喜. 产权、代理成本和代理效率 [J]. 经济研究, 2007 (1): 102-113.

[50] 李维安, 齐鲁骏, 李元祯. 从"宝万之争"的治理启示解读"杠杆收购" [J]. 清华金融评论, 2017 (1): 34-37.

[51] 李维安. 制定适合国情的《中国公司治理原则》[J]. 南开管理评论, 2000, 3 (4): 2.

[52] 李文莉, 艾星星. 上市公司反收购的权利配置与制度构建 [J]. 证券法苑, 2017 (4): 261-277.

[53] 李文莉, 黄江东. 美国并购集团诉讼的剖析与借鉴 [J]. 证券市场导报, 2015 (8): 71-78.

[54] 李香梅, 袁玉娟, 戴志敏. 控制权私有收益、公司治理与非效率投资研究 [J]. 华东经济管理, 2015 (3): 139-143.

[55] 李延喜, 曾伟强, 马壮, 等. 外部治理环境、产权性质与上市

公司投资效率 [J]. 南开管理评论, 2015 (1): 25-36.

[56] 梁上上. 论股东表决权: 以公司控制权争夺为中心展开 [M]. 北京: 法律出版社, 2005: 58-58.

[57] 林少伟, 王弯. 美国特拉华州收购规则的历史变迁: 勃兴与衰落 [J]. 证券法苑, 2017 (1): 154-173.

[58] 林钟高, 魏立江, 王海生. 投资者法律保护、产品市场竞争与公司价值 [J]. 审计与经济研究, 2012 (5): 57-67.

[59] 刘启亮, 罗乐, 何威风, 等. 产权性质、制度环境与内部控制 [J]. 会计研究, 2012 (3): 54-63, 97.

[60] 刘胜强, 林志军, 孙芳城, 等. 融资约束、代理成本对企业 R&D 投资的影响——基于我国上市公司的经验证据 [J]. 会计研究, 2015 (11): 62-68.

[61] 刘晓华, 张利红. 产品市场竞争、会计信息质量与投资效率——2001~2014 年中国 A 股市场的经验证据 [J]. 中央财经大学学报, 2016 (9): 57-72.

[62] 刘星, 刘伟. 监督, 抑或共谋?——我国上市公司股权结构与公司价值的关系研究 [J]. 会计研究, 2007 (6): 68-75, 96.

[63] 刘有贵, 蒋年云. 委托代理理论述评 [J]. 学术界, 2006 (1): 69-78.

[64] 刘羽芬, 刘小元, 李永壮. 公司治理机制对企业经营效率影响的实证研究——基于台湾面板企业的经验证据 [J]. 中央财经大学学报, 2011 (9): 75-80.

[65] 刘振. 高管薪酬契约设计、研发投资行为与公司财务绩效 [J]. 经济与管理研究, 2014 (2): 23-31.

[66] 刘志强, 余明桂. 投资者法律保护、产品市场竞争与现金股利支付力度——来自中国制造业上市公司的经验证据 [J]. 管理学报, 2009 (8): 1090-1097.

[67] 鲁桐, 党印. 投资者保护、行政环境与技术创新: 跨国经验证据 [J]. 世界经济, 2015 (10): 99-124.

[68] 吕长江, 张海平. 股权激励计划对公司投资行为的影响 [J]. 管理世界, 2011 (11): 118-126.

[69] 罗进辉, 万迪昉, 蔡地. 大股东治理与管理者过度投资行为 [J]. 经济管理, 2008 (z1): 33-39.

[70] 罗正英, 李益娟, 常昀. 民营企业的股权结构对R&D投资行为的传导效应研究 [J]. 中国软科学, 2014 (3): 167-176.

[71] 彭冰. 敌意收购引发的立法思辨 [J]. 财经, 2016 (1).

[72] 蒲茜, 余敬文. 股权集中度对企业信贷约束影响的研究——基于结构性方程的估计 [J]. 广东财经大学学报, 2013 (2): 30-39.

[73] 蒲文燕, 王山慧. 融资约束、高管薪酬和研发投资 [J]. 湖南社会科学, 2015 (1): 134-137.

[74] 钱爱民, 张晨宇. 国企高管政治晋升与公司现金持有: 寻租还是效率 [J]. 中南财经政法大学学报, 2017 (5): 43-52, 160.

[75] 任海云. 股权结构与企业R&D投入关系的实证研究——基于A股制造业上市公司的数据分析 [J]. 中国软科学, 2010 (5): 126-135.

[76] 邵军, 刘志远, 于小溪. 法律对投资者利益保护、公司治理与反收购条款的设立——基于我国A股上市公司的证据 [J]. 中国会计评论, 2013 (4): 369-390.

[77] 申慧慧, 于鹏, 吴联生. 国有股权、环境不确定性与投资效率 [J]. 经济研究, 2012 (7): 113-126.

[78] 申景奇, 伊志宏. 产品市场竞争与机构投资者的治理效应——基于盈余管理的视角 [J]. 山西财经大学学报, 2010 (11): 50-59.

[79] 沈红波, 寇宏, 张川. 金融发展、融资约束与企业投资的实证研究 [J]. 中国工业经济, 2010 (6): 55-64.

[80] 沈艺峰, 陈舒予, 黄娟娟. 投资者法律保护、所有权结构与困境公司高层管理人员变更 [J]. 中国工业经济, 2007 (1): 96-103.

[81] 沈艺峰, 林志扬. 相关利益者理论评析 [J]. 经济管理, 2001 (8): 21-26.

[82] 沈艺峰. 公司控制权市场理论的现代演变——美国三十五个州反收购立法的理论意义 [J]. 中国经济问题, 2000 (2): 20-35.

[83] 宋常, 赵懿清. 地区性行政垄断、产品市场竞争与投资协同效应——基于中国上市公司面板数据的经验证据 [J]. 山西财经大学学报, 2011 (5): 52-59.

[84] 宋力, 韩亮亮. 大股东持股比例对代理成本影响的实证分析 [J]. 南开管理评论, 2005, 8 (1): 30-34.

[85] 苏坤. 制度环境、产权性质与公司绩效 [J]. 云南财经大学学报, 2012 (4): 129-138.

[86] 隋静, 蒋翠侠, 许启发. 股权制衡与公司价值非线性异质关系研究——来自中国A股上市公司的证据 [J]. 南开管理评论, 2016 (1): 70-83.

[87] 孙晓华, 李明珊. 国有企业的过度投资及其效率损失 [J]. 中国工业经济, 2016 (10): 109-125.

[88] 孙兆斌. 股权集中、股权制衡与上市公司的技术效率 [J]. 管理世界, 2006 (7): 115-124.

[89] 谭庆美, 陈欣, 张娜, 等. 管理层权力、外部治理机制与过度投资 [J]. 管理科学, 2015 (4): 59-70.

[90] 汤欣, 徐志展. 反收购措施的合法性检验 [J]. 清华法学, 2008 (6): 90-105.

[91] 汤欣. 论公司法的性格——强行法抑或任意法？[J]. 中国法学, 2001 (1): 110-126.

[92] 唐国平, 李龙会. 股权结构、产权性质与企业环保投资——来自中国A股上市公司的经验证据 [J]. 财经问题研究, 2013 (3): 93-100.

[93] 唐清泉, 易翠. 高管持股的风险偏爱与R&D投入动机 [J]. 当代经济管理, 2010 (2): 20-25.

[94] 唐松, 杨勇, 孙铮. 金融发展、债务治理与公司价值——来自中国上市公司的经验证据 [J]. 财经研究, 2009 (6): 4-16.

[95] 唐雪松, 周晓苏, 马如静. 政府干预、GDP增长与地方国企过度投资 [J]. 金融研究, 2010 (8): 99-112.

[96] 田轩. 西学东渐: 海外杠杆收购与公司治理 [J]. 清华金融评论, 2017 (1): 32-33.

[97] 佟爱琴, 马星洁. 宏观环境、产权性质与企业非效率投资 [J]. 管理评论, 2013 (9): 12-20.

[98] 王红建, 李青原, 邢斐. 经济政策不确定性、现金持有水平及其市场价值 [J]. 金融研究, 2014 (9): 53-68.

[99] 王化成,胡国柳. 股权结构与企业投资多元化关系：理论与实证分析 [J]. 会计研究, 2005 (8): 58-64, 98.

[100] 王建文,范健. 论我国反收购条款的规制限度 [J]. 河北法学, 2007 (7): 100-104.

[101] 王建文. 我国公司章程反收购条款：制度空间与适用方法 [J]. 法学评论, 2007 (2): 135-140.

[102] 王克敏,陈井勇. 股权结构、投资者保护与公司绩效 [J]. 管理世界, 2004 (7): 127-133.

[103] 王克敏,刘静,李晓溪. 产业政策、政府支持与公司投资效率研究 [J]. 管理世界, 2017 (3): 113-124.

[104] 王佐发. 敌意收购需要规则而不是讨伐 [N]. 经济参考报. 2016-12-20 (8).

[105] 温素彬,黄浩岚. 利益相关者价值取向的企业绩效评价——绩效三棱镜的应用案例 [J]. 会计研究, 2009 (4): 62-68, 97.

[106] 吴磊磊,陈伟忠,刘敏慧. 公司章程和小股东保护——来自累积投票条款的实证检验 [J]. 金融研究, 2011 (2): 160-171.

[107] 吴淑琨,刘忠明,范建强. 非执行董事与公司绩效的实证研究 [J]. 中国工业经济, 2001 (9): 69-76.

[108] 伍坚. 美国法中股东提名董事制度研究 [J]. 证券市场导报, 2014 (2): 72-82.

[109] 伍坚. 限制董事改选数量：交错董事会的中国模式 [J]. 证券市场导报, 2007 (6): 13-17.

[110] 伍利娜,陆正飞. 企业投资行为与融资结构的关系——基于一项实验研究的发现 [J]. 管理世界, 2005 (4): 99-105.

[111] 西尔伯斯通. 关于"利益相关者"的争论——公司的治理结构 [J]. 经济社会体制比较, 1996 (3): 42-48.

[112] 夏立军,方轶强. 政府控制、治理环境与公司价值——来自中国证券市场的经验证据 [J]. 经济研究, 2005 (5): 40-51.

[113] 谢佩洪,汪春霞. 管理层权力、企业生命周期与投资效率——基于中国制造业上市公司的经验研究 [J]. 南开管理评论, 2017 (1): 57-66.

[114] 谢永珍,王维祝. 中国上市公司两职设置与公司治理绩效关系的实证分析 [J]. 山东大学学报(哲学社会科学版),2006(1):121-130.

[115] 辛清泉,林斌,王彦超. 政府控制、经理薪酬与资本投资 [J]. 经济研究,2007(8):110-122.

[116] 辛清泉,谭伟强. 市场化改革、企业业绩与国有企业经理薪酬 [J]. 经济研究,2009(11):68-81.

[117] 徐莉萍,辛宇,陈工孟. 股权集中度和股权制衡及其对公司经营绩效的影响 [J]. 经济研究,2006(1):90-100.

[118] 徐明亮,袁天荣,许汝俊. 交错董事会、制度环境与公司绩效 [J]. 现代财经(天津财经大学学报),2018(5):101-113.

[119] 徐明亮,袁天荣. 交错董事会条款、制度环境与投资效率 [J]. 经济管理,2018(5):21-36.

[120] 徐文彬,戴瑞亮,郑九海. 特拉华州普通公司法 [M]. 北京:中国法制出版社,2010.

[121] 徐一民,张志宏. 产品市场竞争、政府控制与投资效率 [J]. 软科学,2010(12):23-27.

[122] 许金花,李善民,张东,等. 反收购条款与投资者保护:理论模型与实证检验 [J]. 管理评论,2018b(7):191-206.

[123] 许金花,曾燕,李善民,等. 反收购条款的作用机制——基于大股东掏空研究视角 [J]. 管理科学学报,2018a(2):37-47.

[124] 杨成良. 州际竞争与美国公司法的发展 [J]. 比较法研究,2017(1):183-200.

[125] 杨风,李卿云. 股权结构与研发投资——基于创业板上市公司的经验证据 [J]. 科学学与科学技术管理,2016(2):123-135.

[126] 杨华军,胡奕明. 制度环境与自由现金流的过度投资 [J]. 管理世界,2007(9):99-106,116,172.

[127] 杨兴全,李万利,韩建强. 产品市场竞争与现金持有创新平滑效应——基于融资约束和产权性质视角的实证研究 [J]. 软科学,2016(5):82-86.

[128] 杨兴全,张丽平,吴昊旻. 市场化进程、管理层权力与公司现金持有 [J]. 南开管理评论,2014(2):34-45.

[129] 叶林,吴烨. 上市公司章程反收购条款的规范路径 [J]. 证券法苑,2017 (4): 239-260.

[130] 伊斯特布鲁克,费希尔. 公司法的经济结构. 第2版 [M]. 北京: 北京大学出版社,2014.

[131] 伊志宏,姜付秀,秦义虎. 产品市场竞争、公司治理与信息披露质量 [J]. 管理世界,2010 (1): 133-141.

[132] 伊志宏,李艳丽,高伟. 市场化进程、机构投资者与薪酬激励 [J]. 经济理论与经济管理,2011 (10): 75-84.

[133] 于东智,池国华. 董事会规模、稳定性与公司绩效: 理论与经验分析 [J]. 经济研究,2004 (4): 70-79.

[134] 于东智,谷立日. 公司的领导权结构与经营绩效 [J]. 中国工业经济,2002 (2): 67-75.

[135] 于东智. 董事会、公司治理与绩效——对中国上市公司的经验分析 [J]. 中国社会科学,2003 (3): 29-41.

[136] 俞红海,徐龙炳,陈百助. 终极控股股东控制权与自由现金流过度投资 [J]. 经济研究,2010 (8): 103-114.

[137] 俞红海,徐龙炳. 股权集中下的控股股东侵占与公司治理综述 [J]. 经济管理,2011 (10): 127-134.

[138] 喻坤,李治国,张晓蓉,等. 企业投资效率之谜: 融资约束假说与货币政策冲击 [J]. 经济研究,2014 (5): 106-120.

[139] 袁天荣,徐明亮,潘临. 反收购条款影响高管变更的机理研究 [J]. 海南大学学报 (人文社会科学版),2018 (2): 77-84.

[140] 臧成伟. 市场化有助于提高淘汰落后产能效率吗?——基于企业进入退出与相对生产率差异的分析 [J]. 财经研究,2017 (2): 134-144.

[141] 张本照,杨善林,王艳荣. 英美目标公司反收购政府规制比较及对我国的启示 [J]. 经济社会体制比较,2006 (6): 114-119.

[142] 张栋,杨淑娥,杨红. 第一大股东股权、治理机制与企业过度投资——基于中国上市公司 PanelData 的研究 [J]. 当代经济科学,2008 (4): 62-72.

[143] 张舫. 上市公司章程中董事选任条款的有效性分析 [J]. 法学,2009 (1): 122-129.

[144] 张海龙,李秉祥. 经理管理防御对企业过度投资行为影响的实证研究——来自我国制造业上市公司的经验证据 [J]. 管理评论, 2010 (7): 82-89.

[145] 张洪辉,王宗军. 政府干预、政府目标与国有上市公司的过度投资 [J]. 南开管理评论, 2010 (3): 101-108.

[146] 张会丽,陆正飞. 现金分布、公司治理与过度投资——基于我国上市公司及其子公司的现金持有状况的考察 [J]. 管理世界, 2012 (3): 147-156, 194.

[147] 张娟,刘纪鹏. 比较法视角下恶意收购的内涵、兴起原因与正向功能分析 [J]. 现代经济探讨, 2017 (7): 122-128, 138.

[148] 张千帆. 美国联邦宪法 [M]. 北京:法律出版社, 2011.

[149] 张前程,龚刚. 政府干预、金融深化与行业投资配置效率 [J]. 经济学家, 2016 (2): 60-68.

[150] 张巍. 美国的上市公司收购防御及其对中国的启示 [J]. 证券法苑, 2017 (1): 135-153.

[151] 张维迎. 控制权损失的不可补偿性与国有企业兼并中的产权障碍 [J]. 经济研究, 1998 (7): 4-15.

[152] 张祥建,徐晋. 股权再融资与大股东控制的"隧道效应"——对上市公司股权再融资偏好的再解释 [J]. 管理世界, 2005 (11): 127-136.

[153] 张兆国,刘晓霞,张庆. 企业社会责任与财务管理变革——基于利益相关者理论的研究 [J]. 会计研究, 2009 (3): 54-59, 95.

[154] 张宗益,郑志丹. 融资约束与代理成本对上市公司非效率投资的影响——基于双边随机边界模型的实证度量 [J]. 管理工程学报, 2012 (2): 119-126.

[155] 赵景文,于增彪. 股权制衡与公司经营业绩 [J]. 会计研究, 2005 (12): 59-64.

[156] 赵雅娜,敖小波. 国有企业政策性负担对企业财务行为的影响研究 [J]. 经济问题, 2016 (11): 105-111.

[157] 郑志刚,许荣,徐向江等. 公司章程条款的设立、法律对投资者权力保护和公司治理——基于我国A股上市公司的证据 [J]. 管理世界,

2011 (7): 141-153.

[158] 郑志刚. 法律对投资者权力的保护和经理人薪酬合约的奖金设计 [J]. 世界经济, 2009 (1): 52-61.

[159] 中国证券监督管理委员会. 中国上市公司并购重组发展报告 [M]. 北京: 中国经济出版社, 2009.

[160] 钟娟, 魏彦杰, 沙文兵. 金融自由化改善了投资配置效率吗? [J]. 财经研究, 2013 (4): 16-25.

[161] 周鹏, 张宏志. 利益相关者间的谈判与企业治理结构 [J]. 经济研究, 2002 (6): 55-62, 95.

[162] 周松林. 投服中心: 违反法律的反收购条款当属无效 [N]. 中国证券报. 2017-5-25 (A02).

[163] 周业安, 赵坚毅. 我国金融市场化的测度、市场化过程和经济增长 [J]. 金融研究, 2005 (4): 68-78.

[164] 周友苏. 新公司法论 [M]. 北京: 法律出版社, 2006.

[165] 周瑜胜, 宋光辉. 公司控制权配置、行业竞争与研发投资强度 [J]. 科研管理, 2016 (12): 122-131.

[166] 朱德胜, 周晓珮. 股权制衡、高管持股与企业创新效率 [J]. 南开管理评论, 2016 (3): 136-144.

[167] 朱红军, 何贤杰, 陈信元. 金融发展、预算软约束与企业投资 [J]. 会计研究, 2006 (10): 64-71, 96.

[168] 朱红军, 汪辉. "股权制衡"可以改善公司治理吗?——宏智科技股份有限公司控制权之争的案例研究 [J]. 管理世界, 2004 (10): 114-123.

[169] Adams R, Ferreira D. One Share-one Vote: the Empirical Evidence [J]. Review of Finance, 2008, 12 (1): 51-91.

[170] Admati A R, Pfleiderer P, Zechner J. Large Shareholder Activism, Risk Sharing, and Financial Market Equilibrium [J]. Journal of Political Economy, 1994, 102 (6): 1097-1130.

[171] Afonso E L. State Poison Pill Endorsement Statutes and the Market for Corporate Control [J]. Social Science Electronic Publishing, 2011.

[172] Agrawal A, Mandelker G N. Large Shareholders and the Monitoring

of Managers: the Case of Antitakeover Charter Amendments [J]. Journal of Financial and Quantitative Analysis, 1990, 25 (2): 143 – 161.

[173] Ambrose B W, Megginson W L. The Role of Asset Structure, Ownership Structure, and Takeover Defenses in Determining Acquisition Likelihood [J]. Journal of Financial and Quantitative Analysis, 1992, 27 (4): 575 – 589.

[174] Amihud Y, Lev B. Risk Reduction as a Managerial Motive for Conglomerate Mergers [J]. Bell Journal of Economics, 1981, 12 (2): 605 – 617.

[175] Amihud Y, Schmid M M, Davidoff S S. Do Staggered Boards Affect Firm Value? [J]. Iowa Law Review, forthcoming, 2017.

[176] Amihud Y, Stoyanov S. Do staggered boards harm shareholders? [J]. Journal of Financial Economics, 2016, 123 (2): 432 – 439.

[177] Ansoff H I. Corporate Strategy: an Analytic Approach to Business Policy for Growth and Expansion [M]. NewYork: McGrawHill, 1965.

[178] Asquith P, Kim E H. The Impact of Merger Bids on the Participating Firms' Security Holders [J]. Journal of Finance, 1982, 37 (5): 1209 – 1228.

[179] Atanassov. Do Hostile Takeovers Stifle Innovation [J]. Journal of Finance, 2013, 68 (3): 1097 – 1131.

[180] Bainbridge S M. Director Primacy in Corporate Takeovers: Preliminary Reflections [J]. Stanford Law Review, 2002, 55 (3): 791 – 818.

[181] Bates T W, Becher D A, Lemmon M L. Board Classification and Managerial Entrenchment: Evidence From the Market for Corporate Control [J]. Journal of Financial Economics, 2008, 87 (3): 656 – 677.

[182] Baysinger B D, Butler H N. Antitakeover Amendments, Managerial Entrenchment, and the Contractual Theory of the Corporation [J]. Virginia Law Review, 1985, 71 (8): 1257 – 1303.

[183] Baysinger B D, Butler H N. Corporate Governance and the Board of Directors: Performance Effects of Changes in Board Composition [J]. Journal of Law, Economics and Organization, 1985, 1 (1): 102 – 124.

[184] Bebchuk L A, Coates J C, Subramanian G. The Powerful Anti-

takeover Force of Staggered Boards [J]. Stanford Law Review, 2002, 54 (5): 887-951.

[185] Bebchuk L A, Cohen A, Wang C C Y. Learning and the disappearing association between governance and returns [J]. Journal of Financial Economics, 2013, 108 (2): 323-348.

[186] Bebchuk L A, Cohen A. The Costs of Entrenched Boards [J]. Journal of Financial Economics, 2005, 78 (2): 409-433.

[187] Bebchuk L, Cohen A, Ferrell A. What Matters in Corporate Governance [J]. Review of Financial Studies, 2009, 22 (2): 783-827.

[188] Bebchuk L, Cohen A, Wang C C Y. Golden Parachutes and the Wealth of Shareholders [J]. Journal of Corporate Finance, 2014, 25 (2): 140-154.

[189] Belloc F. Corporate Governance and Innovation: a Survey [J]. Journal of Economic Surveys, 2012, 26 (5): 835-864.

[190] Berle A A, Means G C. The Modern Corporation and Private Property [M]. Macmillan, NewYork: McMillan, 1932: 25-49.

[191] Bertrand M, Mullainathan S. Enjoying the Quiet Life? Corporate Governance and Managerial Preferences [J]. Journal of Political Economy, 2003, 111 (5): 1043-1075.

[192] Bhagat S, Jefferis R H. Voting Power in the Proxy Process: the Case of Antitakeover Charter Amendments [J]. Journal of Financial Economics, 1991, 30 (1): 193-225.

[193] Bhojraj S, Sengupta P, Zhang S. Takeover Defenses: Entrenchment and Efficiency [J]. Journal of Accounting and Economics, 2017, 63 (1): 142-160.

[194] Birnbaum M H. The Power of Visual Training [J]. Journal of the American Optometric Association, 1984, 55 (4): 257.

[195] Blair M M. For Whom Should Corporations Be Run?: an Economic Rationale for Stakeholder Management [J]. Long Range Planning, 1998, 31 (2): 195-200.

[196] Blair M M. Ownership and Control: Rethinking Corporate Govern-

ance for the Twenty - first Century . Washington DC: The Boroking Institution, 1995.

[197] Bradley M, Desai A, Kim E H. The Rationale Behind Interfirm Tender Offers: Information Or Synergy? [J]. Journal of Financial Economics, 1983, 11 (1): 183 - 206.

[198] Brickley J A, Lease R C, Jr C W S. Ownership Structure and Voting on Antitakeover Amendments [J]. Journal of Financial Economics, 1988, 20 (1): 267 - 291.

[199] Cain M D, Mckeon S B, Solomon S D. Do Takeover Laws Matter? Evidence From Five Decades of Hostile Takeovers [J]. Journal of Financial Economics, 2017, 124 (3): 464 - 485.

[200] Cen L, D S, Sen R. Discipline Or Disruption? Stakeholder Relationships and the Effect of Takeover Threat [J]. Management Science, 2016, 62 (10): 2820 - 2841.

[201] Chakraborty A, Arnott RJ. Takeover Defenses and Dilution: a Welfare Analysis [J]. Journal of Financial & Quantitative Analysis, 2001, 36 (3): 311 - 334.

[202] Chemmanur T J, Jiao Y. Dual Class Ipos: a Theoretical Analysis [J]. Journal of Banking & Finance, 2012, 36 (1): 305 - 319.

[203] Chemmanur T J, Paeglis I, Simonyan K. Management Quality and Antitakeover Provisions [J]. Journal of Law & Economics, 2011, 54 (3): 651 - 692.

[204] Chemmanur T J, Tian X. Do Anti - takeover Provisions Spur Corporate Innovation? a Regression Discontinuity Analysis [J]. Journal of Financial and Quantitative Analysis, 2018, 53 (3): 1163 - 1194.

[205] Cheng S, Duru A, Zhao Y. Antitakeover Legislation and Accounting Conservatism: New Evidence [J]. Journal of Accounting & Public Policy, 2017, 36 (2): 119.

[206] Chintrakarn P, Jiraporn N, Jiraporn P. The Effect of Entrenched Boards on Corporate Risk-taking: Testing the Quiet Life Hypothesis [J]. Applied Economics Letters, 2013, 20 (11): 1067 - 1070.

[207] Chi. Understanding the Endogeneity Between Firm Value and Shareholder Rights [J]. Financial Management, 2005, 34 (4): 65-76.

[208] Claessens S, Djankov S, Fan JPH, et al. Disentangling the Incentive and Entrenchment Effects of Large Shareholdings [J]. Journal of Finance, 2002, 57 (6): 2741-2771.

[209] Claessens S, Djankov S, Lang L H P. The Separation of Ownership and Control in East Asian Corporations [J]. Journal of Financial Economics, 2000, 58 (1): 81-112.

[210] Cochran P L, Wood R A. Corporate Social Responsibility and Financial Performance [J]. The Academy of Management Journal, 1984, 27 (1): 42-56.

[211] Cohen A, Wang C C Y. How Do Staggered Boards Affect Shareholder Value? Evidence From a Natural Experiment [J]. Journal of Financial Economics, 2013, 110 (3): 627-641.

[212] Cohen A, Wang C C Y. Reexamining staggered boards and shareholder value [J]. Journal of Financial Economics, 2017, 125 (3): 637-647.

[213] Core J E, Guay W R, Rusticus T O. Does Weak Governance Cause Weak Stock Returns? an Examination of Firm Operating Performance and Investors' Expectations [J]. The Journal of Finance, 2006, 61 (2): 655.

[214] Cotter J F, Shivdasani A, Zenner M. Do Independent Directors Enhance Target Shareholder Wealth During Tender Offers? [J]. Journal of Financial Economics, 1996, 43 (2): 195-218.

[215] Cremers K J M, Litov L P, Sepe S M. Staggered Boards and Long-term Firm Value, Revisited [J]. Journal of Financial Economics, 2017, 18 (8): 1-23.

[216] Cremers K J M, Nair V B, John K. Takeovers and the Cross-section of Returns [J]. Review of Financial Studies, 2009, 22 (4): 1409-1445.

[217] Cremers K J M, Nair V B, Peyer U. Takeover Defenses and Competition: the Role of Stakeholders [J]. Journal of Empirical Legal Studies, 2008, 5 (4): 791-818.

[218] Cremers K J M, Nair V B. Governance Mechanisms and Equity

Prices [J]. The Journal of Finance, 2005, 60 (6): 2859.

[219] Cremers M, Sepe S M. The Shareholder Value of Empowered Boards [J]. Stanford Law Review, 2016, 68 (1): 67 – 148.

[220] Cuñat V, Gine M, Guadalupe M. The Vote Is Cast: the Effect of Corporate Governance on Shareholder Value [J]. The Journal of Finance, 2012, 67 (5): 1943 – 1977.

[221] Daines R, Klausner M. Do Ipo Charters Maximize Firm Value? Antitakeover Protection in Ipos [J]. Journal of Law Economics & Organization, 2001, 17 (1): 83 – 120.

[222] Dalton D R, Daily C M, Johnson J L, et al. Number of Directors and Financial Performance: a Meta – analysis. [J]. Academy of Management Journal, 1999, 42 (6): 674 – 686.

[223] Deangelo Harry, Rice Edward – M.. Antitakeover charter Amedments and Stockholder Wealth [J]. Journal of Financial Economics, 1983, 11 (1): 329 – 359.

[224] Demirgüç – kunt A, Laeven L, Levine R. Regulations, Market Structure, Institutions, and the Cost of Financial Intermediation [J]. Journal of Money Credit & Banking, 2004, 36 (3): 593 – 622.

[225] Denis D J, Denis D K, Sarin A. Agency Theory and the Influence of Equity Ownership Structure on Corporate Diversification Strategies [J]. Strategic Management Journal, 1999, 20 (11): 1071 – 1076.

[226] Dittmar A, Mahrt – smith J. Corporate Governance and the Value of Cash Holdings [J]. Journal of Financial Economics, 2007, 83 (3): 599 – 634.

[227] Donaldson T, Preston L E. The Stakeholder Theory of the Corporation: Concepts, Evidence, and Implications [J]. Academy of Management Review, 1995, 20 (1): 65 – 91.

[228] Easterbrook F H, Fischel D R. Takeover Bids, Defensive Tactics, and Shareholders' Welfare [J]. Business Lawyer, 1981, 36 (4): 1733 – 1750.

[229] Faleye O. Classified Boards, Firm Value, and Managerial En-

trenchment [J]. Journal of Financial Economics, 2007, 83 (2): 501 – 529.

[230] Fama E F, Jensen M C. Seperation of Ownership and Control [J]. Journal of Law & Economics, 1983, XXVI (2): 301 – 325.

[231] Fama E F. Agency Problems and the Theory of the Firm [J]. Journal of Political Economy, 1980, 88 (2): 288 – 307.

[232] Field L C, Karpoff J M. Takeover Defenses of Ipo Firms [J]. The Journal of Finance, 2002, 57 (5): 1857 – 1889.

[233] Fischel D R. Efficient Capital Market Theory, the Market for Corporate Control, and the Regulation of Cash Tender Offers [J]. Texas Law Review, 1978, 57 (1): 1 – 46.

[234] Fischel D R. Organized Exchanges and the Regulation of Dual Class Common Stock [J]. The University of Chicago Law Review, 1987, 54 (1): 119 – 152.

[235] Francis J, Smith A. Agency Costs and Innovation Some Empirical Evidence [J]. Journal of Accounting & Economics, 1995, 19 (2): 383 – 409.

[236] Freeman R E, Evan W M. Corporate Governance: a Stakeholder Interpretation [J]. Journal of Behavioral Economics, 1990, 19 (4): 337 – 359.

[237] Freeman R E. Response: Divergent Stakeholder Theory [J]. Academy of Management Review, 1999, 24 (2): 233 – 236.

[238] Freeman R E. Strategic Management: a Stakholder Approach [J]. Journal of Management Studies, 1984, 29 (2): 131 – 154.

[239] Garvey G T, Hanka G. Capital Structure and Corporate Control [J]. The Journal of Finance, 1999, 54 (2): 519 – 546.

[240] Giroud X, Mueller H M. Corporate Governance, Product Market Competition, and Equity Prices [J]. The Journal of Finance, 2011, 66 (2): 563 – 600.

[241] Giroud X, Mueller H M. Does Corporate Governance Matter in Competitive Industries? [J]. Journal of Financial Economics, 2010, 95 (3): 312 – 331.

[242] Gomes A, Novaes W. Sharing of Control Versus Monitoring as Corporate Governance Mechanisms [J]. Working Paper, 2006.

[243] Gompers P, Ishii J, Metrick A. Corporate Governance and Equity Prices [J]. The Quarterly Journal of Economics, 2003, 118 (1): 107–156.

[244] Gormley T A, Matsa D A. Playing It Safe? Managerial Preferences, Risk, and Agency Conflicts [J]. Journal of Financial Economics, 2016, 122 (3): 431–455.

[245] Grossman S J, Hart O D. One Share–one Vote and the Market for Corporate Control [J]. Journal of Financial Economics, 1988, 20 (1): 175–202.

[246] Guo R J, Kruse T A, Nohel T. Undoing the Powerful Anti–takeover Force of Staggered Boards [J]. Journal of Corporate Finance, 2008, 14 (3): 274–288.

[247] Gutiérrez M, Tribo J A. Private Benefits Extraction in Closely–held Corporations: the Case for Multiple Large Shareholders [J]. Working Paper, 2004.

[248] Hanks J J. Evaluating Recent State Legislation on Director and Officer Liability Limitation and Indemnification [J]. Business Lawyer, 1988, 43 (4): 1207–1254.

[249] Hansen M T, Birkinshaw J. The Innovation Value Chain. [J]. Harvard Business Review, 2007, 85 (6): 121.

[250] Harford J, Humphery–jenner M, Powell R. The Sources of Value Destruction in Acquisitions By Entrenched Managers [J]. Journal of Financial Economics, 2012, 106 (2): 247–261.

[251] Harford J, Mansi S A, Maxwell W F. Corporate Governance and Firm Cash Holdings in the U.s. [J]. Journal of Financial Economics, 2008, 87 (3): 535–555.

[252] Harris E G. Antitakeover Measures, Golden Parachutes, and Target Firm Shareholder Welfare [J]. Rand Journal of Economics, 1990, 21 (21): 614–625.

[253] Hart O D. The Market Mechanism as an Incentive Scheme [J]. Bell Journal of Economics, 1983, 14 (2): 366–382.

[254] Heron R A, Lie E. On the Use of Poison Pills and Defensive Payouts

By Takeover Targets [J]. Journal of Business, 2006, 79 (4): 1783 - 1807.

[255] Holmstrom B. Managerial Incentive Problems—a Dynamic Perspective [J]. Review of Economic Studies, 1999, 66 (1): 169 - 182.

[256] Jahera J S, Pugh W. State Takeover Legislation: the Case of Delaware [J]. Journal of Law Economics & Organization, 1991, 7 (2): 410 - 428.

[257] Jarrell G A, Bradley M. The Economic Effects of Federal and State Regulations of Cash Tender Offers [J]. Journal of Law & Economics, 1980, 23 (2): 371 - 407.

[258] Jarrell G A, Poulsen A B. Shark Repellents and Stock Prices: the Effects of Antitakeover Amendments Since 1980 [J]. Journal of Financial Economics, 1987, 19 (1): 127 - 168.

[259] Jensen M C, Meckling W H. Theory of the Firm: Managerial Behavior, Agency Costs and Ownership Structure [J]. Journal of Financial Economics, 1976, 3 (4): 305 - 360.

[260] Jensen M C, Ruback R S. The Market for Corporate Control: the Scientific Evidence [J]. Journal of Financial Economics, 1983, 11 (1): 5 - 50.

[261] Jensen M C. Agency Costs of Free Cash Flow, Corporate Finance, and Takeovers. [J]. American Economic Review, 1986, 76 (2): 323 - 329.

[262] Jensen M C. Takeovers: Folklore and Science [J]. Harvard Business Review, 1984, 62 (6): 106 - 121.

[263] Jensen M C. The Modern Industrial Revolution, Exit, and the Failure of Internal Control Systems [J]. Journal of Finance, 1993, 48 (3): 831 - 880.

[264] John K, Li Y, Pang J, Does Corporate Governance Matter More for High Financial Slack Firms? Management Science, 2017 (6): 1872 - 1891.

[265] Johnson S, La Porta R, Lopez - de - silanes F. Tunneling [J]. American Economic Review, 2000, 90 (2): 22 - 27.

[266] Johnson W C, Karpoff J M, Yi S. The Bonding Hypothesis of Takeover Defenses: Evidence From Ipo Firms [J]. Journal of Financial Economics, 2015, 117 (2): 307 - 332.

[267] Jones T M. Instrumental Stakeholder Theory: a Synthesis of Ethics and Economics [J]. Academy of Management Review, 1995, 20 (2): 404 – 437.

[268] Kadyrzhanova D, Rhodes – kropf M. Concentrating on Governance [J]. The Journal of Finance, 2011, 66 (5): 1649 – 1685.

[269] Karpoff J M, Schonlau R J, Wehrly E W. Do Takeover Defense Indices Measure Takeover Deterrence? [J]. The Review of Financial Studies, 2017, 30 (7): 2359 – 2412.

[270] Knoeber C R. Golden Parachutes, Shark Repellents, and Hostile Tender Offers. [J]. American Economic Review, 1986, 76 (1): 155 – 167.

[271] Koppes R H, Ganske L G, Haag C T. Corporate Governance Out of Focus: the Debate Over Classified Boards [J]. Social Science Electronic Publishing, 1999, 54 (3): 1023 – 1055.

[272] La Porta R, Lopez – de – Sailnes F, Shleifer A. Corporate Ownership Around the World [J]. Journal of Finance, 1999, 54 (2): 471 – 517.

[273] La Porta R, Lopez – de – Silanes F, Shleifer A, et al. Investor Protection and Corporate Governance [J]. Journal of Financial Economics, 2000, 58 (1): 3 – 27.

[274] La Porta R, Lopez – de – Silanes F, Shleifer A, et al. Law and Finance [J]. Journal of Political Economy, 1998, 106 (6): 1113.

[275] Lambert R A, Larcker D F. Golden Parachutes, Executive Decision – making, and Shareholder Wealth [J]. Journal of Accounting & Economics, 1985, 7 (1): 179 – 203.

[276] Linn S C, Mcconnell J J. An Empirical Investigation of the Impact of 'antitakeover' Amendments on Common Stock Prices [J]. Journal of Financial Economics, 1983, 11 (1): 361 – 399.

[277] Lipton M, Lorsch J W. A Modest Proposal for Improved Corporate Governance [J]. Business Lawyer, 1992, 48 (1): 59 – 77.

[278] Ma S, Naughton T, Tian G. Ownership and Ownership Concentration: Which Is Important in Determining the Performance of China's Listed Firms? [J]. Accounting & Finance, 2010, 50 (4): 871 – 897.

[279] Machlin J C, Choe H, Miles J A. The Effects of Golden Parachutes on Takeover Activity [J]. The Journal of Law and Economics, 1993, 36 (2): 861–876.

[280] Mahoney J M, Mahoney J T. An Empirical Investigation of the Effect of Corporate Charter Antitakeover Amendments on Stockholder Wealth [J]. Strategic Management Journal, 1993, 14 (1): 17–31.

[281] Malatesta P H, Walkling R A. Poison Pill Securities: Stockholder Wealth, Profitability, and Ownership Structure [J]. Journal of Financial Economics, 1988, 20 (1): 347–376.

[282] Manne H G. Mergers and Market for Corporate Control [J]. Journal of Political Economy, 1965, 73 (2): 110–120.

[283] Martín D J S, Díaz I A, Díaz N L D. Ultimate Ownership and Takeover Defences in Spain [J]. Spanish Journal of Finance & Accounting, 2009, 38 (143): 399–421.

[284] Masulis R W, Wang C, Xie F. Corporate Governance and Acquirer Returns [J]. The Journal of Finance, 2007, 62 (4): 1851–1889.

[285] Maury B, Pajuste A. Multiple Large Shareholders and Firm Value [J]. Journal of Banking & Finance, 2005, 29 (7): 1813–1834.

[286] May D O. Do Managerial Motives Influence Firm Risk Reduction Strategies? [J]. Journal of Finance, 1995, 50 (4): 1291–1308.

[287] Mcwilliams V B, Sen N. Board Monitoring and Antitakeover Amendments [J]. Journal of Financial and Quantitative Analysis, 1997, 32 (4): 491–505.

[288] Mcwilliams V B. Managerial Share Ownership and the Stock Price Effects of Antitakeover Amendment Proposals [J]. The Journal of Finance, 1990, 45 (5): 1627–1640.

[289] Meulbroek L K, Mitchell M L, Mulherin J H, et al. Shark Repellents and Managerial Myopia: an Empirical Test. [J]. Journal of Political Economy, 1990, 98 (5): 1108–1117.

[290] Mizruchi M S, Stearns L B. A Longitudinal Study of the Formation of Interlocking Directorates [J]. Administrative Science Quarterly, 1988, 33

(2): 194-210.

[291] Morck R, Shleifer A, Vishny R W. Management Ownership and Market Valuation: an Empirical Analysis [J]. Journal of Financial Economics, 1988, 20 (88): 293-315.

[292] Morck R, Yeung B. Corporate Governance, Economic Entrenchment, and Growth [J]. Journal of Economic Literature, 2005, 43 (3): 655-720.

[293] Myers S. Determinants of Corporate Borrowing [J]. Journal of Finance, 1977, (5): 147-175.

[294] Nalebuff B J, Stiglitz J E. Information, Competition, and Markets [J]. American Economic Review, 1983, 73 (2): 278-283.

[295] Netter J, Poulsen A. State Corporation Laws and Shareholders: the Recent Experience [J]. Financial Management, 1989, 18 (3): 29-40.

[296] North D C. Institutions, Institutional Change, and Economic Performance [M]. UK: Cambridge University Press, 1990.

[297] Ocasio W. Political Dynamics and the Circulation of Power: Ceo Succession in U. s. Industrial Corporations, 1960-1990 [J]. Administrative Science Quarterly, 1994, 39 (2): 285-312.

[298] Partington G H. Dividend Policy and Its Relationship to Investment and Financing Policies: Empirical Evidence [J]. Journal of Business Finance & Accounting, 1985, 12 (4): 531-542.

[299] Peng W Q, Wei K C J, Yang Z. Tunneling Or Propping: Evidence From Connected Transactions in China [J]. Journal of Corporate Finance, 2011, 17 (2): 306-325.

[300] Pfeffer J. Size and Composition of Corporate Boards of Directors: the Organization and Its Environment [J]. Administrative Science Quarterly, 1972, 17 (2): 218-228.

[301] Pfeffer J. Size, Composition, and Function of Hospital Boards of Directors: a Study of Organization-environment Linkage [J]. Administrative Science Quarterly, 1973, 18 (3): 349-364.

[302] Pound J. Proxy Voting and the Sec: Investor Protection Versus Mar-

ket Efficiency [J]. Journal of Financial Economics, 1991, 29 (2): 241-285.

[303] Pound J. The Effects of Antitakeover Amendments on Takeover Activity: Some Direct Evidence [J]. The Journal of Law and Economics, 1987, 30 (2): 353-367.

[304] Provan K G. Board Power and Organizational Effectiveness Among Human Service Agencies [J]. Acad Manage J, 1980, 23 (2): 221-236.

[305] Pugh W N, Jahera J S. State Antitakeover Legislation and Shareholder Wealth [J]. Journal of Financial Research, 1990, 13 (13): 221-231.

[306] Rechner P L, Dan R D. Ceo Duality and Organizational Performance: a Longitudinal Analysis [J]. Strategic Management Journal, 1991, 12 (2): 155.

[307] Richardson S. Over-investment of Free Cash Flow [J]. Review of Accounting Studies, 2006, 11 (2): 159-189.

[308] Romano R. The Future of Hostile Takeovers: Legislation and Public Opinion [J]. Cincinnati Law Review, 1988.

[309] Schumann L. State Regulation of Takeovers and Shareholder Wealth: the Case of New York's 1985 Takeover Statutes [J]. Rand Journal of Economics, 1988, 19 (4): 557-567.

[310] Schwert G W. Hostility in Takeovers [J]. The Journal of Finance, 2000, 55 (6): 2599-2640.

[311] Shleifer A, Vishny R W. Large Shareholders and Corporate Control [J]. Journal of Political Economy, 1986, 94 (3): 461-488.

[312] Shleifer A, Vishny R W. Management Entrenchment: the Case of Manager-specific Investments [J]. Journal of Financial Economics, 1989, 25 (1): 123-139.

[313] Sokolyk T. The effects of antitakeover provisions on acquisition targets [J]. Journal of Corporate Finance, 2011, 17 (3): 612-627.

[314] Stein J C. Takeover Threats and Managerial Myopia [J]. Journal of Political Economy, 1988, 96 (1): 61-80.

[315] Stout L A. Do Antitakeover Defenses Decrease Shareholder Wealth? the Ex Post/ex Ante Valuation Problem [J]. Stanford Law Review, 2002, 55

(3): 845-861.

[316] Stráska M, Waller G. Do Antitakeover Provisions Harm Shareholders? [J]. Journal of Corporate Finance, 2010, 16 (4): 487-497.

[317] Stulz R. Managerial Control of Voting Rights: Financing Policies and the Market for Corporate Control [J]. Journal of Financial Economics, 1988, 20 (1): 25-54.

[318] Szewczyk S H, Tsetsekos G P. State Intervention in the Market for Corporate Control: the Case of Pennsylvania Senate Bill 1310 [J]. Journal of Financial Economics, 1992, 31 (1): 3-23.

[319] Wu J, Tu R. Ceo Stock Option Pay and R&d Spending: a Behavioral Agency Explanation [J]. Journal of Business Research, 2007, 60 (5): 482-492.

[320] Zhao Y, Chen K H, Zhang Y, et al. Takeover Protection and Managerial Myopia: Evidence From Real Earnings Management [J]. Journal of Accounting & Public Policy, 2012, 31 (1): 109-135.